社交媒介与风险认知

——基于"关系"的视角

刘又嘉 著

RESEARCH ON SOCIAL MEDIA AND RISK COGNITION
FROM THE PERSPECTIVE OF RELATIONSHIP

社会科学文献出版社
SOCIAL SCIENCES ACADEMIC PRESS (CHINA)

目　录

绪　论

第一节　研究背景

一　媒介技术的革新引发人类关系的全面重构

"人生存的基本事实是彼此关联着的人。"[①] 关系是由社会中人与人之间沟通、交流、交往构成的相互依存和相互联系的纽带，而媒介则为这一纽带的建构与维系中的沟通、交流、交往提供了基础和便利，并同时形塑着这一纽带。追溯美国早期的传播思想及其流变可以发现，在芝加哥学派看来，媒介及其传播已然超越了对人类关系建构的工具意义，而被视为人类关系的本质。[②]

纵观人类社会中关系与媒介的发展历史可以发现，长期以来，"高科技媒介的威力以不断增强的方式发挥出来"，"人与人之间的联系方式、人与各种层次的共同体的联结机制都发生着变化"。[③] 不仅如此，人类关系的发展"因规模化媒介的转变而不断变革"，"媒介的每一次进步都会带

[①]　熊伟主编《存在主义哲学资料选辑》（上卷），商务印书馆，1997，第183页。
[②]　黄旦：《美国早期的传播思想及其流变——从芝加哥学派到大众传播研究的确立》，《新闻与传播研究》2005年第1期。
[③]　〔美〕汉诺·哈特：《传播学批判研究：美国的传播、历史和理论》，何道宽译，北京大学出版社，2008，第3页。

来一场社会关系的震荡和重构"。① 随着报纸、广播、电视、电话、电脑、手机等媒介的普及，人类依托媒介所建构与维系的关系不断变迁。互联网技术的出现，使得人类的关系发生了一场巨大的变革。彭兰就互联网技术所带来的社会关系网络在规模、交流的活跃度、显性化等方面的变化作出总结：在规模方面，人与人的交流得以突破时空的限制；在交流的活跃度方面，人与人的交流频率、深度得到有效提升、拓展；在显性化方面，自己所拥有的社会关系得以随时看见，同时隐匿于整个社会关系网络中的弱关系链条的激活开始变得容易很多。② 从关系样态及其中心位置来看，无数个以个体为中心的圈相互交织，"大网络"的"去中心化"得以实现，"小网络"的"再中心化"愈加凸显，可以说，"移动互联网的交互、实时、便携"，"将传播深深地打上了'关系'的烙印，并产生了颠覆性的重构效应，促进新型关系的形成"。③

依托移动互联网环境，媒介技术保持迅猛发展，至社交媒介的出现，人类的关系迎来全面重构。谢尔·以色列在《微博力》中指出，我们正处在一个转换期——一个全新的"交流时代"④ 正在代替老朽的、运转不灵的传播时代。腾讯财报数据显示，截至 2022 年 12 月 31 日，微信及 We-Chat 的合并月活跃账户数超过 13.1 亿，同比增长 3.5%。张明新等的研究证实了社会交互式传播技术（SIT）的使用对现实交往的巨大促进作用，STTs 的使用有效提升了友情关系网络结构的丰富性，但是，它生成的却是不同于现实友情关系网络的权力资源分布状况。⑤ 另有研究者探索并发现了社交网站 SNS 对关系的重新连接（包括休眠社交关系的激活和后续维

---

① 孟盈：《论媒介与社会关系在发展中的交互促进》，《复旦学报》（社会科学版）2010 年第 4 期。
② 彭兰：《从社区到社会网络———一种互联网研究视野与方法的拓展》，《国际新闻界》2009 年第 5 期。
③ 陈力丹、费杨生：《关系：移动互联时代传统媒体转型的逻辑起点———读第 20 个玛丽·梅克尔的互联网报告》，《编辑之友》2016 年第 7 期。
④ 〔美〕谢尔·以色列：《微博力》，任文科译，中国人民大学出版社，2010，第 7 页。
⑤ 张明新、刘于思：《社会交互式传播技术与青少年的同辈关系网———基于社会网络分析的经验研究》，《国际新闻界》2013 年第 7 期。

护）非常普遍。① 针对媒体融合的行动框架构建研究指出，当下社会的结构关系已经由"圈"式结构转变为"链"式结构，其中，前者是封闭的、有明确边界的、有身份意识的，而后者则是动态的、呈纽带编织状的。②

二 关系重构带来信息流动、转换与（风险）认知生成的巨变

"任何新媒介的出现，并不仅仅为我们增加了一个新的传播渠道和交流的平台，更为重要的是，它改变着社会的既存关系与结构，改变着人们观察世界的方式、感知世界的角度和比例。"③

人类认知的生成与改变以信息为基础。在关于认知的讨论中，持有信息加工论观点的认知心理学家强调信息在人的有机体中的流程（flow），这个流程从注意知觉开始，直到储存、恢复以及最终的使用④。长期以来，在人与人之间关系建构与维系中的沟通、交流、交往都与信息的交互、信息的流动、认知、判断的产生紧密相关。然而，在曾经大众媒介垄断的格局之下，局限于固定地域范围内的关系及其交流所产生的信息交互、信息流动、认知影响对于广泛社会而言终究是有限的。隋岩认为，由于媒介技术的局限性，"社交媒体普及之前，任何思想情感、认知判断进行社会化传播的唯一渠道只能是大众传媒——报纸书刊、广播电视，而能够借助大众传媒进行社会化传播的只有社会精英"⑤。当然，这一局面现在已经被完全颠覆。

当下，信息的生产、把关、传递、扩散发生了巨变，这直接影响信息在人的有机体中的流动，乃至在整个社会中的流动，进而带来无数个体认知的巨变。在社会化媒体环境下，信息使用者生产信息已经成为

① Artemio Ramirez, Erin M. Sumner, and John Spinda, "The Relational Reconnection Function of Social Network Sites," *New Media & Society* 19 (2017): 807-825.

② 张辉刚、朱亚希：《社会嵌入理论视角下媒体融合的行动框架构建》，《当代传播》2018 年第 1 期。

③ 喻国明：《"关系革命"背景下的媒体角色与功能》，《新闻与写作》2012 年第 3 期。

④ 周筱麟：《对"认知"的几种看法》，《心理科学通讯》1984 年第 2 期。

⑤ 隋岩：《群体传播时代：信息生产方式的变革与影响》，《中国社会科学》2018 年第 11 期。

常态，与此同时，这些信息使用者所生产的信息往往依托彼此联系的强关系网络与弱关系网络而流动，由此形成"超级把关人"的信息流（news streams）。① 陈力丹等将社会关系网络比喻为"复杂的电路"，并将社会关系网络中每一个个体比喻为"开关"，由此可以看出，每一个个体就如同开关控制电流一样控制信息及其流向。② 可以说，真实的个人和真实的社会关系自觉、自发地形成了一张巨大的信息网络，这一信息网络自动地承担起信息的选择、过滤、传播、互动任务，由此，信息与信息用户之间实现了更为自然、更为精准、更为智能、更为高效地匹配。③ 有研究将社交平台上的人际关系结构划分为"强关系—强社交""强关系—弱社交""弱关系—强社交""弱关系—弱社交"四个类别，并指出不同类别的人际关系结构对基于信息互动的社会认知、舆论生成产生不同的影响。④ 不难发现，依托新媒体技术尤其是社交媒介技术所建构的关系，已然成为人们获取信息、交流看法、讨论生成意见、形成认知，并广泛传递认知的主要方式与渠道。在这样的局面下，关系或将成为影响人们认知的最重要因素之一。

如图 0-1 所示，中国互联网络信息中心（CNNIC）发布的第 43 次《中国互联网络发展状况统计报告》显示，截至 2018 年 12 月，典型社交应用微信朋友圈、QQ 空间、微博使用率分别高达 83.4%、58.8%、42.3%。其早前发布的《2016 年中国社交应用用户行为研究报告》数据表明，网络社交用户与网络新闻用户具有 45% 左右的重合度，对于网民使用社交应用收看新闻资讯的原因调查显示，67.3% 的网民表示"喜欢看大家都关注的热点新闻"、61.1% 的网民表示"喜欢看短新闻"、54.8% 的网民表示

① 《休梅克：社会化媒体时代的"把关" | 讲座回顾》，搜狐网，http://www.sohu.com/a/303360282_649502，最后访问时间：2023 年 5 月 21 日。

② 陈力丹、费杨生：《关系：移动互联时代传统媒体转型的逻辑起点——读第 20 个玛丽·梅克尔的互联网报告》，《编辑之友》2016 年第 7 期。

③ 《互联网的解构与重构》，新浪博客，http://blog.sina.com.cn/s/blog_513a2b800100nlwr.html，最后访问时间：2019 年 9 月 10 日。

④ 吴兵、吴一夫：《从社交平台上的四类人际关系结构看舆论的生成与扩散》，《传媒观察》2015 年第 6 期。

"喜欢看别人转发的新闻"、32.9%的网民表示"喜欢看到新闻后转发到社交应用上"、27.9%的网民表示"喜欢看新闻后做评论"。《2016年中国社交应用用户行为研究报告》同时指出，"社交应用的属性决定了进入关系圈内进行分享的话题多是圈内热点或共同关注、感兴趣的话题"，如"微博搜索热点、社交网站热点话题推荐等"，如此，网民能"更快接触到正在发生的热点事件"，并就相关信息或资讯进行即时、自主地交流、传递、原创内容生产等。

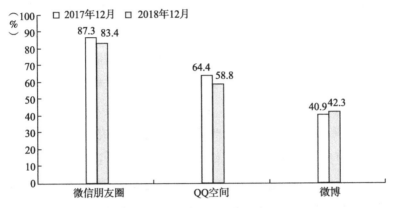

图 0-1 典型社交应用使用率

资料来源：《第43次〈中国互联网络发展状况统计报告〉》，国家互联网信息办公室网站，http://www.cac.gov.cn/2019-02/28/c_1124175677.htm，最后访问时间：2019年9月10日。

风险情境下，风险相关的信息依托新媒介技术尤其是社交媒介技术建构起来的关系通路实现了跨地域的流动。每一个公众个体化身为一个个体节点，进行自身的风险相关信息输入、处理与输出，促成自身的风险认知。同时，通过对风险相关信息的进一步把关、生产、搜索、传递参与更为广泛的风险信息流动与风险认知传递。这样的局面，已然成为风险情境中的常态。

三 媒介效果研究框架下认知、风险认知研究的局限性

大众传播媒介时代至今，诸多研究基于受众的媒介选择、媒介接触、

媒介使用等，围绕媒介对受众认知产生的影响开展媒介效果研究。然而，这些研究大多因为过于关注媒介类别、媒介信息内容、媒介信息形式等对受众的影响，很大程度上忽视了隐藏在媒介传播背后的人与人之间的关系对传播效果的影响。周葆华认为，媒介效果研究可以尝试考察受众与媒介的互动和受众与受众的互动存在怎样的关系，如考察人们如何通过媒介"与远方的'他人'展开虚拟的社会互动，以及这样的互动对双方认知产生怎样的影响"①。毋庸置疑，这样的研究视角对此前盛行的媒介效果研究是有所推进的。可以认为，如此视角的媒介效果研究是一种间接范式。

当然，其实早有研究者留意到了"关系"的作用：1940 年，拉扎斯菲尔德等针对美国总统选举中大众传播媒介宣传对选民决策影响效果展开实证调查（即"伊里调查"）。在该研究中，人与人之间的关系的作用被意外发现。② 由此，该研究为当时的媒介效果研究打开了新局面。此后，有部分研究开始将"关系"作为媒介对受众产生影响的互补性、中介性要素进行探讨，在这类研究中，大多结论显示，"关系"会以群体规范、信息网格、信任、交互讨论等方式，对个人的认知产生影响。

实质上，"关系"对人类认知的影响是一直存在的。媒介技术的全面革新带来了关系的全面重构，使得如今它的影响变得异常突出。陈力丹认为，"互联网已经颠覆并还在颠覆原有的社会结构"，我们的研究需要"及时向社会提出关于互联网对工作环境、工作方式、消费方式、连接方式、商业模式重构（Re-Imaging）带来的社会结构的影响，特别要研究互联网对人们观念的重构、消息传递的重构、内容生产的重构……"③ 互联网环境下的社交媒介技术及其使用，使得个体拥有的关系数量、范围、结构、互动频率、信任程度、亲密程度、强弱关系及其比例、活跃程度、

---

① 周葆华：《效果研究：人类传受观念与行为的变迁》，复旦大学出版社，2008，第 255 页。
② 〔美〕保罗·F. 拉扎斯菲尔德、伯纳德·贝雷尔森、黑兹尔·高德特：《人民的选择——选民如何在总统选战中做决定》（第三版），唐茜译，中国人民大学出版社，2012，第 127~134 页。
③ 陈力丹：《新闻传播学学科建设若干问题的思考》，《新闻记者》2017 年第 9 期。

群体类别及其规范等均发生了巨变，就巨变后的关系之于信息的流动与转换、人的认知、风险认知的影响，我们要进行重新评估、审视与预测。可以认为，对关系之于公众风险认知的影响及其作用机制进行系统考察实属必要。

"关系"对认知影响的研究不是对以往媒介效果研究框架的抛弃，相反，它是媒介效果研究的一次尝试性突围。因为，"关系"对人类认知的重塑并不意味媒介效果的消亡，相反，正是媒介的强大效果促成了人类关系的全面重构，进而才带来了人类认知的巨变。而将这一研究视角与思路置于风险情境下进行考察与检验，正是尝试突破原有的"媒介—风险认知"这一媒介效果研究框架在风险研究中的瓶颈，探索媒介效果研究在风险研究中突围的可能路径。

第二节　研究意义

一　理论意义

首先，依托关系理论的引入，立于关系的视角，搭建起"社交媒介—关系—风险认知"的分析思路，突破"媒介—风险认知"这一媒介效果研究框架在风险研究中的瓶颈。传统主流媒介效果研究聚焦于媒介对个体认知的影响，然而，在诸多经典研究理论形成后的较长时间内，出现了媒介效果研究的停滞局面。近年来，研究者开始再次呼吁将媒介与传播视为人类关系的实质，以打破媒介效果研究的瓶颈。在风险研究中，若将媒介回归至人与人关系建构和维系的视角，在观察媒介之于人类关系作用的基础上进一步考察个体风险认知，或能更好地解释与预测公众风险认知，同时，这一研究思路或将成为媒介效果研究在风险研究中突围的可能路径之一。

其次，建构了关系视角下的风险认知过程分析框架，探明了依托社交媒介所搭建的"关系"对风险认知过程与结果的影响及其作用机制，丰富并深化了风险认知研究。已有的风险认知研究往往聚焦于风险认知过程中某一个环节或某一方面内容的剖析，对于认知全过程的系统考量相对较少。本研究探明了社交媒介环境下风险认知情境中的关系及其结构维度，建构了风险情境中基于风险信息基础的公众风险认知过程分析框架，系统性地考察了依托社交媒介所搭建的关系之于风险认知过程中信息输入、信息处理、信息输出各环节的全面作用。

此外，基于类型学分析，本研究探明了风险认知过程模式类型、不同关系情况的公众群体类别、不同风险信息决策行为的公众群体类别，依托实证数据揭示了其间的对应关系，丰富并拓新了风险及其治理研究。

二　现实意义

一方面，本研究为政府部门的风险治理提供了一定的考量依据。本研究提出并阐明关系视角下的风险认知及其形成过程，研究结论将从关系的视角揭示为什么公众风险认知会各不相同？关系为何以及如何影响公众风险认知过程及其结果？如何基于对这些现象、机理的把握来实现更为有效的风险沟通与风险治理？这些对现实的风险治理、风险政策制定具有很重要的意义。

另一方面，为相关食品企业如何进行食品安全风险沟通、食品安全危机化解提供了启示。本研究将以食品安全风险情境为例开展实证研究，即依托食品安全风险认知的调查数据对理论框架进行检验。本研究将揭示公众食品安全风险认知现状及其形成机理，这将为相关食品企业把握公众食品安全风险情况、提高公众食品安全风险认知、优化食品安全风险沟通提供数据基础与指导。

第三节　研究思路

本研究以食品安全风险情境为例，以微信平台为依托，系统探讨社交媒介环境下"关系"对公众风险认知过程及其结果的影响，并揭示其现实启示。主体研究可分为以下五部分内容。

第一部分（对应第二章），"风险认知情境中的关系及其结构维度"。具体来看，本部分基于文献分析，进一步结合访谈、问卷调查，对社交媒介环境下风险认知情境中的关系及其结构维度进行探索与分析。本部分内容是第二部分至第四部分研究开展的重要基础。

第二部分（对应第三章），"社交媒介使用对关系的影响"。具体来看，本部分基于文献分析，并依托访谈与问卷调查数据，就社交媒介使用对风险认知情境下关系各维度的影响进行研究。

第三部分（对应第四章），"关系对风险认知过程与结果的影响"。具体来看，本部分基于文献分析与推导，并进一步结合访谈、前文研究结论，建构关系对风险认知结果产生影响的机制模型。最终，基于模型分析，就关系各维度对风险认知过程环节、风险认知结果的影响及其机制进行研究。

第四部分（对应第五章），"关系视角下的风险认知过程模式与公众群体"。具体来看，本部分主要依托文献分析与问卷调查数据，对社交媒介环境下风险认知过程模式进行归纳，同时，对不同关系群体进行识别与分析，对不同关系群体的信息决策启动情况等进行研究，并揭示其间的对应关系。

第五部分（对应第六章），"现实启示：关系视角下的风险共治"。本部分主要结合前述几部分研究结论，针对社交媒介环境下的风险沟通与治理优化进行探讨，以拓展并深化本研究的现实价值。

以上为研究思路及主体部分内容。在此，对研究过程中的风险情境案例选取、社交媒介平台选取及研究方法等进行说明。

关于风险情境案例选取的说明。

民以食为天，食以安为先。食品安全是指食品不应包含损害或威胁人体健康的有毒、有害物质，不可导致消费者食物中毒或感染疾病，不能产生危及消费者及其后代健康的隐患。① 习近平总书记指出："这些年，党和政府下了很大气力抓食品安全，食品安全形势不断好转，但存在的问题仍然不少，老百姓仍然有很多期待，必须再接再厉，把工作做细做实，

---

① 曹正汉、周杰：《社会风险与地方分权——中国食品安全监管实行地方分级管理的原因》，《社会学研究》2013 年第 1 期。

确保人民群众'舌尖上的安全'。"[1] 食品安全关系到每一个人，因此，一直被公众广泛关注。"2015 中国综合小康指数"之"最受关注的十大焦点问题"调查结果显示，食品安全问题在连续第四年上榜之后再次登上了榜首。新华网网络舆情监测分析中心发布的《2018 年食品舆情报告》显示，2018 年食品热点事件中，食品安全类舆情（占 32.2%）位居六类网民高关注度舆情之首。[2] 同时，新华睿思数据云图分析平台数据显示，在食品舆情信息中，微博、微信的信息量占比接近一半，它们不仅是食品热点事件的"讨论区"，还是重要的食品舆情信源地。[3] 有研究对社交媒介平台上食品安全风险相关信息的出现频率和公众的讨论热度进行调查与比较，结果表明，在食品安全风险相关信息类别的排序上，社交媒体上信息出现频率的高低与公众关注度、讨论热度的高低近乎一致。[4] 在食品安全风险情境下，"社交媒体中的信息通过发布、转发、评论等方式，沿着用户关系实时传播和演进"，呈现"裂变式扩散"。[5] 可以认为，在食品安全风险情境下，公众正是基于社交媒介关系通路进行相关信息的接收、处理与传递的，这促成了公众自身的食品安全风险认知，也使得公众参与更为广泛的食品安全风险相关信息的传播与食品安全风险认知的传递。同时，这一过程往往伴随负面情绪（如恐慌、焦虑、愤怒等）的快速传递与广泛扩散，给社会和谐稳定带来极大隐患。基于以上因素的考虑，本研究选择了以食品安全风险情境为例对相关主要研究问题展开实证研究，认为选取食品安全风险情境来考察社交媒介环境下的公众

---

[1] 中共中央党史和文献研究院编《习近平关于国家粮食安全论述摘编》，中央文献出版社，2023，第 121 页。

[2] 《〈2018 年食品舆情报告〉发布：自媒体平台成食品舆情的重要来源》，新华网，http://www.xinhuanet.com/food/2018-11/20/c_1123741869.htm，最后访问时间：2019 年 9 月 23 日。

[3] 《〈2018 年食品舆情报告〉发布：自媒体平台成食品舆情的重要来源》，新华网，http://www.xinhuanet.com/food/2018-11/20/c_1123741869.htm，最后访问时间：2019 年 9 月 23 日。

[4] 张聪丛：《基于社交媒体使用的公众食品安全风险感知及反馈行为研究》，硕士学位论文，华中科技大学，2016，第 38 页。

[5] 韩大平：《食品安全危机信息在社交媒体中的传播研究》，博士学位论文，北京邮电大学，2015，第 3 页。

风险认知问题具有典型性和可行性。

关于社交媒介平台选取的说明。

CNNIC 发布的第 43 次《中国互联网络发展状况统计报告》显示，截至 2018 年 12 月，我国使用率较高的典型社交应用依次是微信朋友圈（使用率为 83.4%）、QQ 空间（使用率为 58.8%）、微博（使用率为 42.3%），其中，微信朋友圈使用率位居榜首。另外，CNNIC 发布的《2016 年中国社交应用用户行为研究报告》数据显示，这三种典型社交应用的用户年龄结构有一定区别，微信朋友圈 19 岁及以下用户（占比为 6.7%）、20~29 岁用户（占比为 40.7%）稍少于 QQ 空间、微博，但是，30~39 岁用户（占比为 30.2%）、40~49 岁用户（占比为 14.7%）、50 岁及以上用户（占比为 7.8%）均高于 QQ 空间、微博。同时，腾讯公司发布的《2018 微信数据报告》显示，微信平台上，月活跃用户高达 10 亿位，并且每月有 6300 万位 55 岁以上用户保持活跃。本研究前期访谈发现，在食品安全风险问题的关注上，各个年龄阶段的受访者均有不同程度的关注，包括中老年群体。可以认为，在老年网民占比、老年社交媒介用户占比相对较少的情况下，微信平台或将获取更多各个年龄阶段人群的有效信息。综合以上因素考虑，本研究选择聚焦于微信这一社交媒介平台对主要研究问题展开考察，认为选择微信平台来考察社交媒介环境下的公众风险认知问题具有适切性与可行性。

关于研究方法的说明。

本研究在文献研究的基础上，依托访谈与问卷调查获取数据、展开研究。后文各章节将对所采用的对应研究方法及其具体步骤进行详细说明。

在本研究中，调研开展时间为 2019 年 1~9 月。其中，访谈主要依据半结构化访谈提纲（见附录三）展开，共计访谈 48 人。同时，在研究过程中编制形成了"社交媒体环境下风险认知情境中的关系及其结构维度"正式问卷（见附录一）与"社交媒体环境下食品安全风险认知过程与结果"正式问卷（见附录二），并据此展开问卷调查。

第一章　理论基础与文献回顾

本章主要围绕与本研究选题相关的"风险认知""媒介与关系""关系与信息流动"等关键词的重要文献进行梳理与分析，同时，对本研究中的关键概念予以界定，并建构本研究中的风险认知过程分析框架。

第一节　关于"风险认知"的研究

一　风险认知的研究路径及其整合

风险是客观存在的，但是，主体人对风险的认知则是具有主观建构性的。风险认知在研究中形成了多重研究范式与路径，当然，在理解、诠释、探索公众风险认知这一共同目标下，多重研究范式与路径出现了整合。①

其一，风险认知研究的心理测量范式。该方面研究由心理学家保罗·斯洛维奇（Paul Slovic）及其团队作出了开创性贡献，一系列成果确立了风险认知研究在风险研究中的重要地位。其以公众风险认知为研究中心，与以往精英视角下追求的纯技术手段的客观风险评估有所区别，试图对公众的心理进行考察与测量，一定程度承认了公众在风险认知中的"智慧"。其研究针对一般社会情境下的 30 个社会现象风险的公众风险估计进行摸底，

---

① 邱鸿峰：《环境风险的社会放大与政府传播：再认识厦门 PX 事件》，《新闻与传播研究》2013 年第 8 期。

通过因素分析形成了"恐惧风险"（dread risk）维度与"未知风险"（unknown risk）维度，并基于此建构了风险的"认知地图"（cognitive map）。其团队所采用的心理测量法、数据的因子分析法等，以及其研究发展出来的多维度风险认知测量、风险等级评价思路，到目前依然是风险认知考察研究中最为常用的方法与思路。该方面研究强调了公众自身经验、直觉判断等在风险认知中的作用，较少关注和探讨个体公众自身所处的社会、群体、文化等对风险认知的影响。

其二，风险认知研究的社会与文化路径。人类学家玛丽·道格拉斯（Mary Douglas）和艾伦·维尔达夫斯基（Aaron Wildavsky）奠定了这一路径的研究基础。该方面研究试图揭示公众对风险的认识与判断所受到的来自文化、社会等方面的影响，重点挖掘了文化信仰、世界观、价值观等在人们认知风险时的影响与决定性作用，进一步明确了风险认知的"主观建构性"，并强调了社会、历史、文化、制度、群体等在这种"主观建构性"中的深度影响乃至决定性作用。例如，该方面研究深入探讨了持有"平等主义"（egalitarianism）、"宿命论"（fatalism）、"等级主义"（hierarchy）、"个人主义"（individualism）等不同文化价值观或文化偏见的人对风险的不同判断与反应。[①] 当然，相关研究中的风险认知被指表现出了过度的"主观主义"而忽略了风险的"客观实在性"。[②]

其三，风险的社会放大框架。在前述研究范式与路径均不能全面、有效地反映出风险认知的极端复杂性之时，一套综合性研究框架应运而生，即风险的社会放大框架。如图1-1所示，该分析框架由珍妮·X.卡斯帕森（Jeanne X. Kasperson）、罗杰·E.卡斯帕森（Roger E. Kasperson）[③] 提出，它将不同范式整合成为一个包含文化、社会与个人反应结构的理论框架，既体现了风险及其认知的生物物理属性，也体现了风险及其认知的社会属性，并很好地揭示了社会互动对风险放大或减弱的可能性。

---

① Jean Brenot, Sylviane Bonnefous, and Claire Marris, "Testing the Cultural Theory of Risk in France," *Risk Analysis* 18 (1998): 729-739.

② 王磊：《环境风险的社会放大的心理机制研究——社会表征结构对风险感知和应对的影响》，博士学位论文，吉林大学，2014，第39页。

③ 〔美〕珍妮·X.卡斯帕森、罗杰·E.卡斯帕森编著《风险的社会视野（上）公众、风险沟通及风险的社会放大》，童蕴芝译，中国劳动社会保障出版社，2010。

可以认为，该分析框架全面融合了社会学、心理学、文化学、传播学等多学科研究视角与研究内容。

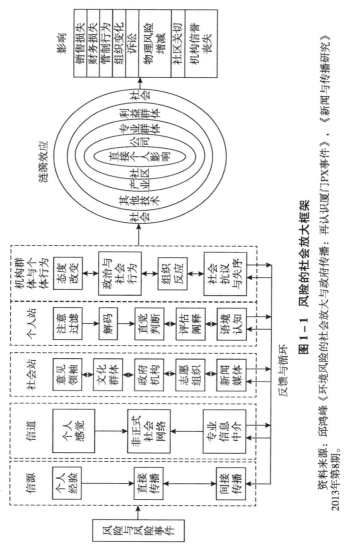

图 1－1 风险的社会放大框架

资料来源：邱鸿峰《环境风险的社会放大与政府传播：再认识厦门PX事件》，《新闻与传播研究》2013年第8期。

该分析框架表明，风险可以通过信息机制与无数"放大站"（既包括意见领袖、文化群体、政府机构、志愿组织、新闻媒体等"社会站"，也包括公众"个人站"）的反应机制进行不断放大（或减弱）。该方面的前期研究存在对放大（或减弱）过程与机制的阐释过度简化等问题，因此，后续经验研究着重对放大（或减弱）过程与机制进行挖掘和探讨，并且更关注风险特征、社会、文化、心理等方面因素之间的相互作用。该方面研究中对社会放大信息机制的研究，以媒体等的信息传播、信息传递在风险放大过程中的作用机制研究为主；对反应机制的研究则主要考察社会机构、社会组织、社会群体以及个体针对风险问题所采取的复杂活动。在分析框架下，每一个风险相关信息的接收者都充当"放大站"，参与风险的放大（或减弱）过程。在"放大站"的考察上，更多的研究关注"社会站"及其放大机制，近年来有研究开始转向关注"个人站"，探讨和分析"个人站"及其放大机制，如王磊立足个体与社会层面的交汇点，研究风险的社会放大的个体心理机制。① 该分析框架下的研究及其发展为本研究提供了重要的启示。

二　风险认知及其过程界定

（一）认知及其过程

认知心理学将人的高级心理过程（主要是认知过程）置于研究中心位置，着重对人的注意、知觉、表象、记忆、思维和语言等高级心理过程进行探索与考察；20 世纪 70 年代以后，认知心理学成为西方心理学的一个重要研究方向。② 认知心理学的发端与发展汲取并汇聚了诸多学科的理论，如信息科学（包括信息论、控制论、系统论）、计算机科学等。③

狭义的认知心理学，被称为信息加工心理学。信息加工理论将人的认知视为信息的加工过程。这种过程，即信息（刺激）"输入的变换、简化、加工、存贮以及使用的过程"，强调"信息在体内的流动过程"。④另有认知心理学家将认知视为问题解决，"把问题解决作为认知的核心，

---

① 王磊：《环境风险的社会放大的心理机制研究——社会表征结构对风险感知和应对的影响》，博士学位论文，吉林大学，2014。
② 贾林祥编著《心理的模拟——认知心理学》，山东教育出版社，2009，第 1~2 页。
③ 乐国安：《评现代认知心理学中的计算机类比》，《哲学研究》1984 年第 11 期；〔美〕罗伯特·L. 索尔所、M. 金伯利·麦克林、奥托·H. 麦克林：《认知心理学》（第 7 版），邵志芳等译，上海人民出版社，2008，第 17 页。
④ 贾林祥编著《心理的模拟——认知心理学》，山东教育出版社，2009，第 27 页。

认为认知是利用内部和外部信息解决问题的过程"。① 可以发现，认知及其过程与信息密切关联，认知过程实则就是一个"信息的获取、贮存和使用的过程""信息流动和转化的过程""人和外界事物信息交换的过程"。②

认知心理学和行为科学在探索中形成了一些经典的认知模型或认知过程分析框架。可以说，认知模型或认知过程分析框架的建立有助于抽象出认知过程的一般结构，进而揭示人的认知行为的普遍规律。③ 同时，"通过理解人类反应中的认知因素建构行为模型"，推动了认知模型的发展。④ 蒋英杰等对该方面认知模型与认知分析框架进行综述，该方面认知模型往往将人的认知过程划分为信息接收、信息分析（或信息处理）、决策或反应（或执行）等环节；从人的整个认知行为过程来看，人的认知行为如同一个信息流的过程。⑤

总体来看，人的认知以信息为基础，并具有过程性特征，认知模型或认知过程分析框架的探讨与建构或将更益于考察主体人如何以过程模式的差异化选择形成不同的认知结果，并产生不同的反应。

（二）风险认知及其过程

立于风险情境之中，借助认知心理学和行为科学对认知及其过程的剖析，对风险认知概念进行探索与确定，可以认为，风险认知是"人们对风险的主观评定和判断，以及由此引发的态度和决策倾向"，"涵盖了人们对风险的感知、理解、记忆、评价、反应的整个认知过程"。⑥ 同时，风险认知与风险相关的信息紧密相连，它是一个"搜集、选择、理解风

---

① 贾林祥编著《心理的模拟——认知心理学》，山东教育出版社，2009，第 27 页。
② 尚伟：《基于认知心理视角的古文字信息处理研究》，《情报科学》2013 年第 7 期。
③ 蒋英杰等：《典型认知模型及其在人因可靠性分析中的应用评述》，《安全与环境学报》2011 年第 1 期。
④ Carol Smidts, Song-Hua Shen, and Ali Mosle, "The IDA Cognitive Model for the Analysis of Nuclear Power Plant Operator Response under Accident Conditions. Part Ⅰ: Problem Solving and Decision Making Model," *Reliability Engineering & System Safety* 55 (1997): 51-71.
⑤ 蒋英杰等：《典型认知模型及其在人因可靠性分析中的应用评述》，《安全与环境学报》2011 年第 1 期。
⑥ 谭翀、张亦慧：《突发事件中的风险认知偏差与应对》，《人民论坛》2011 年第 17 期。

险信号（事件、活动、技术）不确定性影响的过程"，① "是个体对风险事件信息的加工过程，是信息流动与转换的过程，是由'风险信息获得、编码、贮存、提取与使用等一系列连续的认知操作'所构成的风险事件分析全过程"。② 同时，"个体对风险的认知会随着对风险信息获得的增多而不断变化"，可以认为，"风险认知是一种信息重复反馈的动态变化和'迭代'过程"。③

人们对风险的认识与判断往往来源于两个主要途径，一个是"对风险源的直接感知"，另一个是"通过其他信息渠道接受风险源的相关信息，再经由风险感知者的想象和加工产生"。④ 此前对某类风险无任何认知的公众，相关信息的接触或将促成其风险认知的初步形成，而对于原本已经形成了一定水平风险认知的公众，相关信息的进一步接触或将对其原有的风险认知进一步产生影响。

刘瑞新借鉴了刘金平等⑤的资料绘制了风险认知的动态过程（见图1-2），较为直观地反映了风险认知的信息流动过程环节。风险认知的形成与不断形塑主要基于风险信息的循环与迭代。从单次信息流动来看，风险信息的输入作用于个人认识（包括风险事件发生原因、结果，风险事件发生的概率，风险事件的严重性），使得主体人形成风险判断（或改变原有的风险判断），主体人进一步做出风险信息搜寻和整合（信息输出行为中的一种），进一步了解与认识风险，并实施减轻风险的行为（也是一种输出行为）。可以发现，该动态过程直观地反映了信息的输入与输出过程，以及信息输入、输出的循环迭代性。其中，个人认识与风险判断基于所

①　Gisela Wachinger, Ortwin Renn, Chloe Begg et al., "The Risk Perception Paradox—Implications for Governance and Communication of Natural Hazards," *Risk Analysis* 33 (2013): 1049-1065.

②　刘智勇、陈立、郭彦宏：《重构公众风险认知：邻避冲突治理的一种途径》，《领导科学》2016年第32期。

③　曹锦丹、兰雪、邹男男：《健康风险认知与信息交互行为关联模型研究》，《图书情报工作》2019年第6期。

④　李一川：《风险认知与信任视角下的消费者食品安全风险行为研究》，博士学位论文，武汉大学，2012，第63页。

⑤　刘金平、周广亚、黄宏强：《风险认知的结构，因素及其研究方法》，《心理科学》2006年第2期。

输入的风险信息，或进一步的信息思考加工形成，只是图中并没有单独且明确地标识出信息输入后、输出前的信息处理加工，对其并没有作出充分强调。可以认为，信息处理加工实则是完整的认知过程中的重要环节，在风险认知研究中，信息处理加工实则得到了较多研究者的关注，很多研究也证实了信息处理加工与个人认识与风险判断的紧密联系。①

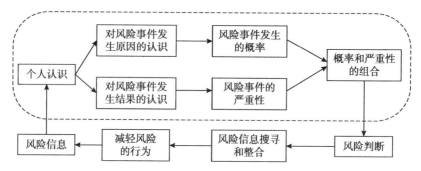

图 1-2　风险认知的动态过程

资料来源：刘瑞新《消费者对食品安全的风险认知及防范研究》，博士学位论文，江南大学，2016，第 24 页。

　　杨波在其研究中分析了公众对核电风险的认知过程，并强调了风险认知过程的复杂性、动态性、闭合性。② 如图 1-3 所示，公众从第一手认知者处接收到核电相关的风险信息（一种信息输入），然后经历一定的心理机制或过程（受到团体、社会、文化等方面因素影响），形成对风险的认知结果（包括核电的利益、风险、可接受性等），以及对核电风险的态度，并采取一定的行动（主要指对核电风险的反对行为，是一种输出结果），此后，输出行为会反馈给第一手认知者，并进入又一轮循环的认知过程。可以认为，该过程反映了风险认知过程中的信息输入、信息处理、行为输出及其循环迭代性，但是该研究中的"输出"作为一种风险应对性行为输出，并不局限于信息输出行为。

---

① Robert J. Griffin, Kurt Neuwirth, James Giese et al., "Linking the Heuristic-Systematic Model and Depth of Processing," *Communication Research* 29 (2002): 705-732; Yang Xiaodong, Chen Liang and Feng Qiang, "Risk Perception of Food Safety Issue on Social Media," *Chinese Journal of Communication* 9 (2016): 124-138.

② 杨波：《公众核电风险的认知过程及对公众核电宣传的启示》，《核安全》2013 年第 1 期。

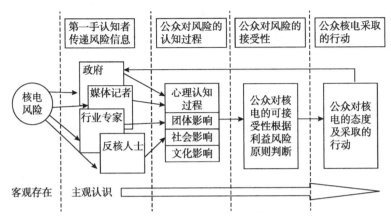

图 1-3 公众对核电风险的认知过程

资料来源：杨波《公众核电风险的认知过程及对公众核电宣传的启示》，《核安全》2013 年第 1 期。

笔者前期在风险认知考察研究中对单次风险认知过程进行了环节的划分，即将单次风险认知过程划分为三个主要环节：风险信息的获得、理解与判断、决策。其中，"风险信息的获得"为一种信息输入；"理解与判断"是公众对风险信息和风险本身的认识，它伴随信息输入或进一步的信息思考加工形成；"决策"是公众作出的行为反应，是一种输出行为。① 可以认为，该过程的划分同样有效地反映了风险认知过程中的信息输入、信息处理、行为输出的过程性，只是该研究同样没有明确地将过程环节中的"决策"聚焦于信息输出行为。

在此，本研究以风险信息的流动与转化为主线，对公众风险认知过程进行规定。本研究将风险认知的过程划分为风险相关信息的输入（信息接收）、风险相关信息的处理（信息加工）、风险相关信息的输出（信息决策）三个环节，并基于此构建风险认知过程分析框架。本研究中的信息输出（信息决策）主要聚焦于线上信息输出行为。

如图 1-4 所示，本研究将公众个体于社交媒介关系通路中的风险认知及其过程界定为公众基于风险信息接收（信息输入）、风险信息加工（信息

---

① 刘丽群、刘又嘉：《"关系"视角下的风险认知重构——基于认知过程的考量》，《编辑之友》2019 年第 6 期。

处理）形成风险认知结果与风险信息决策行为（信息输出）的经过。在本研究中，风险信息从输入与处理到输出，即被视为一种风险信息的转换。同时，本研究中的信息决策行为聚焦于线上信息输出行为（后文将作具体说明）。

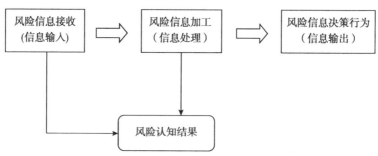

图 1-4　公众个体于社交媒介关系通路中的风险认知过程

以风险认知过程分析框架为基础，可以更好地呈现在风险认知情境下，公众个体差异化认知过程与个体差异化风险认知结果，也能更好地呈现公众个体对其他更广泛公众又一轮风险信息接收、风险认知影响的不同。可以认为，并非所有的公众风险认知都会经过完整的三个环节（即信息输入、信息处理、信息输出），也可能仅经过其中的一个或两个环节。对于风险认知过程模式的选择，将是本研究正文中探讨的内容之一。

当下，社交媒介关系通路成为公众接收与加工风险相关信息的重要渠道、动力，可以认为，社交媒介关系通路中风险相关信息的接收与加工或将大力促成一部分公众风险认知的初步形成与无数公众（指依托社交媒介关系通路接触到了风险相关信息的公众）风险认知的持续性形塑。

三　风险认知的维度

风险认知的维度是公众认识风险的维度，它解决了公众如何看待风险的问题，也是风险研究中风险认知的结构维度。可以认为，风险认知是多维度的。不同类型的风险，如食品安全风险、环境风险、自然灾害风险、健康风险、科技风险等，认知的维度具有一些共同之处，也有自身独特之处。现有研究所挖掘和检验的各类型风险的认知维度主要有风险发生的可能性、频率、可控性、严重性、熟悉性、暴露程度、影响程度、持续时间、灾难性潜力、地理接近性、时间距离、不平等性、易感性、个人相关性、利益与损失比、风险原因、风险责任等。同时，风险认知的主体人的情绪/情感（如忧虑、恐惧、愤怒等）维度得到了很多研究者的关注与重视。当然，在不同类型的风险中，风险认知的结构维度往往会有所差异。

本研究将依托食品安全风险情境展开实证研究，以对相关主要问题进行考察与检验。在此，对食品安全风险认知相关维度进行重点梳理。在食品安全风险认知维度的研究中，李佳洁等针对近年来国内外学者对食品安全风险认知维度的研究成果进行了总结、归纳，并依据"维度数"绘制、形成了"国内外学者对食品安全风险认知维度的代表性研究成果综述"。[①] 本研究参照李佳洁等依据"维度数"的整理方法，对食品安全风险认知维度进行归纳，形成食品安全风险认知维度汇总（见表1-1）。

表1-1　食品安全风险认知维度汇总

维度数	食品安全风险认知维度	来源
一维度	激惹度	Peter M. Sandman, 1988
二维度	健康损失（长期与短期）、风险感知强度	Alexandra E. Lobb et al., 2007
二维度	严重后果、无能为力	胡卫中, 2010
二维度	可能性、严重性	Shim Minsun & Myoungsoon You, 2015
二维度	严重性、未知性	冯强, 2014
二维度	利益收获、风险损失	Ruth M. W. Yeung & Joe Morris, 2001
三维度	担忧度、熟悉度、影响人数	Lynn J. Frewer et al., 1997
三维度	食品类型、食品经营者、食品生产者与生产方式	于铁山, 2015
四维度	健康、性能、时间、财务、心理	郭雪松、陶方易、黄杰, 2014
四维度	危害度、陌生度、失控度、激惹度	李佳洁、李楠、罗浪, 2016
五维度	行业信任、风险估计、负面影响、责任归因、情绪	熊继、刘一波、谢晓非, 2011

---

① 李佳洁、李楠、罗浪：《风险认知维度下对我国食品安全系统性风险的再认识》，《食品科学》2016年第9期。

维度数	食品安全风险认知维度	来源
五维度	市场质疑程度、企业道德规范、潜在风险性、市场信心、政府监管有效性	Wu Linhai et al.，2013
六维度	心理、财务、性能、身体、社会、时间	Susan A. Hornibrook et al.，2005
七维度	健康、金钱、时间、生活方式、性能、社会、心理损失	Ruth M. W. Yeung & Joe Morris，2001
七维度	体验风险、心理风险、健康风险、实际功能风险、财务风险、服务风险、时间风险	刘燕、纪成君，2010
八维度	风险对个人的影响、社会后果、持续时间长短、可怕程度、担忧程度、个人知识了解危害的程度、社会对风险危害的控制度、个人对风险的接受程度	张金荣、刘岩、张文霞，2013

在这些食品安全风险认知维度中，有一部分维度体现了食品安全风险与其他类别风险的共性，但是，另外一部分维度则体现了食品安全风险自身的独有特征。胡卫中等认为，食品安全风险认知可以看成消费者对不安全食品可能带来的若干损失类别的预期的总和。[①] 相较于其他类别的风险，对食品安全风险认知的研究往往一定程度上融合了对消费决策风险的认知内容，就此，总结了国外研究中广泛使用的六个消费者食品安全风险认知维度，并对其测量作出说明，这六个维度主要有健康损失（或身体损失）、性能损失、金钱损失、时间损失、社会损失、心理损失。[②] 有研究在对鸡肉食品市场的考察中，依托个人访谈的形式对风险认知的维度进行了探索性研究，其还发现了生活方式损失（lifestyle loss）维度，它是指由于食品风险的短期或长期影响（与健康、财务和时间损失有关），生活方式丧失了与消费和其他习惯有关的自由。[③] 于铁山基于食品安全风险来源的三个方面（食品本身、食品生产者与食品经营者），

---

① 胡卫中、齐羽、华淑芳：《国外食品安全风险认知研究与进展》，《安徽农业大学学报》（社会科学版）2008 年第 2 期。

② 胡卫中、齐羽、华淑芳：《国外食品安全风险认知研究与进展》，《安徽农业大学学报》（社会科学版）2008 年第 2 期。

③ Ruth M. W. Yeung, and Joe Morris, "Consumer Perception of Food Risk in Chicken Meat," *Nutrition & Food Science* 31 (2001)：270-279.

　　将食品安全风险认知建构为食品类型的安全风险认知、食品经营者所带来的安全风险认知、食品生产者与生产方式所带来的安全风险认知三个维度。① 可以发现，这些认知维度的确定使得食品安全风险与其他类型风险的区别更为明晰。

　　在食品安全风险认知维度的探索与检验研究中，实证研究的开展涉及具体食品对象的选择与确定。总体观之，就食品对象的选择与确定，相关研究主要可以分为三类情况。第一，不确定明确的、具体的食品对象，考察抽象层面的、整体层面的食品安全风险认知，即无具体的食品对象，而是以"食品安全""食品安全问题""食品安全风险"的表述进行整体性的食品安全风险认知摸底与考察。第二，选取单个食品类别的风险认知进行调查。部分研究者会基于单独的、某一种食品对象进行食品安全风险认知的考察，如葡萄酒②、牛肉③、鸡肉④、猪肉⑤、果汁⑥、果蔬、大米⑦等。由于选择食品对象的不同，所验证得出的主要维度及其重要程度排序往往也具有一定的差异。第三，基于多种常见食品对象进行食品安全风险认知的考察。例如，于铁山在食品安全风险认知的研究中，从食品类型、食品经营者、食品生产者与生产方式三个维度来考察食品安全风险认知，具体研究罗列了 17 种食品类型、13 种食品经营者、12 种食品生产者与生产方式，要求受访者对这些不同的食品类型、食品

---

① 于铁山：《食品安全风险认知影响因素的实证研究——基于对武汉市食品安全风险认知调查》，《华中农业大学学报》（社会科学版）2015 年第 6 期。

② Vincent-Wayne Mitchell, and Michael Greatorex, "Risk Reducing Strategies Used in the Purchase of Wine in the UK," *European Journal of Marketing* 23 (1989): 31-46.

③ Denise Mahon, and Cathal Cowan, "Irish Consumers' Perception of Food Safety Risk in Minced Beef," *British Food Journal* 106 (2004): 301-312.

④ Alexandra E. Lobb, Mario Mazzocchi, and W. B. Traill, "Modelling Risk Perception and Trust in Food Safety Information within the Theory of Planned Behaviour," *Food Quality and Preference* 18 (2007): 384-395.

⑤ 胡卫中、齐羽、华淑芳：《国外食品安全风险认知研究与进展》，《安徽农业大学学报》（社会科学版）2008 年第 2 期。

⑥ 刘燕、纪成君：《食品消费者风险认知的研究》，《中国食物与营养》2010 年第 11 期。

⑦ 赖泽栋：《社交媒体环境下消费者食品风险认知与风险传播行为研究》，博士学位论文，福建农林大学，2014。

经营者、食品生产者与生产方式作出安全性评价。①

　　李一川将多类别食品安全风险认知与总体性食品安全风险认知（无具体明确的食品对象）相结合，在食品安全风险认知的食品对象选择与食品安全风险认知结构维度的考察上有所推进。其研究将消费者食品安全风险认知分为具象认知和抽象认知，前者指"消费者对于具体的食品安全要素，例如各类食品、消费场所和生产企业等所作的安全性评价"，后者则是指"消费者对食品安全现象本身的综合与整体感知"。② 在对前者的测量中，研究罗列了常见的18种食品和多种食品生产与销售类型，要求被调查者作出安全性评价；对后者的测量则不再明确具体对象，就抽象性、整体性食品安全风险认知进行考察，建立风险认知水平（可控性、可见性、可怕性、可能性和严重性）和风险认知内容（心理风险、金钱风险、性能风险、体验风险、服务风险、健康风险和社会风险）的二维测量。

　　本研究基于二维测量模式，对公众食品安全风险认知的内容和水平同时进行考察，以便更为全面地把握公众食品安全风险认知的情况，并把它作为公众食品安全风险认知的结果。如前文所述，在食品安全风险研究领域，诸多研究是基于食品消费者身份对食品安全风险认知进行的研究，并旨在对消费者的食品消费行为进行关联考察。本研究对公众食品安全风险认知的研究更为侧重于对社交媒介环境下食品安全风险沟通、食品安全风险治理的观照，并非只分析食品安全风险认知与食品消费行为的关联。本研究认为，即使不是某种食品的消费者，也可以基于社交媒介关系通路中的信息流动与转换形成自身的食品安全风险认知，并形成社交媒介平台上的食品安全风险信息决策行为，从而对其他更广泛公众的食品安全风险认知产生又一轮重要影响，且自身参与社交媒介平台上的广泛风险沟通。

　　在本研究中，风险认知结果，即公众对风险所可能导致的相关方面损失的可能性、严重性、熟悉性、可控性的认识与判断。在食品安全风

---

① 于铁山：《食品安全风险认知影响因素的实证研究——基于对武汉市食品安全风险认知调查》，《华中农业大学学报》（社会科学版）2015年第6期。

② 李一川：《风险认知与信任视角下的消费者食品安全风险行为研究》，博士学位论文，武汉大学，2012，第63页。

险情境下，食品安全风险认知为公众对食品安全风险所可能导致的食品性能损失、健康损失、社会损失、生活方式损失的可能性、严重性、熟悉性、可控性的认识与判断。在食品安全风险认知水平上，本研究主要考察风险可能性、严重性、熟悉性、可控性水平；在食品安全风险认知内容上，主要考察健康损失、社会损失、性能损失、生活方式损失。在本研究中，健康损失指食品安全问题对人的健康产生的负面影响；社会损失指大型食品安全事故等对公众与社会产生的广泛损害；性能损失指食品腐坏、营养价值下降、口味变差等产生的危害；生活方式损失指由于食品风险的影响，饮食、生活习惯等受到限制的危害。

四　风险认知过程中的信息加工

风险认知过程或心理机制研究涉及了信息注意、信息加工与处理、信息回忆、判断、归因、问题解决等诸多方面，但是，少有研究基于信息输入、信息处理、信息输出的整个过程，对风险认知的过程或机制予以整体性考察。本研究结合风险认知过程分析框架，对信息加工方面的研究作出重点分析。

该部分研究考察并检验了风险信息加工与处理对风险认知结果的影响，并对信息加工与处理的影响因素进行了一定程度的探索。当然，由于各个研究所依据的理论基础或模型框架的差异，研究中所考察的风险信息加工与处理方式、分类并不完全一致。美国基于大规模电话调查的研究发现，对新闻信息加工过程的精细化程度与"利益大于损失"的技术风险认知显著正相关，即相较于低水平信息加工，高精细化信息加工往往更倾向于形成"利益大于损失"的认知。[1] 针对新加坡人的调查研究发现，个人的精细化处理显著提升了对纳米技术风险的熟悉性认知。[2] 另有

---

[1] Shirley S. Ho, Dietram A. Scheufele, and Elizabeth A. Corley, "Factors Influencing Public Risk-Benefit Considerations of Nanotechnology: Assessing the Effects of Mass Media, Interpersonal Communication, and Elaborative Processing," *Public Understanding of Science* 22 (2013): 606-623.

[2] Yang Xiaodong, Agnes Chuah, Edmund W. J. Lee et al., "Extending the Cognitive Mediation Model: Examining Factors Associated with Perceived Familiarity and Factual Knowledge of Nanotechnology," *Mass Communication and Society* 20 (2017): 403-426.

研究对个体风险认知中的经验式信息加工系统与分析式信息加工系统进行了比较，并探讨了情感启发式（affect heuristic）、易得性启发式（avail-ability heuristic）、新近启发式（recency heuristic）三种经验式加工方式及其可能导致的风险认知偏见。[①] 冯强、石义彬的实证研究结果表明，信息加工与处理策略中的系统式处理和启发式处理对食品安全风险严重性感知均存在显著影响，且分别产生正向影响和负向影响，并且信息处理策略在食品信息关注度与食品风险严重性感知之间具有显著中介效应。[②] 可以认为，信息加工与处理对风险认知具有显著影响这一结论已经得到了普遍证实。

部分研究对风险相关信息加工与处理的影响因素进行了一定探索与检验。有实验研究检验了易得性启发式、情感启发式与各类型癌症风险判断的关联，实验过程表明，当要对一种特定癌症需要花费多少金钱来避免死亡进行认识和判断时，很多人受到了情感（恐惧）的引导。[③] 李燕等针对易得性启发式相关的实证研究进行了梳理，汇总了易得性启发式在健康风险（如抑郁症、乳腺癌等）、气候变化风险、不良习惯风险（如吸烟）等不同类别风险认知中发挥作用的研究结论，并认为易得性启发式的形成会受到事件的生动性、突出性以及新近性的影响。[④] 研究者搭建了启发式信息处理与计划行为理论的联系，建构了风险信息寻求与处理模型。研究发现，对风险信息更深入、更系统地处理与受访者在考虑环境危害时的评估强度、态度强度、积极主动地持有行为信念呈正相关。[⑤] 冯强、石义彬针对食品安全风险感知的研究表明，信息加工与处理策略（系统

① Sabine M. Marx, Elke U. Weber, Benjamin S. Orlove et al., "Communication and Mental Processes: Experiential and Analytic Processing of Uncertain Climate Information," *Global Environmental Change* 17 (2007): 47-58.

② 冯强、石义彬：《媒体传播对食品安全风险感知影响的定量研究》，《武汉大学学报》（人文科学版）2017 年第 2 期。

③ Pachur Thorsten, Ralph Hertwig, and Florian Steinmann, "How do People Judge Risks: Availability Heuristic, Affect Heuristic, or Both?" *Journal of Experimental Psychology: Applied* 18 (2012): 314.

④ 李燕、徐富明、孔诗晓：《判断与决策中的易得性启发式》，《心理研究》2015 年第 5 期。

⑤ Robert J. Griffin, Kurt Neuwirth, James Giese et al., "Linking the Heuristic-Systematic Model and Depth of Processing," *Communication Research* 29 (2002): 705-732.

式处理与启发式处理)受到了公众食品信息关注程度的影响。[①] 此外,基于中国的调查结果显示,社交媒介关注度和社交媒介可信度促进了个体信息的系统加工,进而提升了食品安全风险认知。[②] 另有研究表明,科学权威性、科学媒体的使用、对科学家的信任可以同时提升公众、专家这两个群体对纳米技术风险"收益"的认知,但是公众会利用宗教信仰作为启发式线索作出风险判断,这些启发式线索在很大程度上影响了公众的最终看法;与公众相比,专家利用相对较少的线索形成关于纳米技术资金支持的决定。[③] 此外,还有研究揭示了信息内容本身等对信息加工与处理的影响。

总体而言,信息加工的精细可能性模型(Elaboration Likelihood Model,ELM)和信息加工的启发式(或直觉式)-系统式(或分析式)模型(Heuristic-Systematic Model,HSM)在该部分风险研究中得到了较多的关注与应用。冯强对二者作出系统梳理与分析,并指出,二者均属于信息的双加工模型(Dual-Model Processing Models)范畴。其中,ELM 最早发端于劝服研究中,该模型对主体进行信息加工的两条路径进行了区分,即将主体进行信息加工的路径分为中心路径(central router)与边缘路径(peripheral router),前者发生于主体对信息进行积极、有意识地加工之时,后者发生于主体对基于感性层面的非内容信息进行判断之时。信息加工的启发式(或直觉式)-系统式(或分析式)模型具有类似于 ELM 的两条处理路径。其中,启发式(或直觉式)处理指"个体根据信息的表层线索来处理和做出判断",系统式(或分析式)处理则是指"对信息进行深度加工和仔细考量"。[④] 在信息加工时,启发式加工与系统式加工并非非

① 冯强、石义彬:《媒体传播对食品安全风险感知影响的定量研究》,《武汉大学学报》(人文科学版)2017 年第 2 期。

② Yang Xiaodong, Chen Liang and Feng Qiang, "Risk Perception of Food Safety Issue on Social Media," *Chinese Journal of Communication* 9 (2016): 124-138.

③ Shirley S. Ho, Dietram A. Scheufele, and Elizabeth A. Corley, "Value Predispositions, Mass Media, and Attitudes toward Nanotechnology: The Interplay of Public and Experts," *Science Communication* 33 (2011): 167-200.

④ 冯强:《媒体传播对个体风险感知的影响研究——以食品安全议题为个案》,博士学位论文,武汉大学,2014,第 37 页。

此即彼的关系，在一定情况下，二者也可能同时发生。①

五　风险认知与风险相关信息行为

在风险认知研究中，大部分研究将风险相关信息行为作为风险认知结果影响下产生的一种后续信息行为，因此，研究者往往基于风险沟通、风险治理的立意与立场，对个体的风险认知与风险相关信息行为之间的复杂关联进行探讨。

现有研究已积累了一些较为经典的模型框架，如公众的情境理论模型、问题解决情境理论模型、风险信息寻求和处理模型、计划风险信息寻求模型等，研究者基于这些模型框架对风险认知与风险相关信息行为之间的复杂关联、具体类别信息行为的发生机制等进行了实证考察。这些研究中所覆盖的信息行为类别主要有信息选择、信息传播、信息分享、信息搜索等。② 在这部分研究中，信息行为往往作为因变量出现。

结合前文对风险认知及其过程的定义，本研究将风险信息决策行为视为风险认知过程中继风险信息接收或风险信息加工之后的风险信息输出，认为它是风险认知过程中的一个环节，是一种决策性、反应性、应对性信息行为。与以往研究不同的是，本研究认为，有必要立于风险认知的视角与框架之下，对公众的风险信息决策行为中具体的信息行为类别进行规定

---

① Robert J. Griffin, Kurt Neuwirth, James Giese et al., "Linking the Heuristic-Systematic Model and Depth of Processing," *Communication Research* 29 (2002): 705-732；马向阳等：《说服效应的理论模型、影响因素与应对策略》，《心理科学进展》2012 年第 5 期；Yang Z. Janet, Ariel M. Aloe, and Thomas H. Feeley, "Risk Information Seeking and Processing Model: A Meta-Analysis," *Journal of Communication* 64 (2014): 20-41；宋娴、金莺莲：《风险信息寻求和加工模型在科学传播领域的应用——以转基因食品安全问题为例》，《科普研究》2018 年第 2 期。

② Robert J. Griffin, Sharon Dunwoody, and Kurt Neuwirth, "Proposed Model of the Relationship of Risk Information Seeking and Processing to the Development of Preventive Behaviors," *Environmental Research* 80 (1999): S230-S245；Kahlor L. Ann, "PRISM: A Planned Risk Information Seeking Model," *Health Communication* 25 (2010): 345-356；赖泽栋：《社交媒体环境下消费者食品风险认知与风险传播行为研究》，博士学位论文，福建农林大学，2014；曾群等：《基于双路径模型的网络舆情在社交网络上的传播机制研究》，《情报科学》2017 年第 6 期；乔秀宏：《基于社交媒体平台的健康风险信息搜寻行为研究——以疫苗议题为例》，硕士学位论文，东北师范大学，2019。

与考察。若以更为广泛、更为宏观的信息循环流动视角对风险信息决策行为进行审视，公众个体对风险信息的决策或将对社交媒介平台上其他更为广泛的公众的又一轮风险信息接收、风险认知产生巨大影响（见图1-5）。

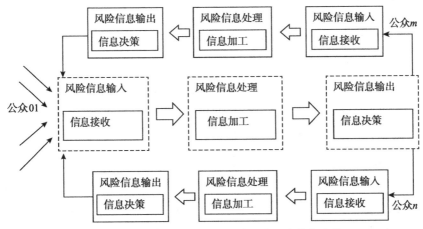

图1-5 风险认知过程分析框架下的公众信息决策

在此，本研究基于现有研究中社交媒介上信息行为类别的涉猎与分析，结合本研究中信息决策行为之于风险认知的要义，对本研究中的风险信息决策行为类别作出规定，它包括风险信息转发、风险信息生产、风险信息搜索。

在社交媒介环境下风险认知情境中，这三种行为均可以成为继风险信息输入、风险信息加工后的风险信息输出，并且这三种行为所输出的信息及其行为本身，都将成为关系通路中其他公众可接收、可获得的信息，进而影响其他公众的风险认知。首先，在风险信息转发行为方面，某一个个体或多个个体对某些风险信息的转发行为及其所转发的信息均会依托社交媒介关系通路影响其他更为广泛公众的又一轮风险信息接收与风险认知；其次，风险信息生产行为是继风险信息接收或加工之后，对风险信息的转换与输出，某一个个体或多个个体对某些风险信息的生产行为及其所生产的信息也会依托社交媒介关系通路影响其他更为广泛公众的又一轮风险信息接收与风险认知。此外，在风险信息搜索行为方面，无数个个体所实施的海量搜索行为将依托"搜索指数""热搜榜"等形式，将搜索行为自身或搜索对象（风险相关的信息）作为一种信息传递、扩散至更为广泛的公众，从而影响更广泛公众的风险信息接收与风险认知。

六 风险认知的影响因素

（一）风险认知影响因素的归纳

风险认知的影响因素研究是风险研究中研究者极为关注的领域。目前，风险认知的诸多影响因素已经被不断揭示并检验。除了风险信息流动与转化的具体过程本身（如前文提及的风险认知过程中的信息加工等）的影响外，大量研究者还深入挖掘并检验了如下一些影响因素：人口统计学特征（如性别、职业类别、收入、受教育程度、婚姻状况、生育状况等）、个人因素（包括心理特质、个人风险经历、人格特质、情绪或情感、知识水平等）、社会与文化、媒体/媒介、信息及其各方面特征等。

社会与文化方面的影响因素主要包括文化价值观、信任①、社会距离、人际沟通②、社会网络或社会资本③、示范效应、道德、宗教信仰、

---

① Jay D. Hmielowski, Lauren Feldman, Teresa A. Myers et al., "An Attack on Science? Media Use, Trust in Scientists, and Perceptions of Global Warming," *Public Understanding of Science* 23 (2014): 866–883; Yi Mou, and Carolyn A. Li, "The Impact of Online Social Capital on Social Trust and Risk Perception," *Asian Journal of Communication* 27 (2017): 563–581.

② Geoffrey D. Gooch, "Environmental Concern and the Swedish Press: A Case Study of the Effects of Newspaper Reporting, Personal Experience and Social Interaction on the Public's Perception of Environmental Risks," *European Journal of Communication* 11 (1996): 107–127; Andrew R. Binder, Dietram A. Scheufele, Dominique Brossard et al., "Interpersonal Amplification of Risk? Citizen Discussions and Their Impact on Perceptions of Risks and Benefits of a Biological Research Facility," *Risk Analysis* 31 (2011): 324–334; 崔波、马志浩：《人际传播对风险感知的影响：以转基因食品为个案》，《新闻与传播研究》2013 年第 9 期; Yang Xiaodong, Agnes Chuah, Edmund W. J. Lee et al., "Extending the Cognitive Mediation Model: Examining Factors Associated with Perceived Familiarity and Factual Knowledge of Nanotechnology," *Mass Communication and Society* 20 (2017): 403–426; Trisha T. C. Lin, Li Li, and John R. Bautista, "Examining How Communication and Knowledge Relate to Singaporean Youths' Perceived Risk of Haze and Intentions to Take Preventive Behaviors," *Health Communication* 32 (2017): 749–758。

③ Yi Mou, and Carolyn A. Li, "The Impact of Online Social Capital on Social Trust and Risk Perception," *Asian Journal of Communication* 27 (2017): 563–581; 罗茜、沈阳：《媒介使用、社会网络与环境风险感知——基于 CGSS2010 数据的实证研究》，《新媒体与社会》2017 年第 3 期。

社会支持、程序正义、社会参与等。

媒体/媒介方面的影响因素主要包括媒体报道内容、媒体报道框架、媒体名人效应、媒介使用（包括媒介选择、媒介使用时间、使用强度、使用动机等）、计算机中介形式、交互形式等。近年来，随着社交媒介技术的高速发展，社交媒介使用及其平台上的信息接触对个体风险认知的影响得到了部分研究者的重视，亦有部分研究者开始关注到了社交媒介对风险认知的间接影响，即社交媒介通过影响其他因素或变量，间接影响风险认知。例如，社交媒介技术及其使用通过促成线上社会资本、改变媒体可信度、影响个体信息加工来影响风险认知。[①]

信息及其各方面特征方面的影响因素覆盖了很多方面。诸多研究揭示了信息可信度或信任度对风险认知结果的显著影响。[②] 针对灾区民众的地震风险认知调查显示，人们接收到的信息的可信度（尤其是负面信息的可信度）显著正向影响风险认知。[③] 另有研究结果表明，当所接收到的信息的有用性不强时，无法使接收者有效降低个体风险。[④] 该方面研究所揭示的影响因素还涉及了信息质量、信息充足性、信息形式（文本/图片/视频）、信息类型（叙述信息/非叙述信息/统计信息/示例性信息/比较性信息/百分比信息/频率信息/积极信息/消极信息等）、信息来源载体形式、信息可视化程度（图形信息/条形图信息）、信息放置位置、信息传播方式、信息框架、信息内容、信息的矛盾性、信息完整性等。

---

① Yi Mou, and Carolyn A. Li, "The Impact of Online Social Capital on Social Trust and Risk Perception," *Asian Journal of Communication* 27 (2017): 563-581; Yang Xiaodong, Chen Liang and Feng Qiang, "Risk Perception of Food Safety Issue on Social Media," *Chinese Journal of Communication* 9 (2016): 124-138; Westerman David, Patric R. Spence, and Brandon V. D. Heide, "Social Media as Information Source: Recency of Updates and Credibility of Information," *Journal of Computer-Mediated Communication* 19 (2014): 171-183.

② 陈汉明：《信息特征及信任度对暴恐事件风险认知的影响研究》，硕士学位论文，华中师范大学，2015；Sandi W. Smith, Rose Hitt, Jessica Russell et al., "Risk Belief and Attitude Formation from Translated Scientific Messages about PFOA, an Environmental Risk Associated with Breast Cancer," *Health Communication* 32 (2017): 279-287。

③ Zhu Dongqing, Xie Xiaofei, Gan Yiqun, "Information Source and Valence: How Information Credibility Influences Earthquake Risk Perception," *Journal of Environmental Psychology* 31 (2011): 129-136.

④ John P. Roche, and Marc A. T. Muskavitch, "Limited Precision in Print Media Communication of West Nile Virus Risks," *Science communication* 24 (2003): 353-365.

可以发现：信息及其各方面特征（包括可信度或信任度、信息有用性、信息质量等）对风险认知的影响已经得到了相关研究的证实，这为风险认知过程中信息接收（即信息输入）与风险认知结果的关联奠定了有效的理论基础；在风险认知影响因素研究中，对媒体/媒介因素影响的分析在一定程度上忽视了媒介技术巨大变革带来人类关系全面重构，进而带来风险认知巨变的逻辑链条。

（二）关系性影响因素的分析

在前文提及的风险认知影响因素中，部分关系性影响因素实则已经得到了一定的揭示与检验，如信任、人际沟通或人际讨论、社会网络或社会资本等，它们均与关系具有深度联系。在针对不同类型风险的研究中，这些因素对风险认知的影响得到一定的证实。

1. 信任

信任问题得到了风险研究者的重点关注，并被视为风险认知、风险沟通、风险治理的关键影响因素。在针对不同类型的风险所开展的风险认知研究中，信任均得到了研究者的重视。有研究者基于美国样本数据对气候风险认知中的信任问题进行考察，发现对科学家的信任可以调节新闻媒介使用对全球变暖认知的影响：保守媒介的使用会减少对科学家的信任，降低全球变暖的确定性；相反，非保守媒介的使用可以增加对科学家的信任，也提高了全球变暖正在发生的确定性。[1] 针对环境风险问题的研究发现，公众与政府、专家这两个不同类别的群体之间在风险认知上的差异性会显著影响公众对政府或专家的信任，与此同时，这种对政府或专家的信任又会反作用于公众风险认知，并进一步作用于公众的相关风险承担行为。[2] 有研究围绕居民的多重风险认知（包括食品安全、财产安全、人身安全、交通安全、医疗安全、个人隐私安全）进行考察，发现人际信任与制度信任可以为人提供安全感，降低风险认知水平。

---

[1] Jay D. Hmielowski, Lauren Feldman, Teresa A. Myers et al., "An Attack on Science? Media Use, Trust in Scientists, and Perceptions of Global Warming," *Public Understanding of Science* 23 (2014): 866-883.

[2] 李小敏、胡象明：《邻避现象原因新析：风险认知与公众信任的视角》，《中国行政管理》2015 年第 3 期。

在食品安全风险中，信任主要涉及的关系对象有媒体（包括传统媒体、网络媒体、社交媒体等）、食品行业工作者（包括食品生产商、食品经营者、食品加工者等）、政府、食品监管部门、科学家等。基于澳大利亚人的调查数据显示，公众对科学家的信任、对监督机构的信任更能预测人们对转基因植物作为食物的积极态度。① 针对我国的在线调查研究表明，个体对食品行业和官方机构越信任，对食品安全风险的认知水平越低。②

2. 人际沟通或人际讨论

有研究者考察了瑞典的媒体报道、个人经历、社会互动对公众风险认知的影响，结果表明，地区报纸在环境问题上的议程设置作用并不明显，地方环境问题的个人经历、人际沟通、新闻来源的信任程度对公众当地环境风险认知产生很大的影响。③ 基于新加坡人的网络调查结果显示，传统媒体关注、新媒体关注、人际讨论、知识、风险认知与采取风险预防措施意图呈正相关，其中，人际讨论与风险认知有关。④ 另有研究发现，人际讨论与纳米技术认知熟悉性相关。⑤ 有研究者基于美国社区居民关于新生物研究设备安装选址的调查发现，人际讨论的频次影响人们的环境风险认知，对风险项目持反对与中立态度的人的风险认知会随着讨论频次的增加而提升，支持者则正好相反。⑥ 崔波、马志浩针对转基因

① Mathew D. Marques, Christine R. Critchley, and Jarrod Walshe, "Attitudes to Genetically Modified Food Over Time: How Trust in Organizations and the Media Cycle Predict Support," *Public Understanding of Science* 24 (2015): 601-618.

② Yi Mou, and Carolyn A. Li, "The Impact of Online Social Capital on Social Trust and Risk Perception," *Asian Journal of Communication* 27 (2017): 563-581.

③ Geoffrey D. Gooch, "Environmental Concern and the Swedish Press: A Case Study of the Effects of Newspaper Reporting, Personal Experience and Social Interaction on the Public's Perception of Environmental Risks," *European Journal of Communication* 11 (1996): 107-127.

④ Trisha T. C. Lin, Li Li, and John R. Bautista, "Examining How Communication and Knowledge Relate to Singaporean Youths' Perceived Risk of Haze and Intentions to Take Preventive Behaviors," *Health Communication* 32 (2017): 749-758.

⑤ Yang Xiaodong, Agnes Chuah, Edmund W. J. Lee et al., "Extending the Cognitive Mediation Model: Examining Factors Associated with Perceived Familiarity and Factual Knowledge of Nanotechnology," *Mass Communication and Society* 20 (2017): 403-426.

⑥ Andrew R. Binder, Dietram A. Scheufele, Dominique Brossard et al., "Interpersonal Amplification of Risk? Citizen Discussions and Their Impact on Perceptions of Risks and Benefits of a Biological Research Facility," *Risk Analysis* 31 (2011): 324-334.

食品安全议题的研究证实，人际关系网络中的"讨论频次""讨论效价"是影响转基因食品风险中"风险"和"收益"认识、判断的关键变量，人际传播能增强个体"风险"感知，降低"收益"感知。[①]

3. 社会网络或社会资本

罗茜、沈阳基于 CGSS2010 数据对媒介使用、社会网络与环境风险感知之间的关联进行考察，研究根据科学界、公众对环境风险的争议程度情况，将环境风险感知划分为"非争议性"和"争议性"两大类别以示区分。研究发现，在非争议性环境风险感知上，媒介使用与社会网络会同时产生显著影响。但是，在争议性环境风险感知上，社会网络的影响甚微，主要是媒介使用产生显著影响。[②] 王文彬基于 JSNET2014 数据考察了社会网络交往对城市居民风险感知（包括食品安全、财产安全、人身安全、交通安全、医疗安全、个人隐私安全）的影响，其研究选取了拜年网与餐饮网两大社会关系网络进行考察与对比，结果发现，两大关系网络均显著提高了居民的风险感知水平。[③]

有研究者依托奥地利的两个受洪灾影响城市的问卷调查数据分析了社会资本对家庭层面风险认知的影响，结果显示，社会资本对家庭的洪水风险认知产生了负向影响，研究认为，这是由于社会关系及其支持往往对洪灾应对与灾后恢复非常有效，对于社会关系及其支持的期望会有效降低风险认知水平。该研究还指出，有两个主要因素决定了家庭是否实施防洪措施：第一个是风险认知（洪水事件的严重性和可能性），第二个是应对评估（与家庭应对洪水风险的能力有关）。[④] 另有基于中国人群样本数据分析发现，以往研究采用的社会资本经典划分方式（即"桥接社

---

① 崔波、马志浩：《人际传播对风险感知的影响：以转基因食品为个案》，《新闻与传播研究》2013 年第 9 期。

② 罗茜、沈阳：《媒介使用、社会网络与环境风险感知——基于 CGSS2010 数据的实证研究》，《新媒体与社会》2017 年第 3 期。

③ 王文彬：《网络社会中城市居民风险感知影响因素研究——基于体制、信任与社会网络交往的混合效应分析》，《社会科学战线》2017 年第 1 期。

④ Babcicky Philipp, and Sebastian Seebauer, "The Two Faces of Social Capital in Private Flood Mitigation: Opposing Effects on Risk Perception, Self-Efficacy and Coping Capacity," *Journal of Risk Research* 20 (2017): 1017–1037.

会资本/结合社会资本/保持社会资本") 并不完全适用于研究中的中国样本，所以，其研究建构了"社区社会资本"（community social capital）和"效用社会资本"（utility social capital）两个维度，最终结果表明，感知到自己享有更多的社会资本（包括社区社会资本和效用社会资本）的人往往对食品行业和官方机构更为信任，这会降低个体对食品风险的认知水平，但是，感知到自己拥有更多效用社会资本的人却更为积极地参与信息的搜集与分享，这样的信息交互又会显著提升食品安全风险认知水平。[①]

可以说，信任、人际沟通或人际讨论、社会网络或社会资本等不仅彼此相互关联，还均与关系紧密相连。其中，信任往往作为关系的考量维度之一；人际沟通与关系相互影响，沟通或交流频率往往被作为关系的考量维度之一；社会网络是关系所形成的网络，侧重于关系的总体结构性特征；社会资本中的微观社会资本是蕴藏在个体关系及其网络中的资源或个体关系网络的结构性优势，与关系密切相关。这些风险认知的影响因素（信任、人际沟通或人际讨论、社会网络或社会资本等）的揭示与验证均从一定程度上证实了关系对风险认知的影响。但是，它们各自仅能代表关系的某一方面特征，不能很好地反映关系本身，尤其是社交媒介环境下关系所凸显出的某些维度的新特征及其新影响等。目前，针对关系性影响因素之于风险认知的影响研究，并未深入到主体人的整个风险认知过程（信息输入、信息处理、信息输出）中去分析其如何对风险认知产生影响。

鉴于社交媒介关系通路中风险信息广泛流动、转换及风险认知生成的现实局面，立于风险认知研究中关系性影响因素的研究现状，本研究认为，有必要立足社交媒介环境下风险认知情境，对关系及其结构维度进行深度探索与全面确定，并结合风险认知过程分析框架，探索检验关系对风险认知过程及其结果的影响。

---

① Yi Mou, and Carolyn A. Li, "The Impact of Online Social Capital on Social Trust and Risk Perception," *Asian Journal of Communication* 27 (2017): 563-581.

第二节 关于"关系及其在社交媒介环境中的变迁"的研究

当下的媒介技术及其发展，使得借由社交媒介技术建构与维系的人与人之间的关系及其网络已然成为广泛公众接收风险相关信息、交流与讨论风险相关信息、形塑风险认知、输出风险相关信息的重要渠道与平台。那么，在公众风险认知的研究中，对于当下关系的研究就显得尤为重要。

"关系"是社会学、传播学等学科研究中一个非常重要又极为复杂的概念。"关系"代表人与人之间的交流、交往、互动，它往往深度影响置身于其中的主体人的思想、态度、认知与行为，同时它与社会结构、资源配置、权力生成、社会支持、社会运动或集体行动等密切相关。关系"是社会大众在共同认可及遵守的行为标准规范下的一种互动"，它"离不开信息的传播"。① "社会关系的动态形式是人与人交往的纽带和活动，静态形式则形成了社会结构。"② 个体在关系及其网络中的嵌入，意味着个体将受到关系的多方面影响，这些影响往往体现在个体的态度、意见、认知、行为等各个方面。③ 可以认为，关系及其网络、格局实则是一种基本的社会结构。费孝通认为，农耕文明孕育了中国传统社会的"差序格局"，即个人与他人建立的关系及其结构犹如石子投入水中散开的一圈圈波纹，由自己这一中心一层一层推向外围，如此的关系及其结构为个体与他人的交往行为规范提供了依据。④ 孙立平基于此作出进一步分析并指出，如此的关系格局及其结构，不只是一种人与人交往中的道德模式，

---

① 孟盈：《论媒介与社会关系在发展中的交互促进》，《复旦学报》（社会科学版）2010 年第 4 期。

② 张进宝：《"关系社会学"何以可能？》，《国外社会科学》2011 年第 2 期。

③ 刘军：《关系：一种新的分析单位》，《社会》2005 年第 5 期；陈力丹：《试论人际关系与人际传播》，《国际新闻界》2005 年第 3 期；彭兰：《从社区到社会网络——一种互联网研究视野与方法的拓展》，《国际新闻界》2009 年第 5 期。

④ 费孝通：《乡土中国》，北京大学出版社，2012，第 42~44 页。

其实质更是一种"对社会中稀缺资源进行配置的模式或格局"。① 另有研究在基层社会运动中剖析了关系的作用,认为关系的各方面性质(如方向、强度等)是影响这些运动出现与运动最终结果的重要因素。② 在村庄的集体行动研究中则发现,关系及其网络可以通过获取信息、动员资源、传播观念、社会交换等产生对农户参与意向及其程度的影响。③ 依托各类型社交媒体对关系的直接、便利地建构与重构,人群中新的"关系共同体"得以形塑,他们往往可以在特定情境和条件下被激发出实际的社会参与行动,形成"行动共同体"。④

总体而言,我国学者针对关系及其相关理论的研究与应用主要有两大取向。一是针对中国人关系的特殊性,开发并运用本土化理论工具所进行的中国人关系考察,它由费孝通、黄光国、杨国枢、阎云翔、翟学伟等一些学者所发起并不断推进,该方面研究已经形成了一定的国际影响力;其研究内容涉及了中国人关系的"差序格局""圈子""报""人情""面子"等重要特征。二是普遍社会学意义上的关系研究。在该条路径取向上的研究中,研究者(如边燕杰、刘延东、罗家德、陈力丹、彭兰等)大多基于强弱关系理论、社会资源理论、社会资本理论、社会网络理论、嵌入性理论等社会学中的经典理论工具,再结合中国人的关系特质进行考察(部分研究引入了本土关系研究成果),由此形成与国外相关研究及其结论的直接对话与深入比较。

本研究的重点并不在于深度揭示中国人关系的特殊性,因此,选择立于普遍社会学意义上的关系解释,基于强弱关系理论、关系的资源观、社会网络理论等经典社会学理论工具,融合一定的本土关系研究成果,对当下社交媒介环境下人与人之间的关系进行考察,进而对其之于风险认知的影响作出进一步分析与探讨。

---

① 孙立平:《"关系"、社会关系与社会结构》,《社会学研究》1996年第5期。
② 石发勇:《关系网络与当代中国基层社会运动——以一个街区环保运动个案为例》,《学海》2005年第3期。
③ 蔡起华、朱玉春:《关系网络对农户参与村庄集体行动的影响——以农户参与小型农田水利建设投资为例》,《南京农业大学学报》(社会科学版)2017年第1期。
④ 胡百精:《互联网、公共危机与社会认同》,《社会科学文摘》2016年第5期。

在以往的理论分析中，有部分研究者将强弱关系理论、社会资源理论等纳入社会网络理论。① 在具体的经验研究中，很多研究者会将社会关系网络结构、强弱关系、关系中所蕴含资源的二者或三者进行结合考量；有的研究者会将强弱关系、社会关系网络结构作为一种资源（或微观社会资本）进行考察；② 有的研究者会将强弱关系③、关系中所蕴含资源作为社会关系网络的构面进行考察。可以说，关系的这三者的确深度相关、彼此渗透。基于本研究情境下关系及其构面考察的深化与细化需求，此处对三者进行分开阐释。

一 社会网络理论

拉德克利夫·布朗（Radcliffe Brown）最早提出了"社会网络"（social networks）的概念。④ 社会网络是指人与人之间及群体与群体之间的联系。⑤ 它是个体与社会发生联系的重要桥梁。

如前文所述，随着媒介技术的高速发展，人类的关系及其网络已然发生巨大的变革。彭兰认为，建基于互联网上的关系网络在社会网络理论视角下可以得到更好地观察与解释。⑥ 肖冬平、梁臣对国内外社会网络理论进行了综述，其研究所总结的国外代表性社会网络理论有网络的结构观、市场网络观、弱关系力量假设和"嵌入性"理论、社会资源理论、社会资本理论、结构洞理论、强关系力量论、同心圆模型；国内本土的

---

① 肖冬平、梁臣：《社会网络研究的理论模式综述》，《广西社会科学》2003 年第 12 期。
② 陈成文、王修晓：《人力资本、社会资本对城市农民工就业的影响——来自长沙市的一项实证研究》，《学海》2004 年第 6 期；刘静、杨伯溆：《校内网使用与大学生的互联网社会资本——以北京大学在校生的抽样调查为例》，《青年研究》2010 年第 4 期；乔志宏等：《人力资本和社会资本与中国大学生就业的相关研究》，《中国青年研究》2011 年第 4 期。
③ 马倩：《研究生社会网络、信息获取与求职结果间关系的实证研究》，硕士学位论文，电子科技大学，2013，第 19 页。
④ 刘传江、覃艳丽、李雪：《网络社交媒体使用、社会资本积累与新时代农业转移人口的城市融合——基于六市 1409 个样本的调查》，《杭州师范大学学报》（社会科学版）2018 年第 6 期。
⑤ 〔英〕安东尼·吉登斯、菲利普·萨顿：《社会学基本概念》，王修晓译，北京大学出版社，2019，第 178 页。
⑥ 彭兰：《"连接"的演进——互联网进化的基本逻辑》，《国际新闻界》2013 年第 12 期。

社会网络研究主要有费孝通的"差序格局"，黄光国的"人情""面子"
等。① 国内外的相关研究均显示，在求职、创业、提升收入、促进知识创
新、集体行动、减少贫困、提供社会支持或情感支持、风险分担、态度
改变等方面，社会网络均具有一定的影响。

　　近年来，国内学者将社会网络理论主要应用于政务及社会资源配置、
企业发展战略、知识管理、用户服务等方面。② 在风险研究中，社会网络
的研究也渐趋发展。如前文所述，在风险认知的影响因素研究中，社会
网络已经得到一定的关注与检验。

　　社会网络的考察与测量，主要分为整体网的考察与个体中心网的考
察。其中，个体中心的社会网络可以根据网络所涉及的不同社会关系划
分为不同的类型。③ 结合不同的研究问题与研究情境，在个体中心网的考
察中，对网络的选择与筛选往往有一定的差异，如研究会根据不同需要
选取讨论网（discussion network）、拜年网、餐饮网、友谊网、咨询网、
互动网（interaction network）、支持网（support network）等不同的网络。
同时，所考量的网络维度与测量指标并不完全一致。边燕杰、郝明松基
于我国本土关系研究中的"情义"分析，将个体所拥有的社会网络分为
非正式社会网络与正式社会网络两大类别，用以分别代表基于情义联系
所形成的、以亲朋关系为基础的非正式社会网络和个体的团体身份归属
（通过学校、工作单位、教会、俱乐部、专业协会、兴趣团体等一些团体
获得某种身份而实现）。④

　　在立足风险情境下对社会网络进行考察与测量的研究中，仇玲对微
博环境下风险放大站的社会网络进行研究，指出"微博是以用户之间的
'关系网络'为机理进行信息传播与扩散的平台，因此，微博平台的风险

①　肖冬平、梁臣：《社会网络研究的理论模式综述》，《广西社会科学》2003 年第 12 期。
②　金玮、杜诗卿：《近年来国内社会网络理论的应用成果综述》，《科技传播》2014 年第
　　7 期。
③　赵延东、罗家德：《如何测量社会资本：一个经验研究综述》，《国外社会科学》2005 年
　　第 2 期。
④　边燕杰、郝明松：《二重社会网络及其分布的中英比较》，《社会学研究》2013 年第 2 期。

沟通研究应重点关注关系网络在其中所发挥的影响作用"。① 其研究依托雾霾风险事件案例识别并确定了关系网络中"影响层"风险放大站与"扩展层"风险放大站，运用了网络规模、网络密度、平均距离、聚集系数、网络中心势和中介性、入度与出度、节点度等指标对风险放大站的整体网络特征进行分析。罗茜、沈阳开展了社会网络对公众环境风险感知的影响研究，其研究将人际信任、人际网络、人际讨论、组织归属作为社会网络的测量指标。在测量中，"人际信任"考察了特殊信任与一般信任两个方面，前者包括了血缘关系信任与社会关系信任；"人际网络"主要衡量了粘连网络与桥接网络的强度；"人际讨论"测量了一年内人际时事讨论的频率；"组织归属"用以测量是否参与环保社团。② 王文彬探索了社会网络中的交往对居民风险感知（包括食品安全、财产安全、人身安全、交通安全、医疗安全、个人隐私安全）的影响，其研究选取了拜年网和餐饮网作为考察的社会网络，并在拜年网的测量中基于媒介技术发展环境，纳入了微信、短信等网络拜年的交往对象。该研究中，针对社会网络的测量所使用的具体指标有网络规模（亲属、亲密好友、其他人的互相拜年数量）、网络顶端（拜年人的职业最高声望）、网距（拜年人职业最高声望与最低声望的差距）和网络差异（拜年人职业多样性，也即职业数量）。③

基于社交媒介（如微博、微信）使用功能现状，可以认为，只要添加了"关注"或添加为"好友"、相互存在于同一群组中的人，随时都可能成为平台上彼此的信息传受方、信息的互动交流方。于是，社交媒介平台上用户个体的所有"关系人"也就组成了一个巨大的关系网络。而立于风险情境（如食品安全风险情境）中，社交媒介平台上的这个巨大的关系网络中的任一"关系人"都有可能与该个体成为彼此的风险信息

---

① 仇玲：《微博环境下风险放大站的社会网络研究——以雾霾事件的风险沟通为例》，博士学位论文，武汉大学，2013，第 I 页。
② 罗茜、沈阳：《媒介使用、社会网络与环境风险感知——基于 CGSS2010 数据的实证研究》，《新媒体与社会》2017 年第 3 期。
③ 王文彬：《网络社会中城市居民风险感知影响因素研究——基于体制、信任与社会网络交往的混合效应分析》，《社会科学战线》2017 年第 1 期。

传受方、风险信息的互动交流方。因此，本研究认为，对这一情境下的个体中心网考察可以不再局限于拜年网、餐饮网、讨论网、互动网、支持网等特定关系网络，而是尝试将个体立于社交媒介上的所有"关系人"（即添加了"关注"或添加为"好友"的人、相互存在于同一群组中的人）均纳入考量范围。

二　强弱关系理论

"在社会网络理论下，关系被视为一个居于中间层次的分析单位，将主体与客体、结构与行动、个人与社会、微观与宏观连接起来。"[①] 如果将社会关系网络中的个体（或行动者）喻为一个个的个体节点，那么，这些个体节点之间的连线则是它们之间的"关系"。[②] 强弱连带（tie）之分，即强弱关系之分，是关系研究中最主要的关系分类方法。

美国社会学家马克·格兰诺维特（Mark Granovetter）是强弱关系研究的重要发起者，其研究在考察社会网络对经济行为的影响中发现，非正式的工作寻求方法（即通过社会关系网络寻求工作）是非常普遍的，在这个过程中，弱关系（具有较高的异质性）相较于强关系（具有高同质性）在提供工作信息方面更具优势，弱关系往往作为不同群体之间的信息沟通桥梁，带来更多的信息。据此，他提出"弱关系的力量"假说（hypothesis about the strength of weak ties）。

后来，强弱关系在求职、创业、知识创新、知识分享、技术接受、商务营销、志愿服务等领域的研究中被广泛关注。在持续的研究中，强弱关系各自的优势效应被逐步揭示，发展出来的强弱关系理论成为社会学研究中一个非常经典的理论。该方面研究普遍表明，弱关系（weak ties）的成员间具有较大差异性，不易造成信息冗余，有利于广泛获取信息，成员可以作为不同群体的桥梁，有利于信息的广泛扩散；强关系（strong ties）的成员间具有较大的同质性，也能够为对方提供更有针对

---

① 陈力丹、费杨生：《关系：移动互联时代传统媒体转型的逻辑起点——读第 20 个玛丽·梅克尔的互联网报告》，《编辑之友》，2016 年第 7 期。

② 陈力丹、费杨生：《关系：移动互联时代传统媒体转型的逻辑起点——读第 20 个玛丽·梅克尔的互联网报告》，《编辑之友》，2016 年第 7 期。

性、更为准确、更为可信的信息，"关系人"之间往往具有较高程度的信任、更紧密的联系或更深厚的情感，可以为对方提供社会支持或情感支持等。

针对强弱关系的区分与判断，此后的经验研究形成了两种较为成熟的方法：一种是角色分类法；另一种是关系强度测量法。其中，前者根据"关系人"之间的角色直接进行划分，如诸多研究将家人、亲戚、亲密的朋友等直接归为强关系，将不熟悉的人或陌生人等直接归为弱关系。后者根据"关系人"之间的交往时长、互动频率、熟悉程度、亲密程度、感情强度、信任程度、互惠程度、情感支持程度、给予/接受意见、互助等具体指标来测量关系强度。

当然，随着社交媒介平台上强弱关系研究的兴起与发展，在部分研究中，强弱关系的考察维度与测量指标愈加体现媒介技术及其使用的渗透，有研究直接采用了所使用社交媒介平台上生成的数据作为强弱关系的测量维度。例如，在基于 Twitter 数据集的研究中，将平台上用户间的单向关注视为弱关系，将双向关注视为强关系，结果显示，当某一用户发布一条中等质量的信息，弱关系用户转发的可能性比强关系用户转发的可能性高 3.1%。[1] 李晓娥针对社会化媒体中关系强度对信息扩散的影响进行考察，文章中界定的关系是指"两个行为主体是否存在交流，即是否存在评论、转发、回复等行为发生，如果存在某一种行为发生，那么判定两个行为主体之间存在一条关系链"。[2] 文章对关系强度的测量主要有三个指标：联系数量（评论次数、转发次数、转发+评论次数）、关系角色（粉丝、非粉丝、行业专家、合作媒体、活动代言人）、评论情感支持（评论内容对企业或产品的情感支持度）。

三 关系的资源观

"关系存在于交换与分享资源（如商品、服务、社会支持、信息等）

---

① Shi Zhan, Rui Huaxia, and Andrew B. Whinston, "Content Sharing in a Social Broadcasting Environment: Evidence from Twitter," *MIS quarterly* 38 (2014): 123–142.

② 李晓娥：《社会化媒体中关系强度对信息扩散的影响——基于新浪微博社会网络的实证研究》，硕士学位论文，华中科技大学，2012，第18页。

的沟通交流者之间"①，是"具体的事件过程中关系主体间的信息和资源的流通渠道"②。可以认为，关系中蕴含着极为丰富的各类型资源。

继"弱关系的力量"假说之后，美籍华裔社会学家林南（Lin Nan）发展出了社会资源理论，林南认为，嵌入社会关系网络的社会资源（如权力、财富、声望等），并非个人所直接占有，而是通过社会关系来获取的。在林南看来，弱关系的"力量"不再止于信息沟通上的优势，"由于弱关系连结着不同阶层拥有不同资源的人们，所以资源的交换、借用和摄取，往往通过弱关系纽带来完成"，而"强关系连结着阶层相同、资源相似的人们"，"类似资源的交换既十分必要，也不具有工具性的意义"。③ 诸多研究对"关系即资源"形成了普遍认同。从理论层面上看，斯坦利·米尔格兰姆（Stanley Milgram）的"六度分隔"理论、罗纳德·伯特（Ronald Burt）的"结构洞"理论、邓肯·J.瓦茨（Duncan J. Watts）的"网络动力学"理论等，已从不同视角阐明了关系中社会资源的普遍存在与价值。

立足风险情境下，关系的资源性发挥着重要的作用。邹宇春、赵延东针对社会网络之于信任的影响机制研究中，基于"社会资源"理论提出了社会网络对信任产生影响的"资源"机制。其研究指出，各种社会资源嵌入社会关系网络，形成了网络资源（network-based resources），包括"物质资源（如金钱、物质财产）和非物质资源（如知识、权力、信息、支持）"，在社会行动者面临决策时，"网络里的各类资源让社会行动者有更高的风险承受力来承担信任的风险"。④ 刘丽群、刘又嘉认为，依托社交媒介所建构并维系的关系中附着的诸多"资源"，如"权力、人力、物资、器械、技术、知识等各类资源"，这些资源往往"能够提高个体处理、避免或补偿风险的可能性和能力"，个体在嵌入不同圈子、搭建广泛

---

① Haythornthwaite Caroline, "Strong, Weak, and Latent Ties and the Impact of New Media," *The Information Society* 18 (2002): 385-401.
② 李继宏：《强弱之外——关系概念的再思考》，《社会学研究》2003 年第 3 期。
③ 肖冬平、梁臣：《社会网络研究的理论模式综述》，《广西社会科学》2003 年第 12 期。
④ 邹宇春、赵延东：《社会网络如何影响信任？——资源机制与交往机制》，《社会科学战线》2017 年第 5 期。

关系的同时获得了撬动此类资源的可能性，"个体自身对此类资源的占有或可调度程度会直接影响个体对风险严重程度、可控性等的理解与判断"。[①] 罗茜、沈阳对环境风险的考察发现，在非争议性环境风险感知上，人际网络中粘连网络（指与家庭成员、亲戚朋友之间的社会网络）可以显著降低个人的风险感知水平，其研究认为，这是因为粘连网络为个人创造并提供了一种"社会安全感"，进而使得个人的环境风险感知水平降低了。[②] 可以认为，这或许是关系及其网络中一种特殊心理资源的体现。

关系及其网络中所蕴含的资源，也被相关研究称为微观层次的社会资本（即个体社会资本）。法国社会学家皮埃尔·布迪厄（Pierre Bourdieu）率先对社会资本概念作出系统表述，他认为，社会资本是现实或潜在的资源集合体，这些资源与拥有或多或少制度化的共同熟识和认可的关系网络有关。王玲宁在对微信使用行为之于个体社会资本影响的研究中，将个体社会资本的考察分为结构性社会资本与资源性社会资本。前者考察被访者所处的社会位置（包括朋友圈的人数、微信群的数量），而后者测量在相应社会结构中流动的资源或者内容（指心理和情感的支持、得到的帮助和社会资源的扩展）。[③] 赵延东、罗家德对经验研究中关系资源等的测量问题进行综述，指出网络中所嵌入的资源可以用位置生成法进行测量，即依托标志社会地位的职业类型或工作单位类型的量表，评估个体关系网络中关系人相应的职业类型和工作单位类型得分。[④] 边燕杰、郝明松在对中英个体所拥有社会网络资源存量的比较研究中，采用了个体参与健身体育、文艺娱乐、联谊活动、宗教信仰活动、公益活动五类兴趣团体活动的情况来衡量一个人的正式社会网络及其资源含量。[⑤]

综上，社会网络理论、强弱关系理论、关系的资源观为本研究中社

---

① 刘丽群、刘又嘉：《"关系"视角下的风险认知重构——基于认知过程的考量》，《编辑之友》2019 年第 6 期。
② 罗茜、沈阳：《媒介使用、社会网络与环境风险感知——基于 CGSS2010 数据的实证研究》，《新媒体与社会》2017 年第 3 期。
③ 王玲宁：《微信使用行为对个体社会资本的影响》，《新闻大学》2015 年第 6 期。
④ 赵延东、罗家德：《如何测量社会资本：一个经验研究综述》，《国外社会科学》2005 年第 2 期。
⑤ 边燕杰、郝明松：《二重社会网络及其分布的中英比较》，《社会学研究》2013 年第 2 期。

交媒介环境下风险情境中的关系及其结构维度的探索与考察提供了充分的理论基础与操作化经验。当然，由于具体研究问题和研究情境的差异性，本研究对其进行直接移植并不合适。本研究以此为基础，进一步结合具体访谈，探索本研究情境下的关系及其结构维度的架构，并最终结合访谈内容与问卷调查数据进行检验。

四　社交媒介技术及其使用对关系的影响

媒介技术的发展与变革带来了人类关系的不断变迁。当下，社交媒介技术及其使用已然全面深度渗透人类的日常生活，带来了人类关系的巨大改变，关系的改变体现在每个人所拥有的社会关系网络、强弱关系、关系中所蕴含资源的每个方面，当然，也绝不止这些方面。对于社交媒介技术及其使用对关系的这些方面影响，国内外研究均给予了充分关注。在实证研究中，国外研究者主要以 Facebook、Twitter 为考察平台，我国研究者则主要围绕社交性网站（如人人网）、微信、微博等平台来进行。

（一）社交媒介技术及其使用对社会关系网络的影响

社交媒介技术及其使用，改变了社会关系网络建立与维系的难易程度。毋庸置疑，在社交媒介出现之前，广泛的社会关系网络的建立往往十分困难。但是，社交媒介出现以后，基于社交媒介平台"单向或双向关注""添加好友""加群"等功能的实现，"关系人"的结识、关系及其网络的建立变得非常容易。胥琳佳、屈启兴认为，在微博和 Twitter 上，网络是自主形成的，用户可以非常自由地、自主地建立连接。[①] 范红霞认为，借助微信这种风靡一时的社交软件，网络社交充分发挥了它连通一切、无远弗届的强大联结能力。[②]

关于社交媒介技术及其使用对社会关系网络结构方面的影响，刘济群对国外相关领域研究进行了综述并指出，社交媒体的影响力在"对社会网络形成与变化过程的影响"中表现非常突出，如"关系的强度，网络的

---

① 胥琳佳、屈启兴：《突发公共卫生事件中社交媒体内容与社会网络结构对转发行为的影响》，《现代传播》（中国传媒大学学报）2018 年第 11 期。

② 范红霞：《微信中的信息流动与新型社会关系的生产》，《现代传播》（中国传媒大学学报）2016 年第 10 期。

核心与边缘，社交网络中虚拟社区以及合作关系的形成等"①。刘传江等认为，网络社交媒体可以实现强、弱两大关系网络的结合，虚拟、现实两大社交圈的结合，整合型、跨越型两大社会网的结合，如此，可以有效打破以血缘、地缘为纽带的社会网络的"内卷化"（involution），能有效扩大社会网络的规模、提升密度。② 赵英基于企业中员工关系网络的实证研究发现，当"非正式网络"（企业成员引入即时通信工具、Wiki等社交媒体后自发形成的关系网络）与以往的正式网络进行叠加形成复杂网络后，网络的密度、平均聚类系数实现了增大，平均距离得以缩短，中介中心度分布则变得更为均衡，这表明社交媒体的使用可以使人们更方便、更快捷地与更广泛的人进行联系。③

（二）社交媒介技术及其使用对强弱关系的影响

该部分研究主要探讨社交媒介技术及其使用对强弱关系的影响，可以认为，"考虑沟通交流者之间关系的强度有助于调和新媒体对社会关系影响的不同结果"④。

将在互联网之后出现的主要媒介工具与应用进行对比，可以发现，互联网发展早期，公共聊天室、论坛等往往更利于陌生人之间搭建临时性的弱关系；此后出现的 QQ、MSN 等则更利于熟人之间保持常态化互动、维持彼此之间的强关系，它们还能创造出趋于封闭圈子式的在线互动；当下的微博、微信既提供了发展弱关系的极大便利性，又能够很好地巩固强关系。⑤ 当然，更多研究者倾向于认为，微信平台上所建构和

---

① 刘济群：《国外社交媒体影响力研究述评——进展与启示》，《现代情报》2016 年第 3 期。

② 刘传江、覃艳丽、李雪：《网络社交媒体使用、社会资本积累与新时代农业转移人口的城市融合——基于六市 1409 个样本的调查》，《杭州师范大学学报》（社会科学版）2018 年第 6 期。

③ 赵英：《社交媒体对企业内信息传播的影响研究——基于社会网络视角》，《传媒》2014 年第 22 期。

④ Haythornthwaite Caroline, "Strong, Weak, and Latent Ties and the Impact of New Media," *The Information Society* 18 (2002): 385–401.

⑤ 张聪丛：《基于社交媒体使用的公众食品安全风险感知及反馈行为研究》，硕士学位论文，华中科技大学，2016，第 9 页。

维系的关系是以强关系为主、以弱关系为辅的；微博则是相反的。① 有研究指出，微信朋友圈实现了 QQ 好友、手机通讯录、附近的人三大关系渠道中全部"关系人"的集中与连接，极大地拓宽并深化了关系交往。在虚拟关系网络与现实关系网络的不断融合中，强关系得以不断凸显。②

可以发现，社交媒介为强弱关系的转化与改变提供了极大的可能性。在社交媒介平台上，若弱关系社交双方互动大幅提升，弱关系极有可能转变为强关系。当然，这种转化需要一定的条件：一是触发点（如共同的兴趣爱好或关注话题）可以带来更多互动；二是需要使用频率较高的平台。③ 基于校友社交媒介 Facebook 的研究发现，群组活动的参与积极程度可以正向预测关系强度（主要是沟通频率维度与情感亲密度维度）。④ 另有研究提出了直接基于社交媒介平台数据的关系强度预测模型，该研究以前人所提出的强弱关系考察维度（强度、亲密度、持续时间、互惠、结构、情感支持和社会距离等）为指导，确立了 74 个 Facebook 变量作为关系强度的潜在预测因子。最终，该模型建立在 2000 多个关系的数据集上，能正确地将朋友分类为强弱关系，准确率超过 85%。该模型显示，社交媒介使用情况可以预测关系强度。⑤

（三）社交媒介技术及其使用对关系中所蕴含资源的影响

可以认为，社交媒介技术及其使用给人们关系中资源获取带来了便利，改变了人们关系中资源的丰富程度、储量及可获取性。有研究认为，"在社交媒体中，通过'关系'对社会资源进行获取，这比现实社会来得

① 肖斌：《微信朋友圈对大学生人际交往的影响研究——基于强弱关系理论的视角》，《教育学术月刊》2015 年第 10 期；赖炜：《格兰诺维特的"嵌入性"理论及其在社交媒体研究中的应用》，《新媒体研究》2018 年第 14 期。

② 王玲宁：《微信使用行为对个体社会资本的影响》，《新闻大学》2015 年第 6 期。

③ 吕行佳：《社交网络中的强弱关系转化》，《新闻研究导刊》2017 年第 5 期。

④ Harmonie Farrow, and Y. Connie Yuan, "Building Stronger Ties with Alumni through Facebook to Increase Volunteerism and Charitable Giving," *Journal of Computer-Mediated Communication* 16（2011）：445-464.

⑤ Gilbert Eric, and Karrie Karahalios, "Predicting Tie Strength with Social Media"（paper represented at the proceedings of the SIGCHI conference on human factors in computing systems, Boston, MA, USA, April 2009），pp. 211-220.

更容易也更方便"。① 人们正处于"网络社交性生存"模式中，在这种生存模式下，当个体不断地嵌入不同的网络圈子时，便可以搭建起庞大的、具有极强可达性的"潜在性"社会关系，帮助个体撬动更多资源，如此，个体的知识、经验、风险救助等需要均可以借此得到满足。②

本研究聚焦公众个体在社交媒介平台上所建构关系中的资源，这在部分研究中也被视为一种个体微观层面的社会资本。王玲宁考察了微信使用行为对个体不同类别社会资本（资源性社会资本/结构性社会资本）的影响。研究中，媒介使用的测量包括微信使用时间（最近一周平均每天使用微信的时间）、微信使用强度（内容使用强度、关系使用强度）、微信使用需求和动机（获取信息、人际关系的维护和扩展、自我表达与身份认同、娱乐消遣）；结构性社会资本的测量包括朋友圈的人数与微信群的数量；资源性社会资本测量包括心理和情感的支持、得到的帮助、社会资源的扩展。其研究结果发现：使用时间与个体社会资本之间无显著相关；使用强度和结构性社会资本之间呈现显著正相关；使用的需求和动机与资源性社会资本之间显著相关。③ 边燕杰、雷鸣的研究将社会网络视为一种个体所拥有的微观层面的社会资本，其研究依托 2014 年八大城市的 JSNET 调查数据分析表明，虚拟空间中的社会交往（操作化为社交媒体使用频率）可以通过"维持"和"扩展"功能，提高"拜年网"与"餐饮网"的社会资本总量，即通过实现陌生人交往、搭建弱关系等提高关系网络异质性、广泛性、达高性，拓展关系规模，改善关系结构，丰富资源储量。④ 周懿瑾、魏佳纯对大学生群体的社交媒体使用行为（操作化为微信朋友圈中的点赞与评论两种互动行为）与社会资本（桥接型社会资本与凝聚型社会资本）的关联进行考察，发现微信朋友圈中的评论行为（测量指标为评论强度）能够使桥接型与凝聚型两大类型社会资

---

① 谭天、苏一洲：《论社交媒体的关系转换》，《现代传播》（中国传媒大学学报）2013 年第 11 期。
② 刘凯：《部落化生存：新媒体对社会关系的影响》，上海三联书店，2016，第 69~88 页。
③ 王玲宁：《微信使用行为对个体社会资本的影响》，《新闻大学》2015 年第 6 期。
④ 边燕杰、雷鸣：《虚实之间：社会资本从虚拟空间到实体空间的转换》，《吉林大学社会科学学报》2017 年第 3 期。

本得到提升，而点赞行为只有在配合了评论行为的情况下，才能生成对社会资本的促进作用，单独使用并不具有对社会资本的显著影响。[①]

当然，社交媒介技术及其使用除了对社会关系网络、强弱关系、关系中所蕴含资源产生巨大的影响外，也让关系的诸多方面特征（如显性化程度、活跃程度、交互形式、交往深度、关系质量、满意度等）发生了不同程度的改变。在关系的诸多改变中，那些对风险认知具有重要影响的因素是否也发生了改变，发生了怎样的改变？这将是本研究在访谈与问卷调查中需要探索的问题。本研究将基于社交媒介环境下风险认知情境中关系及其结构维度的确定，对此进行考察与检验。

第三节 关于"关系与信息输入、信息输出"的研究

基于媒介语境的风险研究往往旨在探明公众是否明了相关风险、是否达成风险认知共识，以及媒体如何改进风险传播策略等。在传统媒介环境下，传统媒体往往是公众接收风险信息的最重要渠道，乃至唯一渠道。但是，在社交媒介环境下，这一风险信息传播格局被彻底打破，公众个体已经完全可以通过自己在社交媒介上的关系通路来接收、获取风险相关的信息，同时，很多公众已然习惯在社交媒介关系通路中传递、交流，乃至进一步生产、传播风险相关的信息。立足这一现实局面，对关系（尤其是社交媒介平台上的关系）如何影响风险信息的输入、输出进行考察，在风险研究中显得尤为重要。

风险认知形成于风险信息的流动之中，通过梳理关系对信息输入、信息输出的影响，关系与风险认知的关联、关系对风险认知的影响将得到更清晰的揭示。在此，围绕关系对信息输入、信息输出影响的现有研究进行梳理。

一 关系与信息输入

皮尤研究中心的调查数据显示，"2017 年有三分之二（67%）的美国

---

① 周懿瑾、魏佳纯：《"点赞"还是"评论"？社交媒体使用行为对个人社会资本的影响——基于微信朋友圈使用行为的探索性研究》，《新闻大学》2016 年第 1 期。

人在社交媒体上获得新闻，不断上升的比例昭示着社交平台已经成为媒体信息抵达用户、媒体获取用户的必选项之一"。① 社交媒介作为公众个体信息获取、信息接收的重要平台，对信息流动与转换发挥着重要影响，但是，社交媒介平台上所建构与维系的关系在这些信息抵达公众（也是社交媒介用户）的过程中所发挥的作用更不容忽视，我们有必要分析并明确关系的作用与影响。

在此，围绕关系对信息输入的影响研究进行一定的归纳。在具体的研究中，信息输入可能会被表述为信息收集、信息获得、信息获取、信息接收等概念，在具体的研究中，它们之间往往具有一定的区别，但是，从信息流动与转换的整个过程来看，它们具有一定的共性，都属于信息输入这一环节。

关系（强弱关系、社会关系网络等）对信息输入的影响研究由来已久，相关研究主要分布于求职、创业、知识创新、技术接受、商务营销等研究领域。社会化商务研究依托于社交媒介环境而蓬勃发展起来，其研究中所考察的关系及其网络更多是基于社交媒介平台所建构并维系的关系，该方面诸多研究已经考察并证实了关系强度对用户接收信息的积极影响。② 冯娇、姚忠依托人人网（社会化商务网站）开展实验，以进一步对比强弱关系各自对信息接收数量与信息接收质量两个方面的影响。研究发现，在信息接收数量与信息接收质量两个方面，强关系都表现出了比弱关系更为突出的积极影响效应。在信息接收数量的影响上，研究者认为该结论违背了经典的弱关系理论，因此，在结论讨论上将其归因

---

① 转引自陈昌凤、霍婕《权力迁移与关系重构：新闻媒体与社交平台的合作转型》，《新闻与写作》2018 年第 4 期。

② Michael A. Stanko, Joseph M. Bonner, and Roger J. Calantone, "Building Commitment in Buyer-Seller Relationships: A Tie Strength Perspective," *Industrial Marketing Management* 36 (2007): 1094–1103; Ting-Peng Liang, Yi-Ting Ho, Yu-Wen Li et al., "What Drives Social Commerce: The Role of Social Support and Relationship Quality," *International Journal of Electronic Commerce* 16 (2011): 69–90; Jyun-Cheng Wang, and Ching-Hui Chang, "How Online Social Ties and Product-Related Risks Influence Purchase Intentions: A Facebook Experiment," *Electronic Commerce Research and Applications* 12 (2013): 337–346。

于实验偏差或实验平台人人网本身的强关系本质。① 知识也是信息，关系对知识输入的影响，亦可以视为关系对信息输入的影响。该方面研究大多证实了弱关系的优势，有研究进一步挖掘了关系强度对有效知识接收作用中的关键变量，即信任，它包括了基于能力的信任（competence-based trust）和基于仁爱的信任（benevolence-based trust）。研究发现，强关系对有用性知识的接收与获取具有积极功效，但是，一旦控制了信任变量（基于能力的信任与基于仁爱的信任），关系强度的积极影响效用会呈现相反的作用，弱关系的结构性优势会大为凸显。② 赖炜认为，社交媒体上的网络群组"对信息的汇聚具有明显的优势"，它们往往是通过强连带以群组方式凝聚起的社交圈子，这种"基于熟人网络搭建起来的社交网络进一步成为信息筛选机制，代替了传统的信息把关人的角色，相比于今日头条等用算法推荐信息，这种社交网络的信息推荐对兴趣的捕捉更加准确"。③

在部分研究中，强弱关系（或关系强度）会被作为社会关系网络的一个结构维度呈现。同时，部分研究将求职、创业、知识创新、技术接受等的结果作为因变量，建构并检验了信息输入（即信息接收、信息获取、信息获得、信息收集等）在强弱关系（或社会关系网络）与因变量之间的中介效用，这也佐证了强弱关系与信息输入的关联性。王倩首次提出以信息获取为中介，研究社会关系网络（关系主体与关系强度）对创业机会识别的作用机制。结果表明，信息获取不仅在个体网络（包括家人、亲戚朋友等）强度对创业机会识别的影响中发挥显著中介作用，也在政府支持性网络（包括政府相关部门、大学科研院所、中介服务、

① 冯娇、姚忠：《基于强弱关系理论的社会化商务购买意愿影响因素研究》，《管理评论》2015 年第 12 期。

② Daniel Z. Levin, and Rob Cross, "The Strength of Weak Ties You Can Trust: The Mediating Role of Trust in Effective Knowledge Transfer," *Management Science* 50 （2004）: 1477 - 1490.

③ 赖炜：《格兰诺维特的"嵌入性"理论及其在社交媒体研究中的应用》，《新媒体研究》2018 年第 14 期。

金融机构）强度对创业机会识别的影响中发挥显著中介作用。^① 同时，另有研究建构并揭示了信息获取在社会关系网络与创业风险识别中的完全中介作用。^② 在这类研究中，对于创业机会的识别可以被视为主体人的一种认知结果，即在创业情境下对创业机会的认识，可以认为，该研究证实了信息输入在关系与认知结果之间的中介效应。马倩提出了将信息获取作为中介变量，以探索社会关系网络对求职结果的影响机制，其基于研究生求职的实证研究结果证实了信息获取（信息获取的及时程度、准确程度）在关系强度和就业结果（就业机会次数、就业满意度）之间所发挥的部分中介作用。^③

总的来说，关系为信息搭建桥梁，充当着信息流通的渠道，并对信息进行把关、筛选、过滤，深度影响着关系及其网络中每一个个体的信息输入。

二 关系与信息输出

（一）关系与信息生产

一般而言，信息生产包括"原创性信息生产"与"继发性信息生产"，后者指人们在所接收到的信息基础上作出进一步编辑、评论、引用、回复等。^④ 它是主体人基于自身所掌握的信息、所接收的信息作出的信息输出。

在更早的博客、贴吧、社交网站流行之际，针对用户在这些平台上的信息生产研究便开始渐趋火热。其中，对用户进行信息生产的动机考察就已经表明，维持关系、增进关系交往与互动、增进感情往往是信息

---

① 王倩：《社会网络对创业机会识别的影响：信息获取的中介作用》，博士学位论文，吉林大学，2011，第70页。
② 陆哲静：《社会网络、创业者特质对创业风险识别的影响研究——基于信息加工视角》，硕士学位论文，浙江理工大学，2013。
③ 马倩：《研究生社会网络、信息获取与求职结果间关系的实证研究》，硕士学位论文，电子科技大学，2013，第44页。
④ 张明新：《社会关系网络中的信息消费与生产：微博用户行为研究》，《新闻与传播研究》2012年第6期。

生产的重要动机之一。① 张辉、徐晓林基于博客评论行为的动机因素考察发现，在影响信息评论行为的 4 种动机（社区参与、情感交流、娱乐、消磨时间）中，情感交流动机的影响是最大的。② 彭兰认为，在互联网环境下所建构的关系网络是重要的"生产力"，可以推动"内容"的制造与传播。③ 社交媒介环境下，用户信息生产更为常态化。社交媒体时代的到来使得人人都是信息生产者的理想得以广泛实现。④ 可以说，依托社交媒体所建构的社交关系与社交媒体平台上的内容生产互相促进：一方面，内容促成了人们之间关系的有效联结；另一方面，人们自身的关系需求不断地促进内容生产。⑤

陈先红认为，"关系高于内容，关系影响内容，关系决定内容"，关系会"按照自身的意志来裁剪传播内容"。⑥ 可以认为，公众个体于社交媒介平台上的关系通路中所进行的信息生产，或将受到关系的推动，并被关系所形塑。王玲宁在论及微信群的功能时指出，微信群可以"把基于血缘、学缘、趣缘、业缘而形成的相似群体连结在一起，进行充分的信息互动、沟通和交流"。⑦ 可以认为，基于典型社交媒介微信所建构的群组为群体关系建构提供了极大便利，更为群体关系基础上的信息生产提供了有效的平台、空间，同时，为这种信息生产提供了足够的动力，还时刻形塑着群组成员间讨论与交流中的信息生产。张明新基于微博用户的实证研究验证了微博用户关系网络（微博关注数、粉丝数）对用户信息生产产生的显著影响。⑧

---

① Leung Louis, "User-Generated Content on the Internet: An Examination of Gratifications, Civic Engagement and Psychological Empowerment," *New media & society* 11 (2009): 1327 – 1347.

② 张辉、徐晓林：《博客评论行为动机因素实证研究》，《情报杂志》2013 年第 11 期。

③ 彭兰：《"连接"的演进——互联网进化的基本逻辑》，《国际新闻界》2013 年第 12 期。

④ 张明新：《社会关系网络中的信息消费与生产：微博用户行为研究》，《新闻与传播研究》2012 年第 6 期。

⑤ 彭兰：《社会化媒体：媒介融合的深层影响力量》，《江淮论坛》2015 年第 1 期。

⑥ 陈先红：《论新媒介即关系》，《现代传播》（中国传媒大学学报）2006 年第 3 期。

⑦ 王玲宁：《微信使用行为对个体社会资本的影响》，《新闻大学》2015 年第 6 期。

⑧ 张明新：《社会关系网络中的信息消费与生产：微博用户行为研究》，《新闻与传播研究》2012 年第 6 期。

"随着互联网和社交媒体技术的进步，公众逐渐不满足于通过大众传媒间接参与到公共事件当中去，而是利用社交媒体，自己生产信息，主动参与社会公共事务。"① 可以发现，在风险情境下，公众个体往往也是依托社交媒介，对风险相关信息进行原创性生产或继发性生产，并参与广泛的风险沟通与对话。

（二）关系与信息传播

信息传播同样是主体人基于自身所掌握的信息、所接收到的信息形成的一种信息输出。社交媒介所建构与维系的关系对信息传播的影响得到了研究者的广泛关注，大多研究围绕关系强度、关系网络结构特征、关系资源检视了关系对信息传播的影响。该方面研究也在差异性传播情境中被不断考察与推进。

在强弱关系对信息传播的影响研究方面，大部分研究结论支持弱关系对信息传播具有促进作用。当然，由于研究问题与情境的差异性，强弱关系各自对个体信息传播影响的正、负效应及其大小并未形成完全统一的结论。赖胜强针对我国国内微博用户的实证研究发现，关系强度对信息转发具有显著正向影响，即用户往往"倾向于转发强关系用户的微博，希望将他（她）的信息转告给更多的亲朋，同时加强彼此的沟通"。② 基于简易传染病模型框架下所开展的研究发现，关系及其网络中所存在的弱关系可以让信息传播更快、更广。③ 可以认为，弱关系可以使更广范围的主体人以更快的速度作出信息输出行为。国外基于 Twitter 平台的研究结果表明，该平台上单向关注的弱关系用户比双向关注的强关系用户更愿意转发信息。④

近年来，更多的研究者开始深入剖析强弱关系对信息传播各自促进作用的不同表现与差异化作用机制。李晓娥基于企业微博关系网络的研究表明，不同的关系强度在不同类别内容的信息扩散促进上有不同的表

---

① 陈昌凤、马越然：《连接、联动、认同：公众生产新闻的传播路径研究》，《新闻与写作》2018 年第 2 期。

② 赖胜强：《影响用户微博信息转发的因素研究》，《图书馆工作与研究》2015 年第 8 期。

③ Centola Damon and Michael Macy, "Complex Contagions and the Weakness of Long Ties," *American Journal of Sociology* 113 (2007): 702-734.

④ Shi Zhan, Rui Huaxia, and Andrew B. Whinston, "Content Sharing in a Social Broadcasting Environment: Evidence from Twitter," *MIS quarterly* 38 (2014): 123-142.

现，越强的关系，对信息扩散的促进主要体现在与企业产品、企业直接相关的信息上；越弱的关系，对信息扩散的促进则体现在非直接相关信息、负面危机信息或产品销售类信息上。[①] 单春玲、赵含宇针对社交媒体中商务信息转发行为的研究揭示了不同关系强度对信息转发发挥促进作用的差异性路径，即强关系会通过提升社会信任，实现对信息转发的促进；弱关系则会通过提升社会交往的广泛性，促进信息转发的扩散。[②]

刘东亮等从关系网络结构特征（群落节点紧密度）上解析了关系对信息传播速度、范围、质量影响的过程与机制，其研究基于新浪微博用户关注网络的考察发现，在高节点紧密度群落中，信息发出后就可以在一次传播中生成更多的传播节点，由此，信息扩散范围和传播速度都可以得到大幅扩大与提升。但是，传播节点密度也会以更快的速度攀升至峰值并快速衰减，这或将带来高节点紧密度群落中信息流失的巨大可能性。[③] 可以认为，高节点紧密度群落中，有更多的主体人参与进一步信息输出，如此，信息扩散范围和传播速度扩大与提升显著。

立足风险情境，胥琳佳、屈启兴依托 2016 年山东疫苗事件微博数据所开展的研究表明，发帖博主在关系网络中所拥有的粉丝数、个人影响力（在关系网络拥有更强的中介中心性、更弱的接近中心性）可以有效增加其所发布信息的转发量，即促成更大量的信息输出。[④] 在社交媒介的信息交互中，"影响力"或可作为资源的一种重要表征。徐翔基于 Twitter、YouTube、Google+、Flickr 四大社交媒体展开大数据分析，检验并证实了"影响力圈层"现象的存在，即社交媒介用户往往更为倾向在"影响力相近的传者层级"内进行信息反馈、传播。[⑤] 池上新考察了大学生群体手机通讯录的关系网络（规模、密度、网络资源总量）对不同类别风

---

① 李晓娥：《社会化媒体中关系强度对信息扩散的影响——基于新浪微博社会网络的实证研究》，硕士学位论文，华中科技大学，2012。

② 单春玲、赵含宇：《社交媒体中商务信息转发行为研究——基于强弱关系理论》，《现代情报》2017 年第 10 期。

③ 刘东亮等：《基于社交网络的信息传播机制研究》，《情报科学》2015 年第 8 期。

④ 胥琳佳、屈启兴：《突发公共卫生事件中社交媒体内容与社会网络结构对转发行为的影响》，《现代传播》（中国传媒大学学报）2018 年第 11 期。

⑤ 徐翔：《社交媒体传播中的"影响力圈层"效应——基于媒体样本的实证挖掘与分析》，《同济大学学报》（社会科学版）2017 年第 3 期。

险信息传播的影响，其研究对关系网络中资源总量的测量聚焦于关系人的职业类型数、单位类型数、职业类型总分、单位类型总分四个方面，结果表明，网络规模增加了安全风险信息的转发量，网络资源总量减少了社会风险信息的转发量。[①] 相关食品安全风险信息的公众传播行为研究指出，"社会媒体丰富和拓展了社会关系网络"，"附加了社会资本和社会信任等价值，增强了信息传播的可信度和影响度"。[②]

综上，关系之于信息输入、信息输出的影响在一些研究领域已经得到了大量实证考察，其影响效用得到了普遍验证。但是，立于风险认知情境下的研究并不丰富，鉴于此，有必要将关系与风险认知过程中的信息输入、信息输出过程紧密相连，并予以实证考察，使关系与信息输入、信息输出方面的研究在风险认知情境下得以进一步拓展与推进。

三 本研究中关系的界定

本研究立足于社交媒介环境下的风险认知情境对关系进行考察与研究。在本研究中，关系是指公众个体依托新媒介技术尤其是社交媒介技术所建构与维系的联系，是公众个体进行风险相关的信息接收、信息加工、信息决策的渠道、动力与信息内容本身。

对于关系及其结构的考量，本研究将立足于社交媒介环境下的风险认知情境中进行探索与确定。本研究认为，基于这一特殊情境对关系及其结构维度进行探索，再进一步检验社交媒介使用与其联系，能更好地揭示社交媒介技术发展中人类关系的变迁及其社会后果。而这也将更好地凸显媒介及其技术在更广泛、更宏观层次上的媒介效果与社会意义。

第四节　风险认知过程分析框架的建构

通过上述相关文献的梳理与分析可以发现，现有的研究存在一定的

---

① 池上新：《社会网络、风险感知与当代大学生风险短信的传播》，《中国青年研究》2014年第2期。

② 余硕、张聪丛：《基于社会媒体的食品风险信息公众传播行为研究》，《情报杂志》2015年第9期。

不足与局限，具体如下。

首先，现有的风险认知研究在一定程度上忽视了当下关系的巨大变革。当下，新媒介技术尤其是社交媒介技术的高速发展带来了人类"关系"的巨大变革，可以认为，经历了这一变革的关系，或可发展成为形塑广泛公众风险认知的巨大影响力量。但是，现有的研究大多忽略了这一点，并没有对社交媒介和与之紧密相连的关系进行很好的离析、考察。

其次，在风险认知的影响因素研究中，有部分研究涉及了关系性影响因素的揭示与检验，但是，并未探索形成社交媒介环境下风险认知情境中关系的系统性分析维度。已有研究对关系性影响因素（如信任、人际沟通、社会网络或社会资本等）的揭示与验证在一定程度上证实了关系对风险认知的影响。但是，它们各自仅能代表关系的某一方面要素或特征，且并没有涉及社交媒介环境下关系变革中所凸显的新要素，同时，在目前这些关系性影响因素对风险认知的影响研究中，并未深入整个风险认知信息流动与转换过程（信息输入、信息处理、信息输出）分析其如何对风险认知产生影响。

再次，从风险认知过程与机制的研究来看，现有研究缺乏对整个风险认知过程的系统性考察，并在一定程度上忽略了人所处的关系及其网络对具体过程、环节的影响。现有风险认知过程与机制的研究往往聚焦于风险认知过程中的单个方面或单个环节，对于认知全过程的系统性研究则较少；在"个体认知过程"的考察中，"过于强调个体认知特征在风险信息的接受和加工中的决定作用"[①]，忽略了处于个人与个人之间、个人与群体之间的关系的作用。

最后，风险情境下的线上行为研究缺乏风险认知过程中的线上信息行为考量。有少量研究将线上行为作为风险认知过程或风险认知本身进行界定，大多研究将线上行为作为风险认知结果之后的一种反应性行为，聚焦于风险信息搜索行为、风险信息传播行为、风险信息筛选行为等，但现有研究并未从信息循环流动的视角，揭示其在又一轮信息流动与转

---

①　罗茜、沈阳：《媒介使用、社会网络与环境风险感知——基于 CGSS2010 数据的实证研究》，《新媒体与社会》2017 年第 3 期。

换中对广泛公众风险认知可能产生的巨大影响，同时，缺乏对风险情境中认知与行为主体的公众群体类别分析，因此，一定程度忽略了不同公众群体在风险沟通、风险治理中的不同意义。

根据上述分析，基于当下的风险现实境况，本研究认为探索并阐明关系视角下的风险认知及其过程显得尤为紧迫且重要。在此，本研究建构了关系视角下的风险认知过程分析框架（见图1-6），以系统探讨社交媒介环境下关系对风险认知过程及其结果的影响。

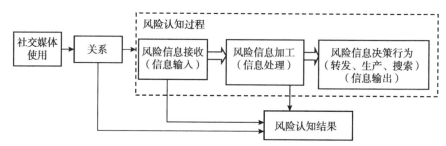

图1-6 关系视角下的风险认知过程分析框架

针对该分析框架，在此作出如下几点说明。

第一，如前文所述，风险认知的形成基于风险信息的流动与转换，在此，本研究基于风险信息接收（信息输入）、风险信息加工（信息处理）、风险信息决策行为（信息输出）这个过程构建风险认知过程分析框架。当然，并非每个公众个体的每一次风险认知过程都需要经过这三个环节。对于公众风险认知中可能经历的多类过程模式，本研究将在后文进行具体探讨与检验。

第二，对于社交媒介环境下风险认知情境中的关系及其结构维度，本研究将基于前文中的文献分析（风险认知中关系性影响因素、社会网络理论、强弱关系理论、关系的资源观等），进一步结合半结构化访谈与问卷调查，最终确立本研究中的关系及其结构维度。

第三，本研究以信息为主线，从信息流动与转换的视角对关系与风险认知进行研究，建构与检验关系对风险认知结果的影响。本研究将分别考察风险相关的信息接收、信息加工在关系与风险认知结果之间的中介作用等。

　　第四，在风险信息决策行为的考察中，本研究将运用聚类分析对不同群体的信息决策表现进行区别。本研究主要对风险信息转发、风险信息生产、风险信息搜索三类信息决策行为进行考察，原因在于：就公众个体风险认知而言，这三类信息决策行为均有可能发生在公众个体风险信息接收或风险信息加工之后，成为其自身的风险信息输出；以广泛、循环性的信息流视角对风险认知进行考察，这三种信息决策行为本身及其所输出的信息将作为更广泛公众风险认知中信息流动与转换的基础，对更广泛公众的风险信息接收、风险认知传递发挥重要作用。

第二章　风险认知情境中的关系及其结构维度

社交媒介环境下风险认知情境中关系及其结构维度的确定，是本研究的重要基础，本章节将基于文献分析、半结构化访谈与问卷调查，对该问题进行研究。

第一节　本章主要研究问题、研究方法与步骤

一　主要研究问题

基于前文的文献探讨可以发现，在风险认知研究中，一些关系性影响因素已经得到了揭示与检验，但是，它们往往仅能代表关系的某一方面或某一维度特征，无法反映社交媒介环境下发生巨大变革之后关系及其网络的多维度、多层次特征要素以及一些新的特征要素。而在各领域聚焦于关系及其网络的结构维度研究中，由于各自研究问题与研究情境的差异，对关系结构维度的直接移植显然是不合适的。

本研究基于文献分析与半结构化访谈对社交媒介环境下风险认知情境中的关系及其结构维度进行探索，并进一步检验关系对风险认知结果的影响。

本章节主要研究问题如下。

社交媒介环境下风险认知情境中关系的结构维度是怎样的？

二　研究方法与步骤

本部分研究开展的方法与步骤说明如下。

第一，基于文献分析与半结构化访谈，确定预测试问卷中的关系结构维度研究的初始变量。基于现有文献中风险认知的关系性影响因素的研究与关系理论（社会网络理论、强弱关系理论、关系的资源观等）的分析，进一步开展半结构化访谈，形成社交媒介环境下风险认知情境中的关系因素，并对其进行评估、筛选与修订，确定预测试问卷中关系的初始变量。

第二，编制"社交媒体环境下风险认知情境中的关系及其结构维度"预测试问卷，并施测。基于已经确定的社交媒介环境下风险认知情境中关系的初始变量，形成对应的初始测量题项。同时，设置"微信关系通路中相关信息接收途径分布""社交媒介使用""风险认知结果""人口统计学信息"等其他测量题项，编制"社交媒体环境下风险认知情境中的关系及其结构维度"预测试问卷，并施测。

第三，对预测试问卷进行分析、评估与修订。依托数据分析软件SPSS 22.0 对预测试问卷数据进行信效度分析、探索性因子分析，对社交媒介环境下风险认知情境中关系等的初始测量题项进行分析与评估，剔除部分不符合要求的测量题项。

第四，制定"社交媒体环境下风险认知情境中的关系及其结构维度"正式问卷，并施测。依据上一步预测试问卷的分析结果，制定正式问卷。

第五，正式问卷的数据分析。在本章节中，正式问卷数据分析还包括如下几个方面：微信关系通路中食品安全风险相关信息接收途径的分布情况、不同群体的关系差异情况、关系对风险认知的影响情况。

第二节　问卷的编制与施测

一　预测试问卷编制、施测与分析

（一）初始变量与初始测量题项的确立

本研究基于前文的相关文献分析，进一步结合半结构化访谈分析并归纳了社交媒介环境下风险认知情境中关系结构维度有关的 10 个因素，然后，邀请硕士与博士共计 6 人对这些因素进行评定、筛选、修订，要求对这 10 个因素是否为关系相关的词汇、是否适于社交媒介环境下的风险认知情境、名称是否合适进行判断，最终，选取、确定其中 7 个因素，并对个别因素名称进行修订，形成 7 个初始变量，它们分别为亲密程度、信任程度、交流频率、规模、结构洞、资源、活跃程度。

本研究发现，其中的某些因素与先前研究中所揭示的风险认知的关系性影响因素、既有关系理论研究中关系及其网络的结构维度因素等具有很强的相近性，可以说，这在一定程度上是它们彼此的佐证。本研究所确定的 7 个初始变量及其操作化定义如下。

亲密程度：指公众（也是社交媒介用户）与社交媒介上分享相关信息的"关系人"之间互相了解的程度与维持彼此关系的努力意愿程度。在食品安全风险情境下，指公众（也是社交媒介用户）与社交媒介上分享食品安全风险相关信息的"关系人"之间互相了解的程度与维持彼此关系的努力意愿程度。

信任程度：指公众（也是社交媒介用户）对社交媒介上分享相关信息的"关系人"的信任程度及对其所发布信息的信任程度。在食品安全风险情境下，指公众（也是社交媒介用户）对社交媒介上分享食品安全风险相关信息的"关系人"的信任程度及对其所发布信息的信任程度。

交流频率：指公众（也是社交媒介用户）与分享相关信息的"关系人"的交流与联系频率、对其所发布动态的点赞或评论频率等。在食品安全风险情境下，指公众（也是社交媒介用户）与社交媒介上分享食品安全风险相关信息的"关系人"的交流与联系频率、对其所发布动态的点赞或评论频率等。

规模：指公众（也是社交媒介用户）在社交媒介平台上的通讯录中联系人数量、好友数量、所加入群组的数量、所加入群组中群成员的数量。

结构洞：指公众（也是社交媒介用户）在其所建构与维系的社交媒介平台上的关系及其网络是否占有优势型、桥梁型位置，是否为无直接联系的多个关系人或群组之间的信息、知识、能力、权力等各类型资源的流动与获取搭建桥梁。

　　资源：指在社交媒介环境下风险认知情境中，公众个体从社交媒介平台上的关系及其网络中所（可能）获得并运用的，用以了解、辨识、防范、规避、解决风险相关问题的信息、知识、能力、权力等支持。本研究将其操作化为公众（也是社交媒介用户）在社交媒介平台上所搭建联系的"关系人"中与特定风险相关行业的"关系人"数量。在食品安全风险情境下，即公众（也是社交媒介用户）在社交媒介平台上所搭建联系的"关系人"中，就职于食品监管单位或部门、就职于媒体单位、医生、从事食品安全研究的科学工作者或学术研究者、加入食品安全相关的权益保护组织、群组的"关系人"数量。

　　活跃程度：指公众（也是社交媒介用户）与社交媒介平台上的"关系人"通过相关信息传播（如相关信息转发，发表看法、观点、评论，点赞等）建立、增进、维系彼此联系的频繁程度。在食品安全风险情境下，即公众（也是社交媒介用户）与社交媒介平台上的"关系人"通过食品安全风险相关信息的转发，发表看法、观点、评论，点赞等建立、增进、维系彼此联系的频繁程度。

　　围绕这 7 个初始变量整理初始测量题项 25 个，邀请相关领域的博士、硕士合计 6 人对这 25 个题项进行评价、修订。最终，对有表述不当、重复或歧义之嫌的题项进行删除，对相关题项进行合并，整理得到与关系相关的 21 个初始测量题项（见表 2-1）。

表 2-1　社交媒介环境下风险认知情境中关系的初始测量题项

初始变量	初始题项	部分题项参考来源
亲密程度	我与他（或他们）很亲密	（孙秀鑫，2017）
	当我发过一条朋友圈消息后，他（或他们）是最能理解我情绪的	
	如果他（或他们）在群里@我，我会及时回复	
信任程度	我对他（或他们）很信任	
	他（或他们）在朋友圈发布的消息我会无条件相信	
交流频率	我和他（或他们）联系得很频繁	
	我在朋友圈给他（或他们）点赞、评论很频繁	

续表

初始变量	初始题项	部分题项参考来源
规模	微信通讯录中联系人数量	（王玲宁，2015）
	微信朋友圈中好友的数量	
	加入微信群的数量	
	所加入的微信群群成员总数量	
结构洞	我能在"关系人"之间的信息或知识的传递、交换中起到桥梁作用	（陆哲静，2013）
	我能为"关系人"加入不同的微信群搭建桥梁	
	在我的微信上，不同微信群、不同类型的"关系人"之间的直接交流很少	
资源	就职于食品监管单位或部门的"关系人"数量	（本研究）
	就职于媒体单位的"关系人"数量	
	医生、从事食品安全研究的科学工作者、学术研究者	
	加入了食品安全相关的权益保护组织、群组的"关系人"数量	
活跃程度	他们经常在朋友圈、微信群，或"一对一"转发食品安全风险相关的信息	（本研究）
	他们经常在朋友圈、微信群，或"一对一"发表关于食品安全风险相关的看法、观点、评论	
	他们经常对食品安全风险相关信息点赞、点击"在看"	

（二）预测试问卷的编制、发放与回收

整合社交媒介使用下风险认知情境中的关系初始测量题项与社交媒介使用、人口统计学变量等初始测量题项，编制形成"社交媒体环境下风险认知情境中的关系及其结构维度"预测试问卷。此后，进行预测试问卷的发放、回收，以获取前测数据对测量问卷的信效度进行检验，对关系进行探索性因子分析以获得其因子结构，对相关初始测量题项进行修订等。

预测试问卷发放主要依托各个社交媒介平台（如微信、QQ等），以"滚雪球"的方式进行问卷发放。本研究对问卷填答者具有一定的要求，即受访者需要具有社交媒介关系通路中接收相关食品安全风险信息的经历。因此，在预测试问卷中，同样设置了该方面题项，如果问卷填答者

填答"看到过、接收到过"社交媒介关系通路中食品安全风险相关的信息，则符合本研究要求，可以继续填答问卷。预测试中，回收填答完整的问卷 231 份，删除填答时间明显过短、未成年人填答的问卷后，获得有效问卷 223 份。

（三）预测试问卷的数据分析与问卷修订

本章节主要就社交媒介环境下风险认知情境中关系的预测试题项部分进行分析、修订、说明。关于"媒介使用"等相关内容的测量，将在后续对应章节内容中进行说明。

1. 预测试问卷受访者基本情况

在此，对预测试问卷受访者的基本情况进行统计。如表 2-2 所示，从性别来看，女性多于男性；从年龄段来看，受访者以 18~25 岁、26~30 岁为主；从受教育程度来看，受访者中大学本科占比最多；从月收入水平来看，3000 元及以下占比最多，这可能是预测试问卷在学生身份的群组中进行过发放的原因；从生育状况来看，无子女受访者稍少于有子女受访者。整体情况与施测预期基本相符。

表 2-2　预测试问卷受访者基本情况（n＝223）

单位：人，%

	描述	人数	占比
性别	女	142	63.7
	男	81	36.3
年龄段	18~25 岁	80	35.9
	26~30 岁	52	23.3
	31~35 岁	19	8.5
	36~40 岁	21	9.4
	41~50 岁	23	10.3
	50 岁以上	28	12.6
受教育程度	高中及以下	35	15.7
	大学专科	35	15.7
	大学本科	87	39.0
	硕士研究生及以上	66	29.6

	描述	人数	占比
月收入水平	3000 元及以下	99	44.4
	3001~5000 元	56	25.1
	5001~8000 元	45	20.2
	8000 元以上	23	10.3
生育状况	无子女	103	46.2
	有子女	120	53.8

2. 关系测量的 CITC 分析与信度分析

在进行因子分析之前，可以通过对问卷进行 CITC（Corrected Item-Total Correction）分析和信度分析，来净化测量问卷。对于社交媒介环境下风险认知情境中关系的测量，为了编制出精简、有效的测量题项与量表，本研究首先依托预测试数据对该部分初始测量题项进行 CITC 分析和信度分析。

CITC 分析主要目的在于剔除不合格初始测量题项。本部分研究为探索性因子分析，参照部分同类型探索性因子分析的 CITC 筛选标准，以"CITC 小于 0.5"且"删除后信度系数提升"为初始测量题项的删除标准。

信度（reliability），即测量的可靠性（trustworthiness），是指测量结果的一致性（consistency）或稳定性（stability）。[①] 在计算测验信度时，如果直接计算测验题目内容之间的一致性，并作为测验的信度指标时，被称为内部一致性系数（coefficient of internal consistency）。[②] 其中，Cronbach'α 是一种常用的信度检验法，Cronbach'α 越高，代表检验内容越趋于一致。一般认为，Cronbach' α 至少需要大于 0.6。

如表 2-3 所示，初始测量题项 QMCD3、JG3 的 CITC 值分别为 0.465、0.337，均小于 0.5，将其删除后，关系测量题项的整体 Cronbach'α 从 0.936

---

① 邱皓政：《量化研究与统计分析——SPSS（PASW）数据分析范例解析》，重庆大学出版社，2018，第 299 页。
② 邱皓政：《量化研究与统计分析——SPSS（PASW）数据分析范例解析》，重庆大学出版社，2018，第 301 页。

提升至 0.937，同时，亲密程度 Cronbach'α 从 0.766 提升至 0.791，结构洞 Cronbach'α 从 0.758 提升至 0.845，满足删除标准，将这两个初始题项予以删除。

表 2-3 关系测量的 CITC 分析与信度分析

初始变量	初始题项	初始的 CITC	Alpha if Item Deleted	各维度的 Cronbach'α	整体的 Cronbach'α
亲密程度	QMCD1	.659	.933	初始：.766 最终：.791	初始：.936 最终：.937
	QMCD2	.668	.933		
	QMCD3	.465	.936		
信任程度	XRCD1	.593	.934	.771	
	XRCD2	.716	.932		
交流频率	JLPL1	.691	.932	.712	
	JLPL2	.610	.934		
规模	GM1	.599	.934	.892	
	GM2	.589	.934		
	GM3	.570	.934		
	GM4	.518	.935		
结构洞	JGD1	.628	.933	初始：.758 最终：.845	
	JGD2	.679	.932		
	JGD3	.337	.938		
资源	ZY1	.688	.932	.923	
	ZY2	.661	.933		
	ZY3	.701	.932		
	ZY4	.702	.932		
活跃程度	HYCD1	.653	.933	.941	
	HYCD2	.654	.933		
	HYCD3	.624	.933		

3. 关系的探索性因子分析

基于 CITC 分析与信度分析结果，本研究对 CITC 分析与信度分析后剩余的测量题项进行探索性因子分析。在探索性因子分析前，需要进行 KMO 与 Bartlett 球检验。在 KMO 检验中，KMO 值越接近 1，则越适合进行因子分析。一般来说，KMO 值大于 0.9 为最佳，在 0.7 以上为可以接受，在 0.5 以下则不适合进行因子分析。对于 Bartlett 球检验，若统计值的 p 值小于或等于显著性水平，表明适合进行因子分析。如表 2-4 所示，KMO 值达到了 0.899，并通过 Bartlett 球检验，表明适合进行因子分析。

表 2-4 关系测量的 KMO 与 Bartlett 球检验

KMO 测量取样适当性		.899
Bartlett 球检验	大约卡方	3439.047
	自由度	171
	显著性	0.000

在因子分析中，具有一些基本的初始测量题项筛选原则。第一，每个测量题项在所属因子上的载荷值不低于 0.5，以避免缺乏收敛效度。第二，每个测量题项在所属因子上的载荷值越大越好（越接近 1），同时在其他因子上的载荷值越小越好（越接近 0），以构成区分效度。第三，如果测量题项在两个及以上因子上的载荷值均较大，则属于横跨因子，需要予以删除。本部分研究为探索性因子分析，参照部分同类型探索性因子分析中横跨因子载荷值标准，以"两个及以上因子上的载荷值大于 0.5"为初始测量题项的横跨因子删除标准。第四，萃取的共同因子的累计解释方差越大越好，累计解释方差大于 50% 为可以接受，大于 60% 为可靠。

在此，采用主成分分析法，以最大方差法进行因子旋转，提取特征值大于 1 的因子 4 个。但是，结果显示，初始测量题项中 JG1、JG2 在因子 1 和因子 2 上的载荷值均大于 0.5（见表 2-5），予以删除。

表 2-5 关系的探索性因子分析

初始变量	初始题项	因子 1	因子 2	因子 3	因子 4
亲密程度	QMCD1	.734	.303	.157	.082
	QMCD2	.672	.214	.169	.296
信任程度	XRCD1	.814	.079	.152	.089
	XRCD2	.686	.141	.427	.180

续表

初始变量	初始题项	因子1	因子2	因子3	因子4
交流频率	JLPL1	.790	.158	.275	.129
	JLPL2	.594	.171	.268	.212
规模	GM1	.159	.852	.126	.158
	GM2	.195	.859	.138	.075
	GM3	.119	.831	.240	.061
	GM4	.230	.764	.037	.088
结构洞	JGD1	**.574**	**.503**	.029	.153
	JGD2	**.511**	**.517**	.175	.174
资源	ZY1	.214	.108	.824	.372
	ZY2	.329	.218	.703	.142
	ZY3	.235	.192	.853	.233
	ZY4	.267	.115	.824	.311
活跃程度	HYCD1	.210	.147	.313	.847
	HYCD2	.249	.102	.304	.868
	HYCD3	.185	.168	.253	.866

如表2-6所示，最终获得剩余有效的17个关系测量题项，萃取出关系的4个因子，将4个因子分别命名为强度、规模、资源、活跃程度，其分别解释总体方差的22.277%、19.287%、18.701%、16.469%，累计解释方差的76.734%。

表2-6 关系的探索性因子分析（修正后）

因子	初始变量	初始题项	因子1	因子2	因子3	因子4
强度	亲密程度	QMCD1	.735	.152	.303	.085
		QMCD2	.707	.129	.237	.304
	信任程度	XRCD1	.820	.141	.084	.091
		XRCD2	.700	.410	.144	.185
	交流频率	JLPL1	.793	.269	.159	.132
		JLPL2	.616	.243	.184	.218

因子	初始变量	初始题项	因子 1	因子 2	因子 3	因子 4
规模	规模	GM1	.168	.120	.857	.166
		GM2	.206	.131	.866	.082
		GM3	.132	.233	.839	.068
		GM4	.241	.029	.775	.094
资源	资源	ZY1	.229	.816	.107	.376
		ZY2	.336	.703	.215	.145
		ZY3	.233	.859	.178	.236
		ZY4	.267	.828	.103	.314
活跃程度	活跃程度	HYCD1	.210	.312	.140	.848
		HYCD2	.245	.304	.091	.869
		HYCD3	.188	.247	.162	.868

4. 关系测量的二次信度检验

在此，基于社交媒介环境下风险认知情境中关系的探索性因子分析结果，进行二次信度检验，即基于修正后剩余的 17 个关系测量题项，对强度、规模、资源、活跃程度 4 个因子进行 Cronbach' α 检验和关系测量的整体 Cronbach' α 检验。

如表 2-7 所示，强度、规模、资源、活跃程度的 Cronbach' α 均大于 0.8，整体 Cronbach' α 为 0.931，可以认为，该部分测量具有良好的信度。在此，将这 17 个测量题项作为"社交媒体环境下风险认知情境中的关系及其结构维度"正式问卷中关系的测量题项。

表 2-7 关系测量的二次信度检验结果

因子	测量题项数	Cronbach' α	整体测量题项数	整体 Cronbach' α
强度	6 个	.890		
规模	4 个	.892	17 个	.931
资源	4 个	.923		
活跃程度	3 个	.941		

二　正式问卷的编制与施测

（一）正式问卷的内容与主要变量的测量

"社交媒体环境下风险认知情境中的关系及其结构维度"正式问卷主要包括如下几个方面内容。

第一，微信关系通路中食品安全风险相关信息接收与否情况调查。在本研究的风险认知过程分析框架下，风险信息接收是风险认知结果产生的重要基础，因此，本研究对回答问卷的受访者是否有过接收微信关系通路中食品安全风险相关信息的经历进行调查。在问卷最开始部分，首先对受访者进行区别与筛选，设置问题"您曾经通过以上途径看到过、接收到过食品安全风险相关的信息吗？"（在该题题干中列出了微信关系通路中可以接收信息的5种途径）如果受访者回答"看到过、接收到过"，受访者可以继续填写问卷；如果受访者回答"从没看到过、从没接收到过"，则结束答题。

第二，微信关系通路中信息接收途径分布的基本情况。在受访者筛选题项设置中，对于问题"您曾经通过以上途径看到过、接收到过食品安全风险相关的信息吗？"若被访者填答"看到过、接收到过"，即获得了填答问卷的资格，此时，要求受访者对所接收到的食品安全风险相关信息的途径进行选择，可以选择题干列举的5种途径中的1种或多种。

第三，社交媒介使用情况。如前文所述，本研究聚焦于微信平台对主要研究问题进行考察，对社交媒介使用情况的考察主要依托于对微信使用的测量来开展，主要包括了微信使用时长、使用频率、使用强度、使用动机四个方面。

第四，社交媒介环境下风险认知情境中的关系情况。该部分测量依据和参照了前文对社交媒介环境下风险认知情境中关系的探索性因子分析所修正、形成的测量题项。

第五，风险认知结果情况。在该部分测量中，兼顾受访者答题时间、答题精力等因素，在风险认知结果的测量上采用了1个题项，主要对风险认知结果的总体水平进行测量。

第六，人口统计学信息，包括受访者的性别、年龄段、受教育程度、月收入水平、生育状况等方面。

（二）正式问卷的发放、回收与受访对象分析

问卷的发放主要采用线上和线下相结合的方式，通过问卷网站对问卷内容进行录入之后，生成问卷填答网络链接、问卷填答二维码等，以"滚雪球"的方式，在微信、QQ等社交媒介平台上或线下相关组织群体中进行发放。同时，配合发放少量金额的红包，以保证受访者问卷填答的积极程度、认真程度、真实程度。

通过以上途径，回收问卷556份，其中有104份问卷属于受访者提前结束作答的问卷，即受访者针对问卷第一题（"您曾经通过以上途径看到过、接收到过食品安全风险相关的信息吗？"）的回答为"从没看到过、从没接收到过"的问卷；剩余452份问卷则是受访者进行了持续作答的问卷。针对这452份问卷，删除5份无效问卷（如所有题项填答为相同选项、答题时间过短等）和9份未成年人填答问卷，余下问卷438份。

这438名受访者均是在微信关系通路中看到过、接收到过食品安全风险相关信息的人（见表2-8）。

表 2-8　正式问卷受访者基本情况　($n=438$)

单位：人，%

	描述	人数	占比
性别	女	273	62.3
	男	165	37.7
年龄段	18~25 岁	203	46.4
	26~30 岁	90	20.5
	31~35 岁	44	10.0
	36~40 岁	31	7.1
	41~50 岁	35	8.0
	50 岁以上	35	8.0
受教育程度	高中及以下	40	9.1
	大学专科	48	11.0
	大学本科	206	47.0
	硕士研究生及以上	144	32.9

续表

	描述	人数	占比
月收入水平	3000 元及以下	207	47.3
	3001~5000 元	100	22.8
	5001~8000 元	81	18.5
	8000 元以上	50	11.4
生育状况	无子女	277	63.2
	有子女	161	36.8

从性别来看，女性为 273 人，占本部分样本总量的 62.3%，男性为 165 人，占本部分样本总量的 37.7%。这与中国互联网络信息中心（CNNIC）于 2019 年发布的第 43 次《中国互联网络发展状况统计报告》[①] 中网民整体性别结构中男多女少的情况有些出入。但是，这与本研究前期访谈的发现较为一致，更多的女性表示从微信关系通路中接收到了食品安全风险相关的信息。这可能与中国传统文化习俗有一定的关系，在中国传统家庭文化中，女性更多地关注家庭的饮食起居，因此，女性或将更为关注食品安全风险，进而在女性的社交媒介关系通路（如关系群组、朋友圈）中，或将接收到更多来自同性友人所传递、分享的食品安全风险相关的信息。

从年龄段来看，18~25 岁的人数为 203 人，占总量的 46.4%；26~30 岁的人数为 90 人，占 20.5%；31~35 岁的人数为 44 人，占 10.0%；36~40 岁的人数为 31 人，占 7.1%；41~50 岁的人数为 35 人，占 8.0%；50 岁以上的人数为 35 人，占 8.0%。可以发现，各个年龄段的人群均有在社交媒介关系通路上看到过、接收到过食品安全风险相关的信息。其中，18~25 岁、26~30 岁占比较大。该年龄段群体原本就是我国典型社交媒介应用（微信朋友圈、微博、QQ 空间等）使用率较高的群体，[②] 同时，在前期的访谈中发现，该年龄段群体往往会接收到来自父母、亲戚等长

---

① 《第 43 次〈中国互联网络发展状况统计报告〉》，国家互联网信息办公室网站，http://www.cac.gov.cn/2019-02/28/c_1124175677.htm，最后访问时间：2019 年 9 月 10 日。

② 《2016 年中国社交应用用户行为研究报告》，CNNIC，http://www.cnnic.net.cn/hlwfzyj/hlwxzbg/sqbg/201712/P020180103485975797840.pdf，最后访问时间：2019 年 9 月 10 日。

辈或家族群所分享的食品安全风险相关的信息。

从受教育程度来看，高中及以下的人数为 40 人，占 9.1%；大学专科的人数为 48 人，占 11.0%；大学本科的人数为 206 人，占 47.0%；硕士研究生及以上的人数为 144 人，占 32.9%。可以发现，各个教育层次的人，均有接收到过食品安全风险相关的信息。当然，相较于第 43 次《中国互联网络发展状况统计报告》《2016 年中国社交应用用户行为研究报告》中网民整体教育结构比例来说，本部分受访者表现出了更高的受教育程度。这具有一定的合理性，说明基于社交媒介平台的熟练化操作，并能对食品安全风险相关信息进行辨识、接收、关注，或将需要具备一定的知识水平，乃至更好的思考能力。

从月收入水平来看，3000 元及以下的人数为 207 人，占 47.3%；3001~5000 元的人数为 100 人，占 22.8%；5001~8000 元的人数为 81 人，占 18.5%；8000 元以上的人数为 50 人，占 11.4%。这与第 43 次《中国互联网络发展状况统计报告》《2016 年中国社交应用用户行为研究报告》中网民整体的收入结构比例较为接近。可以认为，各个收入水平层次的人对食品安全风险都有一定的关注与思考。

从生育状况来看，无子女的人数为 277 人，占 63.2%；有子女的人数为 161 人，占 36.8%。以往食品安全风险认知的研究发现，个体的生育状况对其食品安全风险问题的关注与认识具有重要影响。这与本研究的前期访谈相符，在此，本研究将生育状况列为需要考察的人口统计学信息。

第三节　关系通路中信息接收途径的描述性统计分析

如前文所述，问卷第一题设置了受访者筛选测量题项。本研究基于前期访谈，总结、归纳了微信使用中可接收到食品安全风险相关信息的 5 种主要途径，它们分别是微信朋友圈、微信群、微信中的"看一看"、微信联系人的"一对一"发送、微信评论（如朋友圈"好友"信息的评论栏）。

基于此，在问卷第一题题干中列举了以上 5 种可以看到、接收到食品安全风险相关信息的途径，并设置问题："您曾经通过以上途径看到过、接收到过食品安全风险相关的信息吗？"在回收的问卷中发现，合计

556 名问卷受访者中，有 104 名受访者表示"从没看到过、从没接收到过"，占 18.7%；有 452 名受访者表示"看到过，接收到过"，占 81.3%（见表 2-9）。

表 2-9　微信关系通路中相关信息接收与否情况（$n=556$）

单位：人，%

题目	描述	人数	占比
"您曾经通过以上途径看到过、接收到过食品安全风险相关的信息吗？"（单选题）	看到过、接收到过	452	81.3
	从没看到过、从没接收到过	104	18.7
合计		556	100

如果在这一题的填答中，问卷受访者回答"看到过、接收到过"，受访者可以继续填写问卷，并对其看到、接收到食品安全风险相关信息的具体途径进行选择。本研究以此进一步获取微信关系通路中食品安全风险相关信息接收渠道分布的数据。

如表 2-10 所示，根据问卷统计数据，在 438 人（针对选择"看到过、接收到过"的 452 人填答的问卷，删除了 5 份无效问卷，删除了 9 份未成年人填答问卷）中，选择"微信朋友圈"的有 379 人，占比达到 86.5%；选择"微信群"的有 271 人，占比达到 61.9%；选择"微信中的'看一看'"的有 87 人，占比为 19.9%；选择"微信联系人的'一对一'发送"的有 98 人，占比为 22.4%，选择"微信评论"（如朋友圈"好友"信息的评论栏）的有 96 人，占比为 21.9%。

表 2-10　微信关系通路中信息接收途径分布（$n=438$）

单位：人，%

题目	描述	人数	占比
"您曾经通过以下哪些途径看到过、接收到过食品安全风险相关的信息"（多选题）	微信朋友圈	379	86.5
	微信群	271	61.9
	微信中的"看一看"	87	19.9
	微信联系人的"一对一"发送	98	22.4
	微信评论（如朋友圈"好友"信息的评论栏）	96	21.9

可以发现，公众基于微信平台关系通路接收食品安全风险相关信息已经较为普遍。在微信平台上的多种关系通路中，看到过、接收到过食品安全风险相关信息的途径占比从高到低排序依次为：微信朋友圈（86.5%）、微信群（61.9%）、微信联系人的"一对一"发送（22.4%）、微信评论（如朋友圈"好友"信息的评论栏）（21.9%）、微信中的"看一看"（19.9%）。

第四节　人口统计学变量对关系的影响

一　不同性别组的关系差异分析

采用独立样本 t 检验的方法来分析不同性别的受访者在社交媒介环境下风险认知情境中关系各维度（强度、规模、资源、活跃程度）的差异。不同性别组的关系各维度差异描述性统计分析如表 2-11 所示。独立样本 t 检验中，需要首先进行方差方程的 Levene 检验，如果 Levene 检验得出的方差齐性的显著性概率 $p > 0.05$，则采用"假设方差相等"情况下的"均值方程的 t 检验"结果；如果 Levene 检验得出的方差齐性的显著性概率 $p < 0.05$，则采用"假设方差不相等"情况下的"均值方程的 t 检验"结果。

表 2-11　不同性别组的关系各维度差异描述性统计分析 （$n = 438$）

单位：人

变量	性别	人数	均值	标准偏差	标准误均值
强度	女	273	3.2283	.72940	.04415
	男	165	3.1879	.85206	.06633
规模	女	273	3.3736	.69930	.04232
	男	165	3.3485	.89063	.06934
资源	女	273	2.2564	1.02662	.06213
	男	165	2.3667	1.08430	.08441
活跃程度	女	273	2.7924	1.00654	.06092
	男	165	2.8202	1.03953	.08093

在不同性别的分组中（见表 2-12），受访者的关系资源、关系活跃程度的方差齐性的显著性概率 $p>0.05$，F 检验不显著，接受方差齐性假设，采用"假设方差相等"情况下的"均值方程的 t 检验"结果；关系强度、关系规模的方差齐性的显著性概率 $p<0.05$，F 检验显著，方差不齐，采用"假设方差不相等"情况下的"均值方程的 t 检验"结果。均值方程的 t 检验结果表明，在以性别为标识的分组中，受访者的关系强度（$p=0.612>0.05$）、关系规模（$p=0.757>0.05$）、关系资源（$p=0.287>0.05$）、关系活跃程度（$p=0.782>0.05$）无显著差异。

表 2-12　关系各维度在性别上的独立样本 t 检验（$n=438$）

变量		方差方程的 Levene 检验		均值方程的 t 检验		
		F	Sig.	t	df	Sig.（双侧）
强度	假设方差相等	4.808	.029	-.527	436	.598
	假设方差不相等			-.508	305.333	.612
规模	假设方差相等	13.046	.000	-.328	436	.743
	假设方差不相等			-.310	285.120	.757
资源	假设方差相等	1.072	.301	1.066	436	.287
	假设方差不相等			1.052	331.229	.294
活跃程度	假设方差相等	.127	.721	.276	436	.782
	假设方差不相等			.274	337.232	.784

二　不同年龄段组的关系差异分析

采用单因素方差分析法对不同年龄段组受访者在社交媒介环境下风险认知情境中关系各维度（强度、规模、资源、活跃程度）的差异进行分析。

单因素方差分析的步骤如下：第一步，对方差齐性进行检验；第二步，依据方差齐性检查结果，确定事后多重比较方法。如果第一步中，方差齐性的 Levene 检验显示，方差齐性的显著性概率 $p>0.05$，则接受方差齐性假设，可进一步结合方差检验结果，判断各组之间是否存在显著差异；如果方差检验的显著性概率 $p<0.05$，表明不同组之间具有显著差异，可以采用"假定方差齐性"情况下的事后多重比较法（本研究采用

LSD 法）进行各组具体差异分析。如果第一步中，方差齐性的 Levene 检验显示，方差齐性的显著性概率 $p<0.05$，则方差不齐，可以采用"未假定方差齐性"情况下的事后多重比较法（本研究采用 Dunnett' T3 法）对各组具体情况进行分析。

在受访者以年龄段为标识的分组中（见表 2-13），关系强度、关系资源、关系活跃程度的方差齐性检验的显著性概率 $p>0.05$，接受方差齐性假设。进一步的方差检验结果表明，在以年龄段为标识的分组中，关系强度（$p=0.738$）、关系资源（$p=0.784$）、关系活跃程度（$p=0.411$）的显著性概率大于 0.05，表明不同年龄段受访者的关系强度、关系资源、关系活跃程度不具有显著性差异，不再进行事后多重比较。在以受访者年龄段为标识的分组中，关系规模的方差齐性检验的显著性概率 $p<0.05$，方差不齐，违反方差同质假设，采用 Dunnett' T3 法进行事后多重比较。

表 2-13 不同年龄段组关系各维度差异的方差分析 （$n=438$）

变量		平方和	自由度	均方	方差齐性检验		方差检验	
					Levene	Sig.	F	Sig.
强度	群组之间	1.670	5	.334	1.614	.155	.550	.738
	在群组内	262.275	432	.607				
	总计	263.945	437					
规模	群组之间	6.649	5	1.330	4.230	.001	2.239	.050
	在群组内	256.518	432	.594				
	总计	263.167	437					
资源	群组之间	2.707	5	.541	.169	.974	.489	.784
	在群组内	478.037	432	1.107				
	总计	480.743	437					
活跃程度	群组之间	5.232	5	1.046	2.183	.055	1.010	.411
	在群组内	447.640	432	1.036				
	总计	452.872	437					

结果表明，在关系规模方面（见表 2-14），26~30 岁组（$M=3.5500$）显著高于 18~25 岁组（$M=3.2672$）。

表2-14　不同年龄段组关系各维度差异的事后多重比较（n=438）

变量	各组均值描述						事后多重比较	
	18~25岁	26~30岁	31~35岁	36~40岁	41~50岁	50岁以上		
强度	3.1658	3.3148	3.2045	3.1667	3.2000	3.2905	—	—
规模	3.2672	3.5500	3.4375	3.4516	3.4429	3.2000	Dunnett' T3	②>①
资源	2.2500	2.3278	2.4489	2.4597	2.2071	2.2571	—	—
活跃程度	2.7077	2.8556	2.8636	2.9785	2.7524	3.0381	—	—

注：显著性水平为0.05；组别序号，即18~25岁为①、26~30岁为②、31~35岁为③、36~40岁为④、41~50岁为⑤、50岁以上为⑥。

三　不同受教育程度组的关系差异分析

采用单因素方差分析法对不同受教育程度组受访者在社交媒介环境下风险认知情境中关系各维度（强度、规模、资源、活跃程度）的差异进行分析。在受访者以受教育程度为标识的分组中（见表2-15），关系强度、关系规模、关系资源、关系活跃程度的方差齐性检验的显著性概率 $p>0.05$，接受方差齐性假设。进一步的方差检验结果表明，在以受教育程度为标识的分组中，关系强度（$p=0.063$）、关系资源（$p=0.313$）的显著性概率大于0.05，表明不同受教育程度组受访者的关系强度、关系资源不具有显著性差异，不再进行事后多重比较。关系规模（$p=0.002$）、关系活跃程度（$p=0.013$）显著性概率小于0.05，表明不同受教育程度组受访者的关系规模、关系活跃程度具有显著性差异，为了进一步了解其具体差异，采用LSD法进行事后多重比较。

表2-15　不同受教育程度组关系各维度差异的方差分析（n=438）

变量		平方和	自由度	均方	方差齐性检验		方差检验	
					Levene	Sig.	F	Sig.
强度	群组之间	4.391	3	1.464	1.551	.201	2.447	.063
	在群组内	259.554	434	.598				
	总计	263.945	437					

续表

变量		平方和	自由度	均方	方差齐性检验		方差检验	
					Levene	Sig.	F	Sig.
规模	群组之间	8.968	3	2.989	1.268	.285	5.104	.002
	在群组内	254.199	434	.586				
	总计	263.167	437					
资源	群组之间	3.921	3	1.307	2.303	.076	1.190	.313
	在群组内	476.822	434	1.099				
	总计	480.743	437					
活跃程度	群组之间	11.157	3	3.719	1.920	.126	3.654	.013
	在群组内	441.715	434	1.018				
	总计	452.872	437					

在关系规模方面，大学专科组（M = 3.6198）显著高于高中及以下组（M = 3.0438），大学本科组（M = 3.3070）显著高于高中及以下组（M = 3.0438），硕士研究生及以上组（M = 3.4497）显著高于高中及以下组（M = 3.0438）；大学专科组（M = 3.6198）显著高于大学本科组（M = 3.3070）（见表2-16）。

在关系活跃程度方面，高中及以下组（M = 3.1583）显著高于大学本科组（M = 2.7071），高中及以下组（M = 3.1583）显著高于硕士研究生及以上组（M = 2.7477），大学专科组（M = 3.0833）显著高于大学本科组（M = 2.7071），大学专科组（M = 3.0833）显著高于硕士研究生及以上组（M = 2.7477）。

表2-16 不同受教育程度组关系各维度差异的事后多重比较 （n = 438）

变量	各组均值描述				事后多重比较	
	高中及以下	大学专科	大学本科	硕士研究生及以上		
强度	3.3208	3.4688	3.1683	3.1620	—	—
规模	3.0438	3.6198	3.3070	3.4497	LSD法	②>①、③>①、④>①、②>③
资源	2.3188	2.5573	2.2415	2.2865	—	—

续表

变量	各组均值描述				事后多重比较	
	高中及以下	大学专科	大学本科	硕士研究生及以上		
活跃程度	3.1583	3.0833	2.7071	2.7477	LSD 法	①>③，①>④，②>③，②>④

注：显著性水平为 0.05；组别序号，即高中及以下为①、大学专科为②、大学本科为③、硕士研究生及以上为④。

四　不同月收入水平组的关系差异分析

在此，采用单因素方差分析法对不同月收入水平组受访者在社交媒介环境下风险认知情境中关系各维度（强度、规模、资源、活跃程度）的差异进行分析。在受访者以月收入水平为标识的分组中（见表 2-17），关系资源、关系活跃程度的方差齐性检验的显著性概率 $p>0.05$，接受方差齐性假设。进一步的方差检验结果表明，在以月收入水平为标识的分组中，关系资源（$p=0.438$）、关系活跃程度（$p=0.268$）的显著性概率大于 0.05，表明不同月收入水平组受访者的关系资源、关系活跃程度不具有显著性差异，不再进行事后多重比较。在以月收入水平为标识的分组中，关系强度、关系规模的方差齐性检验的显著性概率 $p<0.05$，方差不齐，违反方差同质假设，采用 Dunnett' T3 法进行事后多重比较。

表 2-17　不同月收入水平组关系各维度差异的方差分析（$n=438$）

变量		平方和	自由度	均方	方差齐性检验		方差检验	
					Levene	Sig.	F	Sig.
强度	群组之间	1.843	3	.614	3.762	.011	1.017	.385
	在群组内	262.102	434	.604				
	总计	263.945	437					
规模	群组之间	8.750	3	2.917	5.800	.001	4.975	.002
	在群组内	254.417	434	.586				
	总计	263.167	437					

续表

变量		平方和	自由度	均方	方差齐性检验		方差检验	
					Levene	Sig.	F	Sig.
资源	群组之间	2.996	3	.999	.143	.934	.907	.438
	在群组内	477.748	434	1.101				
	总计	480.743	437					
活跃程度	群组之间	4.087	3	1.362	1.221	.302	1.318	.268
	在群组内	448.784	434	1.034				
	总计	452.872	437					

如表 2-18 所示，结果表明，在关系规模方面，月收入水平 5001~8000 元组（M=3.5772）显著高于 3000 元及以下组（M=3.2234）。

表 2-18　不同月收入水平组关系各维度差异的事后多重比较（$n=438$）

变量	各组均值描述				事后多重比较	
	3000 元及以下	3001~5000 元	5001~8000 元	8000 元以上		
强度	3.1973	3.3267	3.1481	3.1567	Dunnett' T3	—
规模	3.2234	3.4325	3.5772	3.4650	Dunnett' T3	③>①
资源	2.2258	2.3700	2.2901	2.4650	—	—
活跃程度	2.7778	2.9600	2.7778	2.6333	—	—

注：显著性水平为 0.05；组别序号，即 3000 元及以下为①、3001~5000 元为②、5001~8000 元为③、8000 元以上为④。

五　不同生育状况组的关系差异分析

在此，采用独立样本 t 检验的方法来分析不同生育状况组的受访者在社交媒介环境下风险认知情境中关系各维度（强度、规模、资源、活跃程度）的差异。不同生育状况组的关系各维度差异描述性统计分析如表 2-19 所示。在不同生育状况分组中（见表 2-20），受访者的关系强度、关系规模、关系资源、关系活跃程度的方差齐性的显著性概率 $p>0.05$，F 检验不显著，接受方差齐性假设，采用"假设方差相等"情况下的"均值方程的 t 检验"结果。

表 2-19　不同生育状况组的关系各维度差异描述性统计分析（n=438）

单位：人

变量	生育状况	人数	均值	标准偏差	标准误均值
强度	无子女	277	3.2094	.75707	.04549
	有子女	161	3.2195	.81296	.06407
规模	无子女	277	3.3294	.72389	.04349
	有子女	161	3.4239	.85743	.06758
资源	无子女	277	2.2690	1.05073	.06313
	有子女	161	2.3478	1.04701	.08252
活跃程度	无子女	277	2.7389	1.01379	.06091
	有子女	161	2.9130	1.01893	.08030

均值方程的 t 检验结果表明，在以生育状况为标识的分组中，受访者的关系强度（$p=0.896>0.05$）、关系规模（$p=0.220>0.05$）、关系资源（$p=0.449>0.05$）、关系活跃程度（$p=0.084>0.05$）均无显著差异。

表 2-20　关系各维度在生育状况上的独立样本 t 检验（n=438）

变量		方差方程的 Levene 检验		均值方程的 t 检验		
		F	Sig.	t	df	Sig.（双侧）
强度	假设方差相等	1.172	.280	−.131	436	.896
	假设方差不相等			−.128	315.480	.898
规模	假设方差相等	2.832	.093	−1.229	436	.220
	假设方差不相等			−1.176	291.069	.241
资源	假设方差相等	.065	.799	−.758	436	.449
	假设方差不相等			−.759	335.498	.448
活跃程度	假设方差相等	.349	.555	−1.730	436	.084
	假设方差不相等			−1.728	333.153	.085

第五节　关系对风险认知结果影响的回归分析

一　研究变量与研究假设

前文研究中通过探索性因子分析对社交媒介环境下风险认知情境中

的关系进行了考察，得到了"强度""规模""资源""活跃程度"4 个因子。本部分研究将这 4 个因子作为自变量，同时，以食品安全风险认知结果总体水平为因变量（见图 2-1），就关系对风险认知结果的影响进行检验，提出如下假设。

H1：关系强度显著正向影响风险认知结果

H2：关系规模显著正向影响风险认知结果

H3：关系资源显著正向影响风险认知结果

H4：关系活跃程度显著正向影响风险认知结果

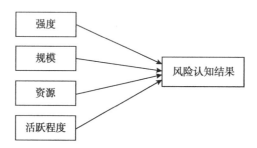

图 2-1 社交媒介环境下风险认知情境中的关系模型

二 关系各维度与风险认知结果的回归分析

在此，运用 SPSS 22.0 进行回归分析，以同时"输入"法验证自变量关系各维度对风险认知结果的影响。如表 2-21 所示，变量的描述性统计结果显示了各变量（强度、资源、活跃程度、规模、风险认知结果）的平均数、标准偏差与有效样本数量。

表 2-21 关系各维度与风险认知结果的描述性统计分析（$n = 438$）

单位：人

	平均数	标准偏差	有效样本数量
风险认知结果	2.96	1.01300	438
强度	3.2131	.77717	438
资源	2.2979	1.04886	438
活跃程度	2.8029	1.01800	438
规模	3.3642	.77602	438

　　相关矩阵结果可以对变量之间的相关性进行检验，以初步检验自变量强度、资源、活跃程度、规模与因变量风险认知结果之间的相关性。同时，预测了变量之间的共线性，如果自变量间的相关性非常大（一般认为高于0.75），则表示可能存在共线性。如表2-22所示，通过相关矩阵的结果可以发现，自变量强度、资源、活跃程度、规模与因变量风险认知结果具有一定的相关性。同时，结果显示不存在共线性问题的趋势。

表 2-22　关系各维度与风险认知结果的相关矩阵 （$n = 438$）

		风险认知结果	强度	资源	活跃程度	规模
Pearson 相关	风险认知结果	1.000	.457	.509	.553	.346
	强度	.457	1.000	.540	.557	.494
	资源	.509	.540	1.000	.616	.411
	活跃程度	.553	.557	.616	1.000	.364
	规模	.346	.494	.411	.364	1.000
显著性 （单尾）	风险认知结果		.000	.000	.000	.000
	强度	.000		.000	.000	.000
	资源	.000	.000		.000	.000
	活跃程度	.000	.000	.000		.000
	规模	.000	.000	.000	.000	

　　如表2-23所示，4个自变量共解释因变量风险认知结果的37.1%的变异量。Durbin Watson统计值为1.879，接近2，表明不存在自相关问题；容忍值均大于0.549、VIF均小于1.822，不存在共线性问题。方差分析结果 F 值为63.831，显著性为0.000，表明模型整体解释变异量达到显著。根据回归系数的显著性检验结果可以发现，强度 （B = 0.123，$p < 0.05$）、资源 （B = 0.208，$p < 0.001$）、活跃程度 （B = 0.328，$p < 0.001$） 对风险认知结果具有显著正向影响，规模 （B = 0.080，$p > 0.05$） 对风险认知结果不具有显著影响。根据检验结果，本研究绘制了"关系各维度与风险认知结果的回归分析检验结果"示意图 （见图2-2）。

表 2-23　关系各维度与风险认知结果的回归分析结果（$n=438$）

维度	风险认知结果				
	非标准化系数	标准误	标准化系数	容忍值	VIF
强度	.160*	.066	.123*	.561	1.783
资源	.201***	.050	.208***	.550	1.819
活跃程度	.326***	.051	.328***	.549	1.822
规模	.104	.058	.080	.725	1.379

模型摘要：$R^2=.371$，$F=63.831***$，$\triangle R^2=.371$，$\triangle F=63.831***$，Durbin Watson $=1.879$

注：* 为 $p<0.05$，** 为 $p<0.01$，*** 为 $p<0.001$。

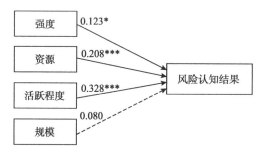

图 2-2　关系各维度与风险认知结果的回归分析检验结果

注：实线为显著，虚线为不显著；* 为 0.05 水平上显著，** 为 0.01 水平上显著，*** 为 0.001 水平上显著。

三　假设检验结果

根据上述检验结果分析，形成假设检验结果汇总表（见表 2-24）。可以发现，假设 H1 "关系强度显著正向影响风险认知结果"得到支持；假设 H2 "关系规模显著正向影响风险认知结果"被拒绝；假设 H3 "关系资源显著正向影响风险认知结果"得到支持；假设 H4 "关系活跃程度显著正向影响风险认知结果"得到支持。

表 2-24　假设检验结果汇总

假设	假设内容	检验结果
H1	关系强度显著正向影响风险认知结果	成立
H2	关系规模显著正向影响风险认知结果	不成立

假设	假设内容	检验结果
H3	关系资源显著正向影响风险认知结果	成立
H4	关系活跃程度显著正向影响风险认知结果	成立

本章小结

本章节基于文献分析与半结构化访谈等，形成了"社交媒体环境下风险认知情境中的关系及其结构维度"预测试题项；结合预测试问卷施测和探索性因子分析结果，编制形成"社交媒体环境下风险认知情境中的关系及其结构维度"的正式问卷。此后，基于正式问卷调查数据考察了社交媒介环境下关系的群体差异性，并检验了关系各维度对风险认知结果的影响。接下来对应本章节开始提出的研究问题，对相关的研究结论进行总结与讨论。

1. 关系的结构维度及其对风险认知的影响

社交媒介环境下风险认知情境中的关系形成了强度、规模、资源与活跃程度四个主要结构维度，其中关系强度、关系资源、关系活跃程度，显著正向影响了风险认知结果。

通过对初始关系变量的因子分析得到了 4 个因子：强度、资源、活跃程度、规模。其中，规模在后续的回归分析检验中被排除，即规模没有对风险认知结果产生显著性影响。从 4 个因子来看，规模指公众个体在微信平台上所拥有的全部关系数量，它并不会伴随不同类型风险情境的变化而发生大的改变；强度、资源、活跃程度则是公众个体在已发生或正在发生的某一特定类型风险情境中与某一特定风险情境密切相连，并会伴随不同类型风险情境的改变而改变的关系要素。本研究是依托食品安全风险情境进行的相关问题研究，在具体测量中，强度是对"公众与分享了食品安全风险相关信息的'关系人'之间的亲密程度、信任程度、交流频率"的考察；资源是对"公众个体从社交媒介平台上的关系及其网络中所（可能）获得并运用的，用以了解、辨识、防范、规避、解决食品安全相关风险问题的信息、知识、能力、权力等支持"的考察；活跃程度是对"公众与社交媒介平台上的'关系人'通过食品安全风险相关信息的转发，发表看法、观点、评论，点赞等建立、增进、维系彼此关系的频繁程度"的考察。因此，可以认为，强度、资源、活跃程度均与风险情境自身密切相关，会随着风险类型的变化而有所变化；规模则是四者中唯一一个不局限于某一特定风险情境、不会伴随不同类型风险变化而变化的变量。这在一定程度上证明了，能够对某种风险认知结果产生显著影响的关系要素具有与风险情境的紧密相关性，即并非关系的所有要素都对风险认知结果产生影响，与特定风险情境密切相关的关系要素或将影响显著。

从强度、资源、活跃程度这几个要素来看，研究结果均紧密契合了社交媒介环境下关系全面变革的新特征。针对社交媒介环境下风险认知情境中关系维度的考量与建构，不仅需要体现与风险情境的紧密相关性，还需要注意，原有传统媒介环境、社会环境下的关系分析框架与结构维度并不一定完全适用于社交媒介环境。在当下的社交媒介环境下，关系发生了全面变革，并呈现了广泛连接、密切互动、全面显性化且极易激活等突出新特征，而强度、资源、活跃程度三者均能够很好地契合并凸显这些特征。虽然在传统关系结构及其维度的考察中，强度、资源已经被提出，但是二者均与社交媒介环境紧密联动，在社交媒介环境中均能被改变，甚至被颠覆或重构。张洪忠指出，"价值观相同的人可以通过社交媒体来建立社会关系"，但是，"一些原本的亲朋好友、同事、同乡等反而有可能通过社交媒体发现彼此的价值观不一致，进而'割席断交'"。[1] 喻国明等认为，"强弱关系愈发适用于解释移动社交媒体下的用户关系"，其研究指出，"陌生双方随着对社交软件的媒介依赖性和自我暴露的深入，建立了共同意义空间，从弱关系转化为强关系"。[2] 与此同时，人类开始处于一种被称为"网络社交性生存"的全新生存模式中，跨越群体的资源调用整合能力被认为是这种生存模式下最为重要的能力之一。[3] 另外，可以

---

[1] 张洪忠：《社交媒体的关系重构：从社会属性传播到价值观传播》，《教育传媒研究》2016年第3期。

[2] 喻国明等：《网络交往中的弱关系研究：控制模式与路径效能——以陌生人社交APP的考察与探究为例》，《西南民族大学学报》（人文社科版）2019年第9期。

[3] 刘凯：《部落化生存：新媒体对社会关系的影响》，上海三联书店，2016，第69~88页。

认为，关系维度中的活跃程度是关系全面变革后所凸显的一个较新的维度，本研究数据结果表明，它已然成为需要关注与探讨的重要关系维度。彭兰曾指出，在传统社会关系网络中，除了特别亲近的关系外，多数人之间的关系交往活跃度都不高，这种极低的关系交往活跃度和关系的无法显性化，使得弱关系链条非常不容易被人察觉，且激活不易。显然，社交媒体环境下的关系在此方面得到了巨大改善。[①] 《2018 微信数据报告》数据显示，在微信平台上，每个月 10 亿位以上的用户保持着活跃状态。[②] 可以说，依托社交媒介上交流的即时便捷性与关系的显性化，关系的活跃程度得到了凸显和大幅提升。

因此，可以认为，强度、资源、活跃程度三者均能很好地适用于社交媒介环境下风险认知情境中的关系分析维度。

2. 关系的结构维度及其群体差异

不同群体的关系在特定年龄段、特定受教育程度、特定月收入水平上表现出一定差异，这些差异大多表现在关系规模方面。在关系规模方面，26~30 岁组显著高于 18~25 岁组，大学专科组显著高于高中及以下组，大学本科组显著高于高中及以下组，硕士研究生及以上组显著高于高中及以下组，大学专科组显著高于大学本科组，月收入水平 5001~8000 元组显著高于 3000 元及以下组。

被验证的对风险认知结果具有显著影响的强度、资源、活跃程度三个维度中，仅活跃程度在受教育程度上表现出了显著性差异。在关系活跃程度方面，高中及以下组显著高于大学本科组，高中及以下组显著高于硕士研究生及以上组，大学专科组显著高于大学本科组，大学专科组显著高于硕士研究生及以上组。可以认为，在食品安全风险情境下，关系活跃程度在高中及以下组、大学专科组表现出了较高的水平，即这两组的受访者感受到的"关系人"在关于食品安全风险相关信息的转发，发表看法、观点、评论，点赞方面的频繁程度显著高于其他两组（大学本科组、硕士研究生及以上组）。

---

① 彭兰：《"连接"的演进——互联网进化的基本逻辑》，《国际新闻界》2013 年第 12 期。
② 《2018 微信数据报告》，微信，https://support.weixin.qq.com/cgi-bin/mmsupport-bin/getopendays，最后访问时间：2022 年 10 月 15 日。

第三章 社交媒介使用对关系的影响

第一节 本章主要研究问题、研究方法与步骤

一 主要研究问题

社交媒介技术及其使用带来了人类关系的巨变，可以认为，关系的很多方面因素被社交媒介技术及其使用不同程度地改变着。立足社交媒介环境下风险认知情境中，本章节主要研究问题如下。

第一，公众的社交媒介使用情况是怎样的，是否存在群体差异？

第二，社交媒介使用如何影响社交媒介环境下风险认知情境中的关系？

二 研究方法与步骤

本部分研究基于半结构化访谈与问卷调查，对社交媒介使用对关系的影响进行考察。

1. 问卷数据使用与处理的说明

本部分研究继续使用"社交媒体环境下风险认知情境中的关系及其结构维度"正式问卷的调查数据。本章节使用该问卷的数据内容主要有人口统计学基本信息、社交媒介环境下风险认知情境中关系情况、媒介使用情况。

关于数据的统计与分析，本章节主要包括 3 个方面：对社交媒介使用的整体情况进行描述性统计分析；运用 SPSS 22.0 进行独立样本 t 检验

和单因素方差分析，对不同群体的社交媒介使用差异情况进行检验；通过回归分析，检验社交媒介使用对社交媒介环境下风险认知情境中关系的影响情况。

2. 访谈内容及其分析运用说明

本部分研究所开展的访谈，一方面，用于前期辅助设计问卷"社交媒体环境下风险认知情境中的关系及其结构维度"；另一方面，用于对问卷数据量化分析结果的佐证与解释。

第二节　主要变量说明与研究假设

一　主要变量说明

本章节研究涉及的主要变量如下。

1. 关系

本研究中所指的关系是社交媒介环境下风险认知情境中的关系。前一章节研究中通过探索性因子分析对社交媒介环境下风险认知情境中的关系进行了考察，并依据关系对风险认知的回归分析，验证了关系强度、关系资源、关系活跃程度3个因子对风险认知结果的影响。本部分研究将以关系强度、关系资源、关系活跃程度为社交媒介环境下风险认知情境中关系的三个维度，对本部分相关研究问题进行考察。

2. 社交媒介使用

本研究聚焦于微信平台对相关主要研究问题进行考察，在此，对社交媒介使用的考察主要聚焦于微信使用。本研究对微信使用的测量主要包括了使用时长、使用频率、使用强度、使用动机4个方面（见表3-1）。其中，微信使用动机包括信息获取、关系维护、自我表达与关系拓展、休闲娱乐。

表 3-1　对微信使用的测量

变量	测量题项
使用时长	最近一周，您平均每天使用微信的时长

续表

变量		测量题项
使用频率		一天中，您点开微信的次数
使用强度		使用微信是我每天都会做的事情
		我乐于与别人谈论微信
		微信成为我日常生活的一部分
		如果我一段时间不使用微信我会觉得好像和外界失去了联系
		如果微信被取消，我会为此感到难过
使用动机	信息获取	关注、获取感兴趣的内容
		及时了解新闻热点
		关注、获取生活或工作中有用的知识
	关系维护	和朋友互动
		增进和朋友之间的感情
	自我表达与关系拓展	认识更多新朋友
		分享生活/工作中有用的知识
		发表对新闻热点事件的评论
	休闲娱乐	放松自我
		获得娱乐

微信使用时长。测量最近一周，受访者平均每天使用微信的时长。依据前期访谈，将每天微信使用时长划分为"0~1小时""1~2小时""2~3小时""3~4小时""4小时以上"，依次表示使用时长"非常短""比较短""一般""比较长""非常长"。

微信使用频率。测量一天中，受访者点开微信的次数。依据前期访谈，将每天微信使用频率划分为"0~2次""3~5次""6~8次""9~11次""12次及以上"，依次表示使用频率"非常少""比较少""一般""比较多""非常多"。

微信使用强度。部分测量题项参照了既有相关研究中Facebook使用强度量表，[①]该量表对使用强度的测量侧重于Facebook在个人日常生活中

① Nicole B. Ellison, Charles Steinfield, and Cliff Lampe, "The Benefits of Facebook 'Friends': Social Capital and College Students' Use of Online Social Network Sites," *Journal of Computer-Mediated Communication* 12 (2007): 1143–1168.

的重要程度、个人对 Facebook 的依赖程度等。微信使用强度的测量共设置 5 个题项，每个题项设置 5 个选项，测量受访者对题干所陈述内容的同意程度，从"1"到"5"依次表示"非常不同意""比较不同意""不确定""比较同意""非常同意"。数值越大，代表受访者微信使用强度越高。"社交媒体环境下风险认知情境中的关系及其结构维度"问卷的预测试中，微信使用强度测量题项的信度与效度检验符合要求。正式问卷中，微信使用强度的 5 个测量题项的 Cronbach' α 为 0.853，表明其具有较好的可靠性。KMO 检验值为 0.786，Bartlett 球检验的近似卡方为 1071.880，$p = 0.000$，表明可以进行因子分析。通过主成分分析，提取特征值大于 1 的元件，以最大方差法进行旋转，提取 1 个公因子，该因子可以解释总体方差的 63.715%。

微信使用动机。结合访谈，并参照《2016 年中国社交应用用户行为研究报告》[①] 对典型社交应用使用目的的分析结果，列出了 10 个测量题项，每个题项设置 5 个选项，测量受访者对题干所陈述的微信使用动机的同意程度，从"1"到"5"依次表示"非常不同意""比较不同意""不确定""比较同意""非常同意"。数值越大，代表受访者的微信使用动机越强烈。预测试中，微信使用动机测量题项的信度与效度检验符合要求。正式问卷中，微信使用动机的 10 个测量题项的 Cronbach'α 为 0.876，表明其具有较好的可靠性。KMO 检验值为 0.861，Bartlett 球检验的近似卡方为 2277.952，$p = 0.000$，表明可以进行因子分析。通过主成分分析，提取 4 个公因子，分别命名为自我表达与关系拓展、信息获取、休闲娱乐、关系维护，4 个公因子分别解释总体方差的 26.475%、25.309%、19.242%、12.002%，累计解释方差的 83.027%。

3. 风险认知结果

本部分对风险认知结果的考察，采用 1 个测量题项对受访者的风险认知总体水平进行测量。基于食品安全风险情境，设置测量题项为"您

---

① 《2016 年中国社交应用用户行为研究报告》，CNNIC，http://www.cnnic.net.cn/hlwfzyj/hl-wxzbg/sqbg/201712/P020180103485975797840.pdf，最后访问时间：2019 年 9 月 10 日。

对食品安全风险的认识程度如何?"从"1"到"5"依次表示"非常低""比较低""一般""比较高""非常高"。

二 研究假设

针对本章节主要研究问题中的"社交媒介使用如何影响社交媒介环境下风险认知情境中的关系",基于前文对社交媒介技术及其使用对关系影响的文献分析,并结合主要研究变量的因子分析结果,在此,本部分研究提出如下假设。

H1:微信使用时长显著正向影响关系

H2:微信使用频率显著正向影响关系

H3:微信使用强度显著正向影响关系

H4:微信使用动机中的信息获取显著正向影响关系

H5:微信使用动机中的自我表达与关系拓展显著正向影响关系

H6:微信使用动机中的关系维护显著正向影响关系

H7:微信使用动机中的休闲娱乐显著正向影响关系

第三节 微信使用的描述性统计分析

一 微信使用时长的描述性统计分析

在微信使用时长方面,每天使用时长"非常短(0~1小时)"的有30人,占6.9%;使用时长"比较短(1~2小时)"的有83人,占18.9;使用时长"一般(2~3小时)"的有118人,占26.9%;使用时长"比较长(3~4小时)"的有95人,占21.7%;使用时长"非常长(4小时以上)"的有112人,占25.6%(见表3-2)。

表3-2 微信使用时长的描述性统计分析 ($n = 438$)

单位:人,%

使用时间	人数	占比	平均值	标准差
非常短(0~1小时)	30	6.9	3.40	1.243

续表

使用时间	人数	占比	平均值	标准差
比较短（1~2小时）	83	18.9		
一般（2~3小时）	118	26.9	3.40	1.243
比较长（3~4小时）	95	21.7		
非常长（4小时以上）	112	25.6		

二　微信使用频率的描述性统计分析

在微信使用频率方面，每天点开微信次数"非常少（0~2次）"的有5人，占1.2%；每天点开微信次数"比较少（3~5次）"的有35人，占8.0%；每天点开微信次数"一般（6~8次）"的有89人，占20.3%；每天点开微信次数"比较多（9~11次）"的有106人，占24.2%；每天点开微信次数"非常多（12次及以上）"的有203人，占46.3%（见表3-3）。可以发现，受访者的微信使用频率普遍较高，接近半数的人平均一天内点开微信的次数达到12次及以上。

表3-3　微信使用频率的描述性统计分析（n=438）

单位：人，%

使用频率	人数	占比	平均值	标准差
非常少（0~2次）	5	1.2		
比较少（3~5次）	35	8.0		
一般（6~8次）	89	20.3	4.07	1.043
比较多（9~11次）	106	24.2		
非常多（12次及以上）	203	46.3		

三　微信使用强度的描述性统计分析

在微信使用强度方面，微信使用强度均值达到了3.95（见表3-4），可以认为，受访者普遍具有较高的微信使用强度。这与本研究中的访谈结果相互印证。

表 3-4　微信使用强度的描述性统计分析　（ *n* = 438）

变量	测量题项	均值	标准偏差
使用强度	使用微信是我每天都会做的事情	3.95	.833
	我乐于与别人谈论微信		
	微信成为我日常生活的一部分		
	如果我一段时间不使用微信我会觉得好像和外界失去了联系		
	如果微信被取消，我会为此感到难过		

四　微信使用动机的描述性统计分析

在微信使用动机方面，按照均值大小，使用动机水平从高到低依次是关系维护（M = 4.16）、信息获取（M = 3.70）和休闲娱乐（M = 3.70）、自我表达与关系拓展（M = 3.27）（见表 3-5）。

表 3-5　微信使用动机的描述性统计分析　（ *n* = 438）

使用动机		均值	标准偏差
关系维护	和朋友互动	4.16	.867
	增进和朋友之间的感情		
信息获取	关注、获取感兴趣的内容	3.70	.963
	及时了解新闻热点		
	关注、获取生活或工作中有用的知识		
休闲娱乐	放松自我	3.70	.955
	获得娱乐		
自我表达与关系拓展	认识更多新朋友	3.27	1.035
	分享生活/工作中有用的知识		
	发表对新闻热点事件的评论		

第四节　人口统计学变量对微信使用的影响

一　不同性别组微信使用差异分析

在此，采用独立样本 t 检验的方法来分析不同性别的受访者在微信使用（使用时长、使用频率、使用强度、使用动机）上的差异。在性别的分组中（见表 3-6），受访者的使用时长、使用频率的方差齐性的显著性概率 $p>0.05$，F 检验不显著，接受方差齐性假设，采用"假设方差相等"情况下的"均值方程的 t 检验"结果；使用强度、使用动机中的信息获取、自我表达与关系拓展、休闲娱乐、关系维护的方差齐性的显著性概率 $p<0.05$，F 检验显著，方差不齐，采用"假设方差不相等"情况下的"均值方程的 t 检验"结果。均值方程的 t 检验结果表明，在以性别为标识的分组中，受访者的使用时长（$p=0.025<0.05$）、使用强度（$p=0.027<0.05$）、休闲娱乐（$p=0.005<0.05$）的使用动机在不同性别的两组之间存在显著差异，受访者的使用频率（$p=0.782>0.05$），使用动机中的信息获取（$p=0.063>0.05$）、自我表达与关系拓展（$p=0.137>0.05$）、关系维护（$p=0.206>0.05$）在两组间无显著差异。

表 3-6　微信使用在性别上的独立样本 t 检验（$n=438$）

变量		方差方程的 Levene 检验		均值方程的 t 检验		
		F	Sig.	t	df	Sig.（双侧）
使用时长	假设方差相等	.142	.707	2.255	436	.025
	假设方差不相等			2.238	337.236	.026
使用频率	假设方差相等	.903	.342	.276	436	.782
	假设方差不相等			.272	330.526	.785
使用强度	假设方差相等	12.374	.000	2.349	436	.019
	假设方差不相等			2.219	286.520	.027
使用动机	信息获取 假设方差相等	23.358	.000	−2.003	436	.046
	信息获取 假设方差不相等			−1.864	273.056	.063
	自我表达与关系拓展 假设方差相等	7.187	.008	−1.550	436	.122
	自我表达与关系拓展 假设方差不相等			−1.493	305.827	.137
	休闲娱乐 假设方差相等	43.105	.000	−3.150	436	.002
	休闲娱乐 假设方差不相等			−2.850	249.274	.005
	关系维护 假设方差相等	5.441	.020	−1.366	436	.173
	关系维护 假设方差不相等			−1.268	270.553	.206

结合不同性别组微信使用差异的描述性统计（见表3-7）可以得出：在微信使用时长上，女性的微信使用时长（M=3.51）显著高于男性（M=3.23）；在微信使用强度上，女性的微信使用强度（M=4.02）显著高于男性（M=3.83）；在微信使用动机上，女性休闲娱乐的动机水平（M=3.82）显著高于男性（M=3.52）。

表3-7 不同性别组微信使用差异的描述性统计分析（n=438）

单位：人

变量		性别	人数	均值	标准偏差	标准误均值
使用时长		女	273	3.51	1.222	0.074
		男	165	3.23	1.262	0.098
使用频率		女	273	4.08	1.021	0.062
		男	165	4.05	1.081	0.084
使用强度		女	273	4.02	0.748	0.045
		男	165	3.83	0.947	0.074
使用动机	信息获取	女	273	3.78	0.839	0.051
		男	165	3.59	1.131	0.088
	自我表达与关系拓展	女	273	3.33	0.970	0.059
		男	165	3.17	1.131	0.088
	休闲娱乐	女	273	3.82	0.770	0.047
		男	165	3.52	1.181	0.092
	关系维护	女	273	4.20	0.752	0.046
		男	165	4.08	1.027	0.080

二 不同年龄段组微信使用差异分析

采用单因素方差分析法对不同年龄段组受访者的微信使用（使用时长、使用频率、使用强度、使用动机）差异进行分析。在以年龄段为标识的分组中（见表3-8），微信使用时长，使用频率，使用动机中的自我表达与关系拓展、关系维护的方差齐性检验的显著性概率 $p>0.05$，接受方差齐性假设。进一步的方差检验结果表明，在以年龄段为标识的分组中，使用时长（$p=0.393>0.05$），使用动机中的自我表达与关系拓展

（$p=0.739>0.05$）、关系维护（$p=0.200>0.05$），不具有显著性差异，不再进行事后多重比较。使用频率（$p=0.007<0.05$）具有显著性差异，为了进一步比较年龄段在使用频率上的具体差异，采用 LSD 法进行事后多重比较。在以受访者年龄段为标识的分组中，使用强度，使用动机中的信息获取、休闲娱乐的方差齐性检验的显著性概率 $p<0.05$，方差不齐，违反方差同质假设，采用 Dunnett' T3 法进行事后多重比较。

表 3-8　不同年龄段组微信使用差异的方差分析（$n=438$）

变量			平方和	自由度	均方	方差齐性检验		方差检验	
						Levene	Sig.	F	Sig.
使用时长		群组之间	8.040	5	1.608	1.689	.136	1.041	.393
		在群组内	667.239	432	1.545				
		总计	675.279	437					
使用频率		群组之间	17.110	5	3.422	1.305	.261	3.228	.007
		在群组内	457.970	432	1.060				
		总计	475.080	437					
使用强度		群组之间	6.593	5	1.319	3.705	.003	1.921	.090
		在群组内	296.481	432	.686				
		总计	303.074	437					
使用动机	信息获取	群组之间	14.104	5	2.821	8.283	.000	3.117	.009
		在群组内	390.953	432	.905				
		总计	405.058	437					
	自我表达与关系拓展	群组之间	2.959	5	.592	1.699	.134	.550	.739
		在群组内	465.183	432	1.077				
		总计	468.141	437					
	休闲娱乐	群组之间	8.374	5	1.675	5.683	.000	1.852	.102
		在群组内	390.588	432	.904				
		总计	398.962	437					
	关系维护	群组之间	5.474	5	1.095	1.744	.123	1.466	.200
		在群组内	322.656	432	.747				
		总计	328.130	437					

在使用频率方面，结合不同年龄段组受访者微信使用频率均值可以得出，26～30 岁组（M＝4.34）显著高于 18～25 岁组（M＝3.94）；26～30 岁组（M＝4.34）显著高于 50 岁以上组（M＝3.69）；31～35 岁组（M＝4.20）显著高于 50 岁以上组（M＝3.69）；41～50 岁组（M＝4.23）显著高于 50 岁以上组（M＝3.69）（见表 3-9）。

在使用动机中的信息获取方面，结合不同年龄段组受访者微信使用信息获取的均值来看，41～50 岁组（M＝4.11）显著高于 18～25 岁组（M＝3.62），50 岁以上组（M＝4.01）显著高于 18～25 岁组（M＝3.62）。

表 3-9 不同年龄段组微信使用差异的事后多重比较 (n＝438)

变量		各组均值描述						事后多重比较	
		18～25 岁	26～30 岁	31～35 岁	36～40 岁	41～50 岁	50 岁以上		
使用时长		3.33	3.61	3.36	3.61	3.37	3.20	—	—
使用频率		3.94	4.34	4.20	4.13	4.23	3.69	LSD 法	②>①,②>⑥,③>⑥,⑤>⑥
使用强度		3.88	4.10	3.96	3.68	4.11	4.07	Dunnett' T3	—
使用动机	信息获取	3.62	3.77	3.61	3.41	4.11	4.01	Dunnett' T3	⑤>①,⑥>①
	自我表达与关系拓展	3.24	3.30	3.18	3.12	3.44	3.41	—	—
	休闲娱乐	3.68	3.78	3.55	3.39	3.81	4.00	Dunnett' T3	—
	关系维护	4.14	4.29	3.93	4.00	4.31	4.17	—	—

注：显著性水平为 0.05；组别序号，即 18～25 岁为①、26～30 岁为②、31～35 岁为③、36～40 岁为④、41～50 岁为⑤、50 岁以上为⑥。

三 不同受教育程度组微信使用差异分析

采用单因素方差分析法对不同受教育程度组受访者的微信使用（使用时长、使用频率、使用强度、使用动机）的差异进行分析。在以受访者受教育程度为标识的分组中（见表 3-10），使用频率，使用强度，使用动机中的自我表达与关系拓展、休闲娱乐、关系维护的方差齐性检验

的显著性概率 $p > 0.05$，接受方差齐性假设。进一步的方差检验结果表明，在以受访者受教育程度为标识的分组中，使用动机中的自我表达与关系拓展的显著性概率（$p = 0.005$）小于 0.05，为了进一步比较受教育程度在自我表达与关系拓展上的具体差异，采用 LSD 法进行事后多重比较；使用频率（$p = 0.060$），使用强度（$p = 0.323$），使用动机中的休闲娱乐（$p = 0.587$）、关系维护（$p = 0.647$）的显著性概率均大于 0.05，这表明不同受教育程度组的受访者的微信使用频率，使用强度，使用动机中的休闲娱乐、关系维护无显著性差异，不再进行事后多重比较。在以受访者受教育程度为标识的分组中，使用时长、使用动机中的信息获取的方差齐性检验的显著性概率 $p < 0.05$，方差不齐，违反方差同质假设，采用 Dunnett' T3 法进行事后多重比较。

表 3-10 不同受教育程度组微信使用差异的方差分析（$n = 438$）

变量		平方和	自由度	均方	方差齐性检验		方差检验	
					Levene	Sig.	F	Sig.
使用时长	群组之间	13.674	3	4.558	4.454	.004	2.990	.031
	在群组内	661.605	434	1.524				
	总计	675.279	437					
使用频率	群组之间	8.019	3	2.673	.658	.578	2.484	.060
	在群组内	467.061	434	1.076				
	总计	475.080	437					
使用强度	群组之间	2.418	3	.806	1.484	.218	1.164	.323
	在群组内	300.656	434	.693				
	总计	303.074	437					
使用动机	信息获取 群组之间	8.026	3	2.675	3.275	.021	2.925	.034
	信息获取 在群组内	397.031	434	.915				
	信息获取 总计	405.058	437					
	自我表达与关系拓展 群组之间	13.468	3	4.489	.794	.498	4.285	.005
	自我表达与关系拓展 在群组内	454.673	434	1.048				
	自我表达与关系拓展 总计	468.141	437					

变量			平方和	自由度	均方	方差齐性检验		方差检验	
						Levene	Sig.	F	Sig.
使用动机	休闲娱乐	群组之间	1.770	3	.590	1.574	.195	.645	.587
		在群组内	397.192	434	.915				
		总计	398.962	437					
	关系维护	群组之间	1.247	3	.416	.530	.662	.552	.647
		在群组内	326.883	434	.753				
		总计	328.130	437					

在使用时长上，结合不同受教育程度组受访者微信使用时长均值分析可以得出，硕士研究生及以上组（M＝3.58）显著高于高中及以下组（M＝2.98）（见表3-11）。

在使用动机中的自我表达与关系拓展方面，高中及以下组（M＝3.49）显著高于硕士研究生及以上组（M＝3.11）；大学专科组（M＝3.67）显著高于大学本科组（M＝3.24）；大学专科组（M＝3.67）显著高于硕士研究生及以上组（M＝3.11）。

表3-11　不同受教育程度组微信使用差异的事后多重比较（$n=438$）

变量		各组均值描述				事后多重比较	
		高中及以下	大学专科	大学本科	硕士研究生及以上		
使用时长		2.98	3.54	3.33	3.58	Dunnett' T3	④>①
使用频率		3.83	4.06	3.99	4.24	—	
使用强度		3.89	4.13	3.90	3.98	—	
使用动机	信息获取	3.98	3.97	3.64	3.63	Dunnett' T3	—
	自我表达与关系拓展	3.49	3.67	3.24	3.11	LSD 法	①>④，②>③，②>④
	休闲娱乐	3.83	3.83	3.68	3.66	—	
	关系维护	4.00	4.21	4.16	4.19	—	

注：显著性水平为0.05；组别序号，即高中及以下为①、大学专科为②、大学本科为③、硕士研究生及以上为④。

四 不同月收入水平组微信使用差异分析

采用单因素方差分析法对不同月收入水平组受访者的微信使用（使用时长、使用频率、使用强度、使用动机）的差异进行分析。在以受访者月收入水平为标识的分组中（见表3-12），使用时长、使用动机中的自我表达与关系拓展的方差齐性检验的显著性概率$p>0.05$，接受方差齐性假设。进一步的方差检验结果表明，在以月收入水平为标识的分组中，使用时长的显著性概率（$p=0.002$）小于0.05，这表明不同月收入水平的受访者的微信使用时长具有显著性差异；为了进一步比较不同月收入水平组在使用时长上的具体差异，采用LSD法进行事后多重比较；使用动机中的自我表达与关系拓展的显著性概率（$p=0.238$）大于0.05，这表明不同月收入水平组的受访者在自我表达与关系拓展动机上无显著性差异，不再进行事后多重比较。在以受访者月收入水平为标识的分组中，使用频率，使用强度，使用动机中的信息获取、休闲娱乐、关系维护的方差齐性检验的显著性概率$p<0.05$，方差不齐，违反方差同质假设，采用Dunnett' T3法进行事后多重比较。

表3-12 不同月收入水平组微信使用差异的方差分析（$n=438$）

变量		平方和	自由度	均方	方差齐性检验		方差检验	
					Levene	Sig.	F	Sig.
使用时长	群组之间	23.212	3	7.737	1.807	.145	5.150	.002
	在群组内	652.067	434	1.502				
	总计	675.279	437					
使用频率	群组之间	23.583	3	7.861	2.744	.043	7.557	.000
	在群组内	451.496	434	1.040				
	总计	475.080	437					
使用强度	群组之间	3.419	3	1.140	3.747	.011	1.651	.177
	在群组内	299.655	434	.690				
	总计	303.074	437					

续表

变量			平方和	自由度	均方	方差齐性检验		方差检验	
						Levene	Sig.	F	Sig.
使用动机	信息获取	群组之间	9.716	3	3.239	4.338	.005	3.555	.014
		在群组内	395.341	434	.911				
		总计	405.058	437					
	自我表达与关系拓展	群组之间	4.528	3	1.509	1.472	.221	1.413	.238
		在群组内	463.613	434	1.068				
		总计	468.141	437					
	休闲娱乐	群组之间	8.273	3	2.758	9.579	.000	3.063	.028
		在群组内	390.689	434	.900				
		总计	398.962	437					
	关系维护	群组之间	2.477	3	.826	3.128	.026	1.100	.349
		在群组内	325.653	434	.750				
		总计	328.130	437					

在微信使用时长上，结合不同月收入水平组受访者微信使用时长均值可以得出，月收入3001~5000元组（M=3.52）显著高于3000元及以下组（M=3.17），月收入5001~8000元组（M=3.73）显著高于3000元及以下组（M=3.17），月收入8000元以上组（M=3.60）显著高于月收入3000元及以下组（M=3.17）（见表3-13）。

表3-13　不同月收入水平组微信使用差异的事后多重比较（n=438）

变量		各组均值描述				事后多重比较	
		3000元及以下	3001~5000元	5001~8000元	8000元以上		
使用时长		3.17	3.52	3.73	3.60	LSD法	②>①，③>①，④>①
使用频率		3.83	4.18	4.32	4.40	Dunnett' T3	②>①，③>①，④>①
使用强度		3.87	4.05	4.07	3.91	Dunnett' T3	—
使用动机	信息获取	3.64	3.87	3.85	3.41	Dunnett' T3	—

变量		各组均值描述				事后多重比较	
		3000 元及以下	3001～5000 元	5001～8000 元	8000 元以上		
使用动机	自我表达与关系拓展	3.29	3.36	3.28	3.00	—	—
	休闲娱乐	3.73	3.80	3.76	3.33	Dunnett' T3	—
	关系维护	4.15	4.18	4.26	3.98	Dunnett' T3	—

注：显著性水平为 0.05；组别序号，3000 元及以下为①，3001～5000 元为②，5001～8000 元为③，8000 元以上为④。

在微信使用频率上，结合不同月收入水平组受访者微信使用频率均值可以得出，月收入 3001～5000 元组（M＝4.18）显著高于 3000 元及以下组（M＝3.83），月收入 5001～8000 元组（M＝4.32）显著高于 3000 元及以下组（M＝3.83），月收入 8000 元以上组（M＝4.40）显著高于月收入 3000 元及以下组（M＝3.83）。

五　不同生育状况组微信使用差异分析

采用独立样本 t 检验的方法来分析不同生育状况的受访者在微信使用（使用时长、使用频率、使用强度、使用动机）上的差异。在以生育状况为标识的分组中（见表 3-14），受访者的使用频率，使用强度，使用动机中的信息获取、自我表达与关系拓展、休闲娱乐的方差齐性的显著性概率 $p>0.05$，F 检验不显著，接受方差齐性假设，采用"假设方差相等"情况下的"均值方程的 t 检验"结果；使用时长、使用动机中的关系维护的显著性概率 $p<0.05$，F 检验显著，方差不齐，采用"假设方差不相等"情况下的"均值方程的 t 检验"结果。进一步的均值方程的 t 检验结果表明，在不同生育状况分组中，受访者的使用时长（$p=0.980>0.05$），使用频率（$p=0.612>0.05$），使用强度（$p=0.596>0.05$），使用动机中的自我表达与关系拓展（$p=0.836>0.05$）、休闲娱乐（$p=0.250>0.05$）、关系维护（$p=0.776>0.05$）均无显著差异。使用动机中的信息获取（$p=0.012<0.05$）呈现显著差异。

表 3-14　微信使用在生育状况上的独立样本 t 检验 （n＝438）

变量		方差方程的 Levene 检验		均值方程的 t 检验		
		F	Sig.	t	df	Sig.（双侧）
使用时长	假设方差相等	4.739	.030	-.024	436	.981
	假设方差不相等			-.025	364.444	.980
使用频率	假设方差相等	1.086	.298	-.507	436	.612
	假设方差不相等			-.520	359.938	.604
使用强度	假设方差相等	1.682	.195	-.531	436	.596
	假设方差不相等			-.510	294.055	.611
使用动机	信息获取 假设方差相等	.086	.770	2.520	436	.012
	信息获取 假设方差不相等			2.443	303.737	.015
	自我表达与关系拓展 假设方差相等	.028	.868	.208	436	.836
	自我表达与关系拓展 假设方差不相等			.206	327.592	.837
	休闲娱乐 假设方差相等	.638	.425	1.152	436	.250
	休闲娱乐 假设方差不相等			1.122	307.948	.263
	关系维护 假设方差相等	4.041	.045	.301	436	.763
	关系维护 假设方差不相等			.285	282.605	.776

　　结合不同生育状况组的微信使用差异描述性统计（见表 3-15）可以得出，有子女组的（M＝3.86）使用动机中的信息获取显著高于无子女组（M＝3.62）。

表 3-15　不同生育状况组的微信使用差异描述性统计 （n＝438）

单位：人

变量	生育状况	人数	均值	标准偏差	标准误均值
使用时长	无子女	277	3.40	1.292	0.078
	有子女	161	3.40	1.159	0.091
使用频率	无子女	277	4.05	1.077	0.065
	有子女	161	4.10	0.982	0.077
使用强度	无子女	277	3.94	0.782	0.047
	有子女	161	3.98	0.915	0.072

变量		生育状况	人数	均值	标准偏差	标准误均值
使用动机	信息获取	无子女	277	3.62	0.914	0.055
		有子女	161	3.86	1.027	0.081
	自我表达与关系拓展	无子女	277	3.26	1.026	0.062
		有子女	161	3.28	1.053	0.083
	休闲娱乐	无子女	277	3.66	0.918	0.055
		有子女	161	3.77	1.015	0.080
	关系维护	无子女	277	4.15	0.796	0.048
		有子女	161	4.17	0.978	0.077

第五节 微信使用对关系影响的回归分析

本节首先对各变量进行相关分析，以确定各变量间的相关关系，并排除共线性可能。此后，再分别以关系强度、关系资源、关系活跃程度为因变量，进行3次回归分析，以检验自变量社交媒介使用（即使用时长、使用频率，使用强度，使用动机中的信息获取、自我表达与关系拓展、关系维护、休闲娱乐）对关系三维度各自的影响。

一 各变量的相关分析

在进行回归分析前，先对研究变量间的相关性进行检验，以初步检验自变量（使用时长，使用频率，使用强度，使用动机中的信息获取、自我表达与关系拓展、关系维护、休闲娱乐）与因变量（关系强度、关系资源、关系活跃程度）之间的关系。如果自变量与因变量之间没有相关性，则没必要作进一步的回归分析；反之，则进一步通过回归分析验证它们之间的关系。同时，通过相关分析能对自变量之间的共线性问题进行了解，如果自变量间的相关性非常大（大于0.75），则表示可能存在共线性问题。

从相关矩阵的结果（见表3-16）可以发现，自变量使用时长，使用频率，使用强度，使用动机中的信息获取、自我表达与关系拓展、关系维护、休闲娱乐与因变量关系强度均具有一定的相关性；自变量微信使用时长，使用强度，使用动机中的信息获取、自我表达与关系拓展、休闲娱乐和因变量关系资源具有一定的相关性，但是，自变量微信使用频率、使用动机中的关系维护与因变量关系资源的相关性不显著；自变量使用强度，使用动机中的信息获取、自我表达与关系拓展、关系维护、休闲娱乐和因变量关系活跃程度具有一定相关性，但是，自变量使用时长、使用频率与因变量关系活跃程度的相关性不显著。后续回归分析将参照此部分相关性检验结果，对于自变量与因变量之间没有显著相关性的，不再作出进一步回归分析；对于自变量与因变量之间具有相关性的，进一步通过回归分析验证关系。同时，结果显示不存在共线性问题的趋势。

表 3-16　各变量的相关分析（$n = 438$）

	使用时长	使用频率	使用强度	使用动机				关系强度	关系资源	关系活跃程度
				信息获取	自我表达与关系拓展	关系维护	休闲娱乐			
使用时长	1									
使用频率	.592**	1								
使用强度	.333**	.362**	1							
使用动机 信息获取	.183**	.134**	.512**	1						
自我表达与关系拓展	.180**	.100*	.440**	.629**	1					
关系维护	.198**	.221**	.637**	.459**	.400**	1				
休闲娱乐	.190**	.135**	.541**	.594**	.579**	.535**	1			
关系强度	.142**	.135**	.385**	.425**	.583**	.352**	.442**	1		
关系资源	.112**	0.038	.138**	.265**	.474**	0.065	.253**	.540**	1	
关系活跃程度	0.028	-0.008	.205**	.328**	.476**	.137**	.318**	.557**	.616**	1

注：* 为 $p < 0.05$，** 为 $p < 0.01$。

二　微信使用与关系强度的回归分析

从相关矩阵的结果可以发现，自变量微信使用时长，使用频率，使用强度，使用动机中的信息获取、自我表达与关系拓展、关系维护、休闲娱乐与因变量关系强度具有一定的相关性，可以进行进一步的回归分析验证。

接下来以同时"输入"法，将自变量微信使用时长，使用频率，使用强度，使用动机中的信息获取、自我表达与关系拓展、关系维护、休闲娱乐同时投入回归模型，以验证自变量对关系强度的影响。如表 3-17 所示，自变量共可解释因变量关系强度的 37.0% 的变异量。Durbin Watson 统计值为 1.896，非常接近 2，表明不存在自相关问题。容忍值均大于 0.462，VIF 均小于 2.166，表明不存在共线性问题。方差分析结果 F 值为 36.056，显著性为 0.000，表明模型整体解释变异量达到显著。

表 3-17　微信使用与关系强度的回归分析结果（$n = 438$）

		关系强度				
		非标准化系数	标准误	标准化系数	容忍值	VIF
	使用时长	-.018	.030	-.028	.626	1.597
	使用频率	.037	.037	.049	.609	1.642
	使用强度	.077	.053	.082	.462	2.166
使用动机	信息获取	.007	.044	.009	.495	2.020
	自我表达与关系拓展	.351 ***	.039	.467 ***	.533	1.874
	关系维护	.049	.047	.054	.538	1.857
	休闲娱乐	.074	.044	.092	.497	2.014

模型摘要：$R^2 = .370$，$F = 36.056^{***}$，$\triangle R^2 = .370$，$\triangle F = 36.056^{***}$，Durbin Watson $= 1.896$

注：* 为 $p < 0.05$，** 为 $p < 0.01$，*** 为 $p < 0.001$。

根据回归系数的显著性检验结果可以发现，微信使用动机中自我表达与关系拓展（B = 0.467，$p < 0.001$）对食品安全风险认知情境下的关系强度具有显著正向影响；微信使用时长，使用频率，使用强度，使用动机中的信息获取、关系维护、休闲娱乐对食品安全风险认知情境下的关系强度影响不显著。在此，将微信使用与关系强度的回归分析检验结果进行汇总，整理并绘制"微信使用与风险认知情境下关系强度的回归分析结果"示意图（见图 3-1）。

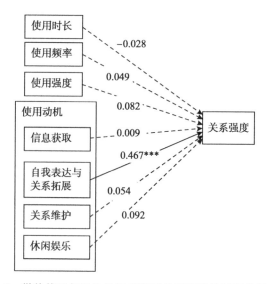

图 3-1 微信使用与风险认知情境下关系强度的回归分析结果

注：实线为显著，虚线为不显著；＊为 $p<0.05$，＊＊为 $p<0.01$，＊＊＊为 $p<$ 0.001。

三 微信使用与关系资源的回归分析

从相关矩阵的结果可以发现，自变量微信使用时长，使用强度，使用动机中的信息获取、自我表达与关系拓展、休闲娱乐与因变量关系资源具有一定的相关性，可以进行进一步的回归分析验证；自变量微信使用频率、使用动机中的关系维护与因变量关系资源不具有显著相关性，因此不再进行进一步的回归分析。

以同时"输入"法将自变量微信使用时长，使用强度，使用动机中的信息获取、自我表达与关系拓展、休闲娱乐投入回归模型，以验证自变量对关系资源的影响。如表 3-18 所示，自变量共可解释因变量关系资源的 23.4% 的变异量。Durbin Watson 统计值为 1.955，非常接近 2，表明不存在自相关问题。容忍值均大于 0.498，VIF 均小于 2.008，表明不存在共线性问题。方差分析结果 F 值为 26.322，显著性为 0.000，表明模型整体解释变异量达到显著。

表 3-18　微信使用与关系资源的回归分析结果（$n=438$）

		关系资源				
		非标准化系数	标准误	标准化系数	容忍值	VIF
使用时长		.047	.038	.056	.887	1.127
使用强度		-.128	.068	-.102	.603	1.657
使用动机	信息获取	-.029	.065	-.027	.498	2.008
	自我表达与关系拓展	.524***	.058	.517***	.535	1.868
	休闲娱乐	.016	.064	.014	.523	1.911

模型摘要：$R^2=.234$，$F=26.322***$，$\triangle R^2=.234$，$\triangle F=26.322***$，Durbin Watson $=1.955$

注：* 为 $p<0.05$，** 为 $p<0.01$，*** 为 $p<0.001$。

根据回归系数的显著性检验结果，可以发现，微信使用动机中自我表达与关系拓展（B = 0.517，$p<0.001$）对食品安全风险认知情境下的关系资源具有显著正向影响；微信使用时长，使用强度，使用动机中的信息获取、休闲娱乐对食品安全风险认知情境下的关系资源影响不显著。在此，将微信使用与关系资源的回归分析的检验结果进行汇总，整理并绘制"微信使用与风险认知情境下关系资源的回归分析结果"示意图（见图 3-2）。

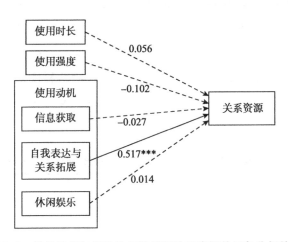

图 3-2　微信使用与风险认知情境下关系资源的回归分析结果

注：实线为显著，虚线为不显著；* 为 $p<0.05$，** 为 $p<0.01$，*** 为 $p<0.001$。

111

四 微信使用与关系活跃程度的回归分析

从相关矩阵的结果可以发现，自变量微信使用强度，使用动机中的信息获取、自我表达与关系拓展、关系维护、休闲娱乐与因变量关系活跃程度具有一定的相关性，可以进行进一步的回归分析验证；自变量微信使用时长、使用频率与因变量关系活跃程度不具有相关性，因此，不再进行进一步的回归分析。

接下来以同时"输入"法将自变量微信使用强度，使用动机中的信息获取、自我表达与关系拓展、关系维护、休闲娱乐投入回归模型，以验证自变量对关系活跃程度的影响。如表 3-19 所示，自变量共可解释因变量关系活跃程度的 23.8% 的变异量。Durbin Watson 统计值为 1.969，非常接近 2，表明不存在自相关问题。容忍值均大于 0.495，VIF 均小于 2.019，表明不存在共线性问题。方差分析结果 F 值为 26.938，显著性为 0.000，表明模型整体解释变异量达到显著。

根据回归系数的显著性检验结果可以发现，微信使用动机中自我表达与关系拓展（B=0.432，$p<0.001$）对食品安全风险认知情境下的关系活跃程度具有显著正向影响，关系维护（B=-0.117，$p<0.05$）对食品安全风险认知情境下的关系活跃程度具有显著负向影响，微信使用强度，使用动机中的信息获取、休闲娱乐对食品安全风险认知情境下的关系活跃程度影响不显著。在此，将微信使用与关系活跃程度回归分析的检验结果进行汇总，整理并绘制"微信使用与风险认知情境下关系活跃程度的回归分析结果"示意图（见图 3-3）。

表 3-19　微信使用与关系活跃程度的回归分析结果 （$n = 438$）

		关系活跃程度				
		非标准化系数	标准误	标准化系数	容忍值	VIF
使用强度		.019	.072	.015	.513	1.949
使用动机	信息获取	.049	.063	.046	.495	2.019
	自我表达与关系拓展	.425 ***	.056	.432 ***	.536	1.866

续表

		关系活跃程度				
		非标准化系数	标准误	标准化系数	容忍值	VIF
使用动机	关系维护	-.137*	.067	-.117*	.539	1.854
	休闲娱乐	.101	.063	.095	.498	2.007

模型摘要: $R^2 = .238$, $F = 26.938^{***}$, $\triangle R^2 = .238$, $\triangle F = 26.938^{***}$, Durbin Watson = 1.969

注: * 为 $p<0.05$, ** 为 $p<0.01$, *** 为 $p<0.001$。

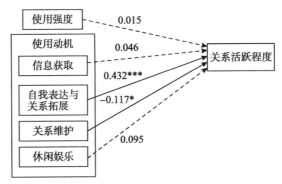

图 3-3 微信使用与风险认知情境下关系活跃程度的回归分析结果

注: 实线为显著, 虚线为不显著; * 为 $p<0.05$, ** 为 $p<0.01$, *** 为 $p<0.001$。

五 假设检验结果

对应本章前文所提出的研究假设, 对假设检验结果进行汇总 (见表 3-20)。可以发现, 假设检验 H1 "微信使用时长显著正向影响关系"被拒绝; 假设检验 H2 "微信使用频率显著正向影响关系"被拒绝; 假设检验 H3 "微信使用强度显著正向影响关系"被拒绝; 假设检验 H4 "微信使用动机中的信息获取显著正向影响关系"被拒绝; 假设检验 H5 "微信使用动机中的自我表达与关系拓展显著正向影响关系"得到支持; 假设检验 H6 "微信使用动机中的关系维护显著正向影响关系"被拒绝; 假设检验 H7 "微信使用动机中的休闲娱乐显著正向影响关系"被拒绝。

表 3-20　假设检验结果汇总

假设	假设内容	检验结果
H1	微信使用时长显著正向影响关系	不成立
H2	微信使用频率显著正向影响关系	不成立
H3	微信使用强度显著正向影响关系	不成立
H4	微信使用动机中的信息获取显著正向影响关系	不成立
H5	微信使用动机中的自我表达与关系拓展显著正向影响关系	成立
H6	微信使用动机中的关系维护显著正向影响关系	不成立
H7	微信使用动机中的休闲娱乐显著正向影响关系	不成立

本章小结

本章节内容基于"社交媒体环境下风险认知情境中的关系及其结构维度"正式问卷数据，对公众的微信使用情况及其群体差异性展开了分析，并检验了微信使用对社交媒介环境下风险认知情境中关系的影响。对应本章节开始提出的研究问题，对相关的研究结论进行总结与讨论。

1. 社交媒介使用现状及其群体差异

在微信使用上，公众的微信使用时长、使用频率、使用强度、使用动机均呈现了较高水平；在使用动机中，均值从高到低依次是关系维护、信息获取和娱乐休闲、自我表达与关系拓展，四个方面的动机均具有较高水平（尤其是前三者）。本研究结果与早先的《2016 年中国社交应用用户行为研究报告》调查结果基本相符，但是也有所差异。《2016 年中国社交应用用户行为研究报告》对微信朋友圈、微博、QQ 空间三种典型社交应用的用户进行了调查，结果显示，用户在三种典型社交应用的使用上有一定差异。其中，微信朋友圈使用目的从高到低排序依次是："和朋友互动，增进和朋友之间的感情""分享生活内容""关注及获取感兴趣的内容""及时了解新闻热点""发表对新闻热点事件的评论"，但并没有涉及"认识更多新朋友"。在本研究的数据分析中，使用动机中的休闲娱乐呈现了较高水平，同时自我表达与关系拓展作为使用动机中的一个因子，均值水平虽然低于其他三类使用动机，但是自身也具有较高的水平。本研究认为，结果差异原因可能来自如下几个方面。

第一，本研究所进行的微信使用动机考察，不局限于微信朋友圈的使用动机，涵盖了微信平台上各类功能的使用，包括微信群、微信"看一看"、微信公众号等。艾媒咨询发布的《2019年中国移动社交行业研究报告》指出，微信不断拓宽产品，如开放注册小游戏、上线"即刻视频"、上线"好看"社交推荐等。① 因此，本研究基于微信平台上的多功能使用所进行的动机考察，与先前《2016年中国社交应用用户行为研究报告》中单独考察微信朋友圈使用的相比，确实可能存在差异。

第二，伴随微信平台上多种功能的不断开发与拓展，在"休闲娱乐""自我表达与关系拓展"方面，微信平台提供了更多的现实可能性，也随之成为人们进行"休闲娱乐""自我表达与关系拓展"的重要工具。例如，微信小游戏、"摇一摇"、购物等，可以满足用户的"休闲娱乐"使用动机，微信群、微信朋友圈、点赞、评论、"附近的人"、"摇一摇"等，可以满足用户"自我表达与关系拓展"的使用动机。《2017微信用户 & 生态研究报告》显示，"在满足熟人关系链沟通后，微信好友中的'泛好友'越来越多"。该报告对微信用户"新增的微信好友"的调查显示，从高到低依次是"泛工作关系（如同事、同行）""亲戚、朋友（非工作关系）""陌生人社交（如游戏网友）""服务人员（如中介、导游）""其他"。② 可以认为，伴随微信多方面功能的拓展与发展，微信用户的使用动机也随之呈现一些新的变化。

此外，在微信使用上，存在一定的群体差异。具体情况如下。

其一，在微信使用时长方面，微信使用时长在特定的性别、受教育程度、月收入水平上存在一定差异：女性的微信使用时长显著高于男性；硕士研究生及以上组显著高于高中及以下组；月收入3001～5000元组显著高于3000元及以下组，月收入5001～8000元组显著高于3000元及以下组，月收入8000元以上组显著高于3000元及以下组。

---

① 《艾媒报告 ｜ 2019年中国移动社交行业研究报告》，搜狐，http://www.sohu.com/a/298991546_533924，最后访问时间：2022年10月20日。

② 《2017微信用户 & 生态研究报告》，搜狐，http://www.sohu.com/a/138987943_483389，最后访问时间：2019年9月5日。

其二，在微信使用频率方面，微信使用频率在特定的年龄段、月收入水平上存在差异：26～30 岁组显著高于 18～25 岁组，26～30 岁组显著高于 50 岁以上组，31～35 岁组显著高于 50 岁以上组，41～50 岁组显著高于 50 岁以上组；月收入 3001～5000 元组显著高于 3000 元及以下组，月收入 5001～8000 元组显著高于 3000 元及以下组，月收入 8000 元以上组显著高于 3000 元及以下组。

其三，在微信使用强度方面，女性的微信使用强度显著高于男性的微信使用强度。

其四，在微信使用动机方面，在信息获取动机上，41～50 岁组显著高于 18～25 岁组，50 岁以上组显著高于 18～25 岁组；有子女组的信息获取动机显著高于无子女组。在休闲娱乐动机上，女性休闲娱乐的动机水平显著高于男性。被验证对关系具有显著正向影响的"自我表达与关系拓展"动机在特定受教育群体间存在一定的差异，高中及以下组显著高于硕士研究生及以上组；大学专科组显著高于大学本科组；大学专科组显著高于硕士研究生及以上组。

2. 社交媒介使用对风险认知情境中关系的影响

微信使用中的"自我表达与关系拓展"动机显著正向影响风险认知情境下的关系强度、关系资源、关系活跃程度；微信使用中的"关系维护"动机显著负向影响风险认知情境下的关系活跃程度。

接下来围绕自变量微信使用时长、使用频率、使用强度、使用动机对风险认知情境中关系的影响分别进行讨论。

使用时长与使用频率对关系的影响。在相关的研究中，使用时长与使用频率一直是重要的考察变量。早期研究也显示了它们的有效解释力。但是，当更多的社交媒介使用维度被同时纳入考察后，它们一定程度上呈现了解释的无效性。可以认为，在同一种社交媒介的使用中，伴随媒介功能的开发与拓展，使用者可能出现不同的媒介使用方式，单纯的使用时长、使用频率的解释力势必会有所削弱，甚至是无效的。在本研究中，这一点再次得到印证，微信使用时长、使用频率并没有对社交媒介环境下风险认知情境中的关系强度、关系资源、关系活跃程度产生显著影响。可以认为，在当下社交媒介使用的考察中，使用时长、使用频率虽然是重要的考察变量，但是还要综合考虑媒介使用中的其他维度要素。

　　使用强度对关系的影响。在既有相关研究中，使用强度呈现了较高的解释力。在测量上，部分研究将使用时间、使用频率一并纳入使用强度之中。本研究对它们进行了区分。王玲宁的实证调查研究显示，微信使用强度（包括内容使用强度和关系使用强度）与个体关系的规模（指微信朋友圈的人数、微信群的数量，在其研究中被界定为"结构性社会资本"）显著正相关。[①] 周懿瑾、魏佳纯的实证调查研究显示，微信评论强度对关系（包括弱连结的关系网络和强连结的关系网络，其研究界定为"桥接型社会资本"与"凝聚型社会资本"）具有显著正向促进作用。[②] 在本研究中，微信使用强度对社交媒介环境下风险认知情境中的关系强度、关系资源、关系活跃程度均没有表现出显著影响。得出这一结果的可能原因有：第一，如同使用时长、使用频率的检验一样，在社交媒介功能的日渐拓展下，同一社交媒介平台上的使用行为也渐趋多样化、差异化，单纯地使用强度确实已经无法有效地解释如此多样化、差异化微信使用行为所产生的结果（如社交媒介环境下风险认知情境中的关系的差异）；第二，本部分研究中对关系的考察与测量是针对社交媒介环境下风险认知情境中的，并非对常态性、日常性关系的考察。以往的研究大多是验证了社交媒介使用强度对常态性、日常性关系（如常态、日常情境下关系的整体数量、规模等）的显著影响，它们均不与特定风险情境相关联。因此，也可能是微信使用强度显著影响了公众常态化关系的整体数量、规模等，但是对公众风险认知情境下的关系强度（即公众与分享了风险相关信息的"关系人"亲密程度、信任程度、交流频率）、关系资源（即公众在社交媒介平台上所可能获得的用以了解、辨识、防范、规避、解决相关类型风险的信息、知识、能力、权力支持等）、关系活跃程度（即公众与社交媒介平台上的"关系人"通过相关类型风险信息的转发、点赞、评论等建立、增进、维系彼此联系的频繁程度）的影响并没有达到显著水平。

---

① 王玲宁：《微信使用行为对个体社会资本的影响》，《新闻大学》2015 年第 6 期。
② 周懿瑾、魏佳纯：《"点赞"还是"评论"？社交媒体使用行为对个人社会资本的影响——基于微信朋友圈使用行为的探索性研究》，《新闻大学》2016 年第 1 期。

使用动机对关系的影响。不同的需求动机，会使得主体在社交媒介使用时的应用类型接触、活动类型接触表现出一定的或巨大的差异，或者使主体在使用同一应用类型或参与同一活动类型时，其心态表现出一定或巨大差异。因此，在诸多社交媒介使用因素被同时纳入考量时，使用动机表现出了很好的解释力。王玲宁的实证调查研究显示，微信使用动机中的信息获取显著负向影响关系资源（指心理和情感的支持、得到的帮助、社会资源的扩展，在其研究中被界定为"资源性社会资本"），微信使用动机中的人际关系维护与拓展、自我表达与认同、娱乐放松则显著正向影响关系资源。①

本研究结果显示，社交媒介使用中自我表达与关系拓展动机显著正向影响风险认知情境中关系强度、关系资源、关系活跃程度。结合访谈可以发现，当受访者具有自我表达与关系拓展动机时，往往会通过一些方式（如添加新的微信好友、通过"中介人"加入新的微信群、积极参与群组讨论等）寻求与更多新的"关系人"（如食品安全风险情境下相关行业的"关系人"）建立联系，这提升了食品安全风险情境下相关行业"关系人"的数量，也提升了公众个体可以用于了解、辨识、防范、规避、解决该类风险问题的知识、信息、能力、权力资源。同样，基于自我表达与关系拓展动机，受访者会更为积极地与一些新的"关系人"产生互动，这些"关系人"包括了传递、分享了食品安全风险相关信息的"关系人"。受访者表示会通过更新朋友圈、互相点赞、评论、群组讨论、发表评论等增进与新"关系人"的互动，在此过程中，彼此的信任程度、亲密程度、交流频率不断提升，关系强度也随之得到增强。另外，具有自我表达与关系拓展需求与动机的受访者，在信息传递与分享、自我表达上具有较高的积极性与活跃性，同时，通过这些方式建立、增进自己与"关系人"彼此联系的积极性与活跃性也较高。因此，其自身往往也能更为敏锐地、快速地、有效地察觉并感知到"关系人"任何信息传递与分享（包括食品安全风险信息传递与分享）的积极性与活跃性，以及"关系人"通过任何信息传递与分享（如食品安全风险信息传递与分享）来建立、增进彼此关系的积极性、活跃

① 王玲宁：《微信使用行为对个体社会资本的影响》，《新闻大学》2015年第6期。

性，其感知到的风险认知情境下的关系活跃程度得到提升。

本研究结果显示，社交媒介使用中关系维护动机显著负向影响风险认知情境下的关系活跃程度。区别于关系拓展，关系维护更倾向于与已有的、熟悉的"关系人"互动，来维持彼此的感情。得出这样的研究结果，原因可能有以下几点。第一，结合访谈发现，具有单纯的、较强的"关系维护"动机的受访者，会积极、主动地和朋友进行互动，如采用一对一微信聊天、群聊、更新朋友圈、彼此点赞或评论等方式，在信息传递与分享的基础上进行互动，其信息主题虽然涉及很多方面，如日常生活事件、情感、心情、学习工作近况、家庭生活、购物、美妆、美食、旅行等，但是对于风险信息（如食品安全风险相关的信息）的传递与分享却非常少。第二，具有单纯的、较强的关系维护动机的受访者，对风险信息（如食品安全风险相关的信息）、公共事件信息（如食品安全风险事件信息）并不非常在意。因此，某些"关系人"对风险信息传递与分享（如食品安全风险信息传递与分享）的积极性与活跃性，以及通过风险信息传递与分享（如食品安全风险信息传递与分享）来建立彼此联系的积极性、活跃性感知并不敏感，甚至迟钝。

微信应用的用户市场主要在中国，因此，它往往作为我国国内社交媒介平台的典型代表被国内研究者考察。针对微信及其使用对关系的影响研究，"主要集中于对微信朋友圈关系建构的分析以及微信对人际关系影响的新媒体效果研究方面，总的来说比较缺乏实证研究"。[①] 本研究对此进行了实证考察，为该方面研究提供了经验性材料。当然，本研究中所考察的关系是在社交媒介环境下风险认知情境中的关系，并非日常情境下的关系，可以说是在原有研究基础上的进一步聚焦与推进。最后，本部分研究得出了社交媒介使用对风险认知情境下关系强度、关系资源、关系活跃程度的显著影响，印证了风险认知情境下的关系在社交媒介技术及其使用中的改变。这在一定程度上正好佐证了后续研究开展的必要性与价值性。基于风险认知情境下关系变革的现实局面，还有必要进一步考察变化了的关系如何影响风险认知结果。

---

① 　王玲宁：《微信使用行为对个体社会资本的影响》，《新闻大学》2015 年第 6 期。

第四章　关系对风险认知过程
与结果的影响

第一节　本章主要研究问题、研究假设与理论模型

一　主要研究问题

基于本研究中风险认知定义、风险认知过程分析框架，本章将主要围绕关系对风险认知过程与结果的影响进行考察，即依托风险认知过程分析框架，深度剖析关系各维度对风险认知过程环节、风险认知结果的影响及其作用路径。本章节主要研究问题如下。

第一，社交媒介环境下风险认知情境中，公众关系现状如何？群体差异怎样？

第二，社交媒介环境下，公众的风险信息接收、信息加工、风险认知结果的现状如何？群体差异怎样？

第三，社交媒介环境下，关系如何影响公众风险认知的过程与结果？

二　研究假设

关于"社交媒介环境下，关系如何影响公众风险认知的过程与结果"这一主要研究问题，第二章的文献探讨与分析表明，现有研究已经揭示了风险认知影响因素中的部分关系性因素。同时，第三章对社交媒介环境下风险认知情境中关系结构维度的研究，已经验证了关系强度、关系资源、关系活

跃程度对风险认识结果总体水平的影响。在此，本部分研究提出如下假设。

　　H1：关系三维度显著直接正向影响风险认知结果

　　　H1a：关系强度显著直接正向影响风险认知结果

　　　H1b：关系资源显著直接正向影响风险认知结果

　　　H1c：关系活跃程度显著直接正向影响风险认知结果

　　第二章的文献探讨与分析表明，诸多研究已经证实了关系对不同情境下信息输入（如信息接收、信息收集、信息获取等）影响的普遍存在，同时，部分研究证实了信息输入在关系与认知结果之间的中介作用。在风险情境下，公众个体依托社交媒介关系通路的信息接收已经成为常态，基于社交媒介所建构与维系的关系充当着风险相关信息的载体、渠道与"把关人"，影响甚至决定着公众个体所能看到、接收到的信息及其相关附加价值。在风险认知研究领域，现存研究已经普遍揭示了风险认知受到了信息各方面特征（如可信度或信任度、有用性等）的影响。同时，本研究的相关访谈发现了社交媒介环境下风险认知情境中的关系会通过信息接收对风险认知产生影响。在此，本研究提出如下假设。

　　H2：关系三维度显著正向影响信息接收

　　　H2a：关系强度显著正向影响信息接收

　　　H2b：关系资源显著正向影响信息接收

　　　H2c：关系活跃程度显著正向影响信息接收

　　H3：信息接收在关系与风险认知结果之间具有显著中介效应

　　　H3a：信息接收在关系强度与风险认知结果之间具有显著中介效应

　　　H3b：信息接收在关系资源与风险认知结果之间具有显著中介效应

　　　H3c：信息接收在关系活跃程度与风险认知结果之间具有显著中介效应

　　第二章的文献探讨与分析表明，现有研究已经广泛揭示了信息加工对风险认知结果的影响。系统式加工及其影响因素的研究表明，系统式加工受到了具体信息（如信息的充足性、可信度等）的影响。社交媒介环境下风险认知情境中，关系极大程度地影响并决定着个体所接收到的有效信息量（与信息充足性密切相关）及其他方面价值特征（如可信度），因此，关系或将通过信息接收影响系统式加工，并进一步影响风险认知结果。在本研究的访谈中，有受访者表示："如果信息是很亲密、平时交流很多的朋友分享给我的，我会觉得信息对我肯定是很有用的，我会更认真地去看、去思考。""家族群有医生亲戚，他们在家族群里发的信息让我觉得是更值得相信的、也很有用，自己会因此更认真地去思考、去研究。""朋友圈的人分享食品安全信息很活跃，看到的这种信息也很多，会觉得这是大家都很关心的问题、都想解决的问题，会更认真地去分析、思考这个问题。"等。在此，本研究提出如下假设。

　　H4：信息接收在关系与系统式加工中具有显著中介效应

　　　H4a：信息接收在关系强度与系统式加工中具有显著中介效应

　　　H4b：信息接收在关系资源与系统式加工中具有显著中介效应

　　　H4c：信息接收在关系活跃程度与系统式加工中具有显著中介效应

　　H5：信息接收、系统式加工在关系与风险认知结果之间存在链式中介效应

　　　H5a：信息接收、系统式加工在关系强度与风险认知结果之间存在链式中介效应

　　　H5b：信息接收、系统式加工在关系资源与风险认知结果之间存在链式中介效应

　　　H5c：信息接收、系统式加工在关系活跃程度与风险认知结果之间存在链式中介效应

　　前文的文献分析对直觉式加工及其影响因素进行了探讨，其中启发式（或直觉式）处理指"个体根据信息的表层线索来处理和做出判断"[1]。有研究指出，人际传播的信息实则可以分为两个方面，即内容方面的信息和关系方面的信息，后者往往比前者更能影响传播的结果。[2] 可

---

①　冯强：《媒体传播对个体风险感知的影响研究——以食品安全议题为个案》，博士学位论文，武汉大学，2014，第37页。

②　刘蒙之：《格雷格里·贝特森对传播学研究的奠基性贡献》，《国际新闻界》2010年第1期。

以认为，基于社交媒介关系通路上的信息传播，关系各维度特征自身就可以成为一种"表层线索"，进而产生对直觉式加工的影响，即关系强度、关系资源、关系活跃程度以"表层线索"的角色影响直觉式加工。它与通过高质量信息接收、进行系统式加工相互对应，也相互区别。在此，本研究提出如下假设。

H6：关系三维度对直觉式加工具有显著正向影响

H6a：关系强度对直觉式加工具有显著正向影响

H6b：关系资源对直觉式加工具有显著正向影响

H6c：关系活跃程度对直觉式加工具有显著正向影响

H7：直觉式加工在关系与风险认知结果之间具有显著中介效应

H7a：直觉式加工在关系强度与风险认知结果之间具有显著中介效应

H7b：直觉式加工在关系资源与风险认知结果之间具有显著中介效应

H7c：直觉式加工在关系活跃程度与风险认知结果之间具有显著中介效应

三　理论模型

关于"社交媒介环境下，关系如何影响公众风险认知的过程与结果"这一主要研究问题，结合前文的文献探讨与分析和上述研究假设，构建研究理论模型。

如图 4-1 所示，关系强度、关系资源、关系活跃程度对风险认知的过程环节产生影响，即关系强度、关系资源、关系活跃程度对信息接收产生影响，并对信息加工产生影响（包括对直觉式加工的直接影响、对系统式加工的间接影响）。同时，关系强度、关系资源、关系活跃程度通过这些过程环节，对风险认知结果产生间接影响。信息接收、系统式加工、直觉式加工在关系与风险认知结果之间具有多重中介效应。其中，关系强度、关系资源、关系活跃程度可以通过信息接收对风险认知结果产生影响；关系强度、关系资源、关系活跃程度可以通过信息接收、系统式加工的链式传递对风险认知结果产生影响；关系强度、关系资源、关系活跃程度还可以通过直觉式加工对风险认知结果产生影响。

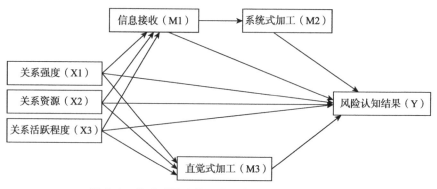

图 4-1 关系对风险认知结果产生影响的机制模型

第二节 研究方法与步骤

一 访谈内容及其运用说明

本章节研究首先基于相关问题的半结构化访谈辅助完成本章节研究理论模型的搭建与"社交媒体环境下食品安全风险认知过程与结果"调查问卷的编制。然后,本章节研究进一步结合访谈内容对后期问卷数据的量化分析结果进行解释与讨论。

二 问卷调查的内容、施测过程、数据分析说明

(一) 问卷内容

本研究中所编制的"社交媒体环境下食品安全风险认知过程与结果"调查问卷主要包括如下几个方面的内容:人口统计学变量、社交媒介环境下风险认知情境中的关系情况、食品安全风险相关信息的接收情况、食品安全风险相关信息的加工情况、食品安全风险相关信息的决策情况(用于后一章节的研究)、食品安全风险认知结果情况。

(二) 问卷施测与数据分析

围绕本章节研究问题,本研究编制了"社交媒体环境下食品安全风险认知过程与结果"预测试问卷,基于问卷预测试数据,进行问卷修订。

本研究结合访谈，并结合国内外相关研究中应用较为广泛、较为成熟的测量量表及其指标，确定社交媒介环境下风险认知情境中信息接收、信息加工、风险认知结果各主要变量的预测试题项。基于回收的预测试问卷，本研究采用 SPSS 22.0 对各部分信度、效度等进行检验，修订相关研究变量的测量题项，确定正式问卷。

本研究采用编制成的"社交媒体环境下食品安全风险认知过程与结果"正式问卷进行施测，并基于正式问卷调查数据对主要问题进行分析与检验。鉴于问卷测量题项较多，在线上发放问卷的过程中，同步配合发放一定数额的线上红包来获得受访者的支持、配合，尽量保证受访者填答的认真程度、真实程度。正式问卷数据分析说明如下：第一，运用 SPSS 22.0 对各主要变量作出描述性统计分析；第二，运用 SPSS 22.0 和 AMOS 24.0 对本部分研究中各变量（关系、信息接收、信息加工、风险认知结果）进行信度与效度检验、一阶与二阶因子验证分析，确定各变量的因子结构，并为后续研究做好数据准备；第三，运用 SPSS 22.0，通过独立样本 t 检验、方差分析等，分析人口统计学变量（性别、年龄段、受教育程度、月收入水平、生育状况）对各主要变量（关系、信息接收、系统式加工、直觉式加工、风险认知结果）的影响；第四，采用相关分析，对各主要变量之间的相关性进行检验；第五，运用 AMOS 24.0 建构关系对风险认知结果产生影响的机制模型，通过路径分析及其显著性检验，对关系之于信息接收、信息加工的显著性影响进行检验；采用偏差校正 Bootstrap 的 SEM 分析，对本研究中的多重中介效应进行检验。

三 预测试问卷的编制与修订说明

结合前面章节的研究结果、本研究访谈、已有研究文献分析，初步拟定了测量关系的 13 个题项、测量信息接收的 13 个题项、测量系统式加工的 4 个题项、测量直觉式加工的 3 个题项、测量风险认知结果的 16 个题项，作为"社交媒体环境下食品安全风险认知过程与结果"预测试问卷主体内容，同时，添加了人口统计学变量测量题项、测量信息决策的 4 个题项，以及其他 2~3 个辅助测量题项。此间，本研究选用的测量工具充分考虑了社交媒介环境下的风险认知情境，并参考了国内外较为成熟的测量量表、指标，确定的主要变量的测量题项如下。

第一，关系。在本章节研究中，社交媒介环境下风险认知情境中的关系考察以第三章中关系的探索性因子分析结果、关系各维度对风险认知结果影响的检验结论为基础，对关系强度、关系资源、关系活跃程度三个维度进行考察与测量，具体测量题项参照第三章中关系强度、关系资源、关系活跃程度所分别对应的6个、4个、3个测试题项。

第二，风险信息接收。立于本研究中风险认知的过程分析框架，风险信息接收指公众个体（也是社交媒介用户）基于社交媒介上的关系通路对风险信息的获得、输入。在本研究中，信息特指与风险相关的各方面信息。在食品安全风险情境，它是指与食品安全风险相关的各方面信息，可以是描述性的、事件性的，也可以是知识性的、评论性的、感性化或逻辑性的。结合文献分析与半结构化访谈发现，本研究主要对风险相关信息接收的有用程度、可信程度、充分程度、热度进行考察（见表4-1）。

信息接收的有用程度。它是指公众接收到的信息能够帮助他们认识食品安全风险、应对和解决可能面临或正在面临的食品安全风险的程度，包括所接收信息的价值性、帮助性、有效信息量。相关测量题项改编自既有相关研究。[1]

信息接收的可信程度。它是指公众接收到食品安全相关的信息的可信任程度，涉及信息接收的真实性、可靠性、准确性。相关测量题项改编自既有相关研究。[2]

信息接收的充分程度。它是指公众接收到的信息对公众认识食品安全风险、应对和解决可能面临或正在面临的食品安全风险所需信息的充分程度，包括信息的全面性、丰富性、知识性。

---

[1]　Stephanie W. Sussman, and Wendy S. Siegal, "Informational Influence in Organizations: An Integrated Approach to Knowledge Adoption," *Information Systems Research* 14 (2003): 47-65.

[2]　Vicki McKinney, Kanghyun Yoon, and Fatemeh M. Zahedi, "The Measurement of Web-Customer Satisfaction: An Expectation and Disconfirmation Approach," *Information Systems Research* 13 (2002): 296-315; Stephanie W. Sussman, and Wendy S. Siegal, "Informational Influence in Organizations: An Integrated Approach to Knowledge Adoption," *Information Systems Research* 14 (2003): 47-65.

　　信息接收的热度。它是指信息接收的及时性、频率、总量、接收信息所来源的"关系人"数量的综合情况。相关测量题项整合并改编了舆情热度的相关指标，同时结合了本研究的访谈发现。

表 4-1　信息接收各维度的初始测量题项

变量名称	题项
有用程度	我接收到的信息很有价值
	我接收到的信息有效信息量很大
	我接收到的信息对我很有帮助
可信程度	我接收到的信息很真实
	我接收到的信息很可靠
	我接收到的信息很准确
充分程度	我接收到的信息很全面
	我接收到的信息很丰富
	我接收到的信息知识性很强
热度	我接收相关信息很及时
	我接收相关信息很频繁
	我接收到相关信息的总量很大
	微信上分享相关信息的"关系人"人数很多

　　第三，风险信息加工。立于本研究中风险认知过程分析框架，信息加工是公众继信息接收之后可能发生的对相关信息的进一步思考与处理。问卷调查会对公众基于所接收到的信息是否进行了进一步思考加工设置 1 个测量题项。在确认受访者看到过、接收到过相关信息时进行了进一步思考加工的情况下，对信息加工方式进行进一步测量。这部分测量依托既有相关研究中启发式/系统式处理的操作化处理模式[1]，并参照国内研究者冯强和石义彬在食品安全风险研究中对测量量表的实证性因子分析结果[2]，对系统式加工、直觉式加工分别设置 4 个题项和 3 个题项进行

---

① 　Craig W. Trumbo, and Katherine A. McComas, "The Function of Credibility in Information Processing for Risk Perception," *Risk Analysis* 23（2003）：343-353.

② 　冯强、石义彬：《媒体传播对食品安全风险感知影响的定量研究》，《武汉大学学报》（人文科学版）2017 年第 2 期。

测量（见表4-2）。

表4-2　信息加工各维度的初始测量题项

变量名称	题项
系统式加工	当信息中出现食品安全问题相关的信息时，我会留神关注
	为了弄清楚食品安全问题，我支持提供更多观点和视角
	食品安全相关信息能帮助我形成对相关问题的看法
	我会努力弄懂食品安全相关信息中的专业术语（如三聚氰胺等）
直觉式加工	对我而言，凭借过去的经验，食品安全问题不会困扰我
	我的信息储备已经足以使我对食品安全问题作出判断
	我感觉我已经很具备寻找和使用食品安全相关信息的能力

第四，风险认知结果。如前文所述，在本研究中，食品安全风险认知结果指公众对食品安全问题所可能导致的性能损失、健康损失、社会损失、生活方式损失的可能性、严重性、熟悉性、可控性的认识与判断。本研究采用食品安全风险认知二维测量模式，对公众食品安全风险认知的水平和内容同时进行考察，以便更为全面地把握公众食品安全风险认知结果。在食品安全风险认知水平方面，本研究主要考察食品安全风险的可能性、严重性、熟悉性、可控性；在食品安全风险认知内容方面，本研究主要考察健康损失、社会损失、性能损失、生活方式损失（见表4-3）。相关测量题项整合改编自既有相关研究。[①]

本研究通过社交媒介平台发放预测试问卷，回收有效问卷256份。依据前面章节内容所述的信效度检验方法、步骤和原则，依托"社交媒体环境下食品安全风险认知过程与结果"预测试问卷数据，对关系、信息接收、信息加工、风险认知结果的测量进行信效度检验、探索性因子分析等，剔除不合格测量题项。如前文所述，本研究主要依据CITC值（需要大于0.5）、Cronbach'α（需要大于0.6）、因子载荷（需要大于0.5，且

---

① 李一川：《风险认知与信任视角下的消费者食品安全风险行为研究》，博士学位论文，武汉大学，2012，第63页；Ruth M. W. Yeung, and Joe Morris, "Consumer Perception of Food Risk in Chicken Meat," *Nutrition & Food Science* 31（2001）：270-279。

不在两个及以上因子上同时大于0.5）等指标，对初始测量题项进行删除与修订。此过程中，删除了信息接收测量题项中"我接收到的信息有效信息量很大""我接收到的信息很全面""我接收相关信息很及时"3个测量题项，形成最终的正式测量问卷。

表4-3 风险认知各维度的初始测量题项

变量名称		测量题项
可能性	健康损失	我觉得食品安全问题影响身体健康的情况随时都可能发生
	社会损失	我觉得公共食品安全事故随时都可能发生
	性能损失	我觉得食用到劣质食品的情况随时都可能发生
	生活方式损失	我觉得人们可能随时都需要因为食品安全问题而限制饮食（如哪些东西不能吃、不能去外面吃等）
严重性	健康损失	我觉得因为食品安全问题影响身体健康的后果很严重
	社会损失	我觉得公共食品安全事故导致的后果很严重
	性能损失	我觉得劣质食品造成的危害很严重
	生活方式损失	我觉得因为食品安全问题而限制饮食（如哪些东西不能吃、不能去外面吃等）的后果很严重
熟悉性	健康损失	我对食品质量问题可能导致的疾病种类、疾病程度有很好的了解
	社会损失	我对已经发生的公共食品安全事故有很好的了解
	性能损失	我能很好地分析、辨识劣质食品
	生活方式损失	我对"因为食品安全问题而限制饮食"（如哪些东西不能吃、不能去外面吃等）有很好的了解
可控性	健康损失	我能采取多种措施确保自己和家人健康不受食品安全问题的危害
	社会损失	我对政府控制公共食品安全事故的能力充满信心
	性能损失	我能采取措施确保自己不购买劣质食品
	生活方式损失	我能采取措施确保自己不用因为食品安全问题而限制饮食

对于信息接收的探索性因子分析，形成了与假设一致的4个因子，分别是信息接收的可信程度、有用程度、充分程度、热度。在对风险认知结果的因子分析中，形成了2个因子，分别命名为可能与严重程度、熟悉与可控程度。在后续正式问卷分析中，将依托正式问卷数据，再次

进行信效度检验，并进行验证性因子分析。

四　正式问卷的回收与数据检验

（一）正式问卷的回收与受访者分析

在"社交媒体环境下食品安全风险认知过程与结果"正式问卷调查中，合计有 693 名受访者参与填答问卷。但是，其中有 134 人表示并没有从本研究列举的途径（即 5 种微信"关系"通路）中看到过、接收到过食品安全风险相关的信息。本章节研究将这样的情况视为信息接收未启动，不再对其信息加工、信息决策进行考察。在剩余 559 名看到过、接收到过食品安全风险相关信息的受访者填答问卷中，删除未成年人填答问卷、无效问卷共 4 份，余下 555 份问卷。

此外，在本次正式问卷中，采用了 1 个题项对受访者面对所接收信息的信息加工启动情况进行了测量，即要求受访者对自己接收到食品安全风险信息之时是否对这些信息作出了进一步思考加工进行回忆，填答为"思考过"的被视为信息加工"有启动"。有效持续问卷填答的 555 人中，有 475 人启动了信息加工。在此，将这 475 份问卷作为本章节研究的分析数据，并对这 475 名受访者的基本情况进行描述性统计分析（见表 4-4）。

表 4-4　受访者基本情况（ $n = 475$ ）

单位：人，%

	描述	人数	占比
性别	女	336	70.7
	男	139	29.3
年龄段	18~25 岁	197	41.5
	26~30 岁	91	19.2
	31~35 岁	69	14.5
	36~40 岁	41	8.6
	41~50 岁	38	8.0
	50 岁以上	39	8.2

续表

	描述	人数	占比
	高中及以下	73	15.4
受教育程度	大学专科	67	14.1
	大学本科	246	51.8
	硕士研究生及以上	89	18.7
	3000 元及以下	243	51.2
月收入水平	3001~5000 元	137	28.8
	5001~8000 元	45	9.5
	8000 元以上	50	10.5
生育状况	无子女	262	55.2
	有子女	213	44.8

从性别来看，女性有 336 人，占 70.7%，男性有 139 人，占 29.3%。这与 2019 年 2 月发布的第 43 次《中国互联网络发展状况统计报告》[①] 中网民整体性别结构中男多女少的情况有些出入，但是这与本研究前期访谈发现较为一致，在食品安全风险问题上，女性比男性往往关注更多，思考也更为积极。

从年龄段来看，18~25 岁的人数为 197 人，占 41.5%；26~30 岁的人数为 91 人，占 19.2%；31~35 岁的人数为 69 人，占 14.5%；36~40 岁的人数为 41 人，占 8.6%；41~50 岁的人数为 38 人，占 8.0%；50 岁以上的人数为 39 人，占 8.2%。可以发现，食品安全风险问题已经成为各个年龄段人群关注与思考的问题。

从受教育程度来看，高中及以下的人数为 73 人，占 15.4%；大学专科人数为 67 人，占 14.1%；大学本科人数为 246 人，占 51.8%；硕士研究生及以上人数为 89 人，占 18.7%。可以发现，各个教育层次的人对食品安全风险问题均有一定的关注与思考。当然，相对于第 43 次《中国互联网络发展状况统计报告》中网民整体教育结构比例来说，本部分受访者表现出了更高的受教育水平。这具备一定的合理性，即在社交媒介关

---

① 《第 43 次〈中国互联网络发展状况统计报告〉》，国家互联网信息办公室网站，http://www.cac.gov.cn/2019-02/28/c_1124175677.htm，最后访问时间：2019 年 9 月 10 日。

系通路中食品安全风险相关信息接收之后，还能进一步对相关问题进行思考的人可能具有更高的受教育水平、更好的思考能力。

从月收入水平来看，3000 元及以下的人数为 243 人，占 51.2%；3001~5000 元的人数为 137 人，占 28.8%；5001~8000 元的人数为 45 人，占 9.5%；8000 元以上的人数为 50 人，占 10.5%。这与第 43 次《中国互联网络发展状况统计报告》中网民整体的收入结构比例较为接近。可以认为，各月收入水平的人对于食品安全风险问题都有一定的关注与思考。

从生育状况来看，无子女的人数为 262 人，占 55.2%；有子女的人数为 213 人，占 44.8%。

（二）正式问卷数据信度检验

1. 关系的信度分析

如表 4-5 所示，关系强度、关系资源、关系活跃程度各测量题项的 CITC 值均大于 0.5，不存在无效题项；三者的 Cronbach' α 分别为 0.878、0.928、0.919，均大于 0.8，表明该部分测量具有良好的信度。

表 4-5　社交媒介环境下风险认知情境中关系的信度分析 （*n* = 475）

变量名称	测量指标	CITC	Alpha if Item Deleted	Cronbach' α
强度	QMCD1	.665	.860	0.878
	QMCD2	.681	.857	
	XRCD1	.709	.853	
	XRCD2	.651	.863	
	JLPL1	.745	.846	
	JLPL2	.658	.862	
资源	ZY1	.849	.900	0.928
	ZY2	.718	.943	
	ZY3	.877	.891	
	ZY4	.887	.887	
活跃程度	HYCD1	.827	.891	0.919
	HYCD2	.865	.859	
	HYCD3	.816	.899	

2. 风险认知结果的信度分析

如表 4-6 所示，各测量题项的 CITC 值均大于 0.5，不存在无效题项；风险认知结果中的可能与严重程度、熟悉与可控程度的 Cronbach' α 分别为 0.931、0.917，均大于 0.9，表明该部分测量具有很好的信度。

表 4-6　风险认知结果的信度分析 （$n = 475$）

变量名称	测量指标	CITC	Alpha if Item Deleted	Cronbach' α
可能与严重程度	KNX1	.804	.919	0.931
	KNX2	.812	.918	
	KNX3	.790	.920	
	KNX4	.690	.928	
	YZX1	.829	.917	
	YZX2	.829	.917	
	YZX3	.817	.918	
	YZX4	.549	.938	
熟悉与可控程度	SXX1	.713	.907	0.917
	SXX2	.768	.902	
	SXX3	.764	.903	
	SXX4	.753	.904	
	KKX1	.776	.902	
	KKX2	.630	.915	
	KKX3	.712	.907	
	KKX4	.692	.909	

3. 风险信息接收的信度分析

如表 4-7 所示，信息接收的各测量题项的 CITC 值均大于 0.5，不存在无效题项；信息接收可信程度、有用程度、充分程度、热度的 Cronbach' α 分别为 0.925、0.839、0.859、0.864，均大于 0.8，表明该部分测量具有很好的信度。

表 4-7 信息接收的信度分析（n=475）

变量维度	测量指标	CITC	Alpha if Item Deleted	Cronbach' α
可信程度	KX1	.814	.918	
	KX2	.860	.879	0.925
	KX3	.866	.876	
有用程度	YY1	.724	–	
	YY2	.724	–	0.839
充分程度	CF1	.752	–	
	CF2	.752	–	0.859
热度	RD1	.757	.797	
	RD2	.757	.795	0.864
	RD3	.713	.837	

4. 风险信息加工的信度分析

如表 4-8 所示，信息加工的各测量题项的 CITC 值均大于 0.5，不存在无效题项；系统式加工、直觉式加工的 Cronbach' α 分别为 0.855、0.842，均大于 0.8，表明该部分测量具有较好的信度。

表 4-8 信息加工的信度分析（n=475）

变量名称	测量指标	CITC	Alpha if Item Deleted	Cronbach' α
系统式加工	XTJG1	.692	.819	
	XTJG2	.727	.803	
	XTJG3	.743	.797	0.855
	XTJG4	.636	.844	
直觉式加工	ZJJG1	.657	.827	
	ZJJG2	.750	.738	0.842
	ZJJG3	.715	.772	

（三）正式问卷数据的验证性因子分析与效度检验

如前文所述，在问卷前测过程中，本研究已经对主要变量进行了探索性因子分析（EFA）。在此，本部分研究运用验证性因子分析（CFA）来对测量数据的效度进行检验。本部分研究主要从内容效度、收敛效度、区别效度三个方面来进行。验证性因子分析可以说是进行结构方程模型分析的一个前置步骤或基础架构①，在此，本节内容也是为后续章节中基于结构方程模型的研究做好数据准备。

本研究中的初始测量题项均建立在文献分析和访谈的基础之上，同时，经过了相关领域研究人员对预测试过程中相关测量题项的删减与修订，可以认为，具有较好的内容效度。

收敛效度可以反映多个测量题项是否会收敛于一个因素（潜变量）。本部分研究中，对收敛效度的判断结合以下三个方面的指标进行：第一，标准因子载荷值需要大于0.5；第二，组合信度（Composite Reliability，CR）需要大于0.7；第三，平方差提取量（Average Variance Extracted，AVE）需要高于0.5。

区别效度反映的是不同因素间的差异化程度，即不同因素是否被分离开。本部分研究采用潜变量平方差提取量（AVE）的平方根与其他潜变量间相关系数的大小比较来进行区别效度的检验。检验标准为两个潜变量间的 AVE 平方根大于两个潜变量间的相关系数。

在验证性因子分析中，需要首先确定因子结构模型是可以识别的。t 法则是用于判断模型是否可识别的常用法。在结构方程模型中，t 代表模型中的自由估计参数数目，若共有 $(p+q)$ 个测量变量，则模型可识别的一个必要条件是：$t \leq DP = (m+n)(m+n+1)/2$。②

在模型识别基础上，需要进行模型拟合评价，即综合模型的拟合优度指标，对模型的拟合情况作出判断。本研究参考相关研究者对结构方程模型拟合度的评价指标范围及标准说明，采用如表4-9所示的6个指标及其评价标准进行后续模型评价。

表 4-9　模型拟合评价判断标准

类型	评估指标	取值范围	评价标准
绝对 拟合指数	CMIN/DF	0 以上	通常采用 CMIN/DF<5

---

① 邱皓政、林碧芳：《结构方程模型的原理与应用》，中国轻工业出版社，2012，第93页。
② 邱皓政、林碧芳：《结构方程模型的原理与应用》，中国轻工业出版社，2012，第46页。

类型	评估指标	取值范围	评价标准
绝对 拟合指数	GFI	0~1	该值越接近 1 表示模型拟合度越好；该值大于 0.9，表明模型拟合度较好；该值位于 0.8~0.9，表明模型拟合较为合理
	RMSEA	0 以上	该值越接近 0 表示模型拟合度越好，通常采用 RMSEA<0.1
相对 拟合指数	NFI	0~1	该值越接近 1 表示模型拟合度越好；该值大于 0.9，表明模型拟合度较好；该值位于 0.8~0.9，表明模型拟合可以接受
	CFI	0~1	该值越接近 1 表示模型拟合度越好；该值大于 0.9 时，模型拟合度较好
	IFI	0~1	该值越接近 1 表示模型拟合度越好；该值大于 0.9 时，模型拟合度较好

1. 关系的验证性因子分析与效度检验

（1）模型识别

社交媒介环境下风险认知情境中关系的因子结构模型由 3 个潜变量强度、资源、活跃程度组成，3 个潜变量对应的观察指标分别有 6 个、4 个、3 个，合计 13 个观察指标。根据模型识别的 t 法则，$(m+n)(m+n+1)/2=91$，模型待估计参数 $t=29<91$，模型可以被识别。

（2）模型评价

运用 AMOS 24.0，采用极大似然估计法（MLE）检验关系的验证性因子模型。参照 MI 修正指标，并结合理论与现实情形分析，释放了残差共变关系。修正后的关系验证性因子分析模型如图 4-2 所示。

从表 4-10 中可以看出，修正后的社交媒介环境下风险认知情境中关系测量模型的拟合指标中，卡方自由度比值小于 5，GFI、NFI、IFI、CFI 适配指标均大于 0.9，RMSEA 小于 0.1，可以认为，模型的拟合度良好。

表 4-10　社交媒介环境下风险认知情境中关系测量模型的拟合评价

CMIN/DF	GFI	NFI	IFI	CFI	RMSEA
2.816	0.946	0.962	0.975	0.975	0.062

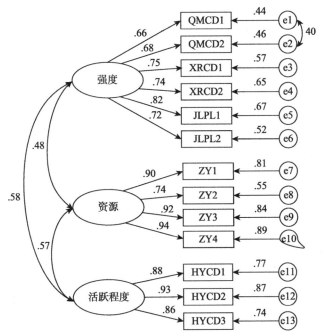

图 4-2 社交媒介环境下风险认知情境中关系的测量模型

（3）收敛效度评价

如表 4-11 所示，从因子载荷来看，13 个测量指标的标准化因素载荷值区间为 0.662～0.942，均大于 0.5；从组合信度来看，强度、资源、活跃程度的组合信度分别为 0.8734、0.9308、0.9199，均大于 0.7；从平方差提取量来看，强度、资源、活跃程度的 AVE 分别为 0.5361、0.7723、0.7930，均大于 0.5，表明各潜变量具有良好的收敛效度。

表 4-11 社交媒介环境下风险认知情境中关系测量模型的系数估计结果

潜变量	测量指标	非标准化因素载荷	S.E.	C.R.	p	标准化因素载荷	组合信度	AVE
强度	QMCD1	1.000				0.662	0.8734	0.5361
	QMCD2	1.026	0.062	16.623	***	0.680		
	XRCD1	1.180	0.084	14.048	***	0.753		
	XRCD2	1.272	0.094	13.594	***	0.745		
	JLPL1	1.331	0.090	14.729	***	0.821		
	JLPL2	1.225	0.091	13.480	***	0.721		

潜变量	测量指标	非标准化因素载荷	S. E.	C. R.	p	标准化因素载荷	组合信度	AVE
资源	ZY1	1.000				0.900	0.9308	0.7723
	ZY2	0.848	0.041	20.459	***	0.741		
	ZY3	1.013	0.032	31.955	***	0.918		
	ZY4	1.070	0.032	33.829	***	0.942		
活跃程度	HYCD1	1.000				0.878	0.9199	0.7930
	HYCD2	1.066	0.037	28.719	***	0.931		
	HYCD3	0.986	0.039	25.318	***	0.861		

注: * 为 0.1 水平达到显著, ** 为 0.05 水平达到显著, *** 为 0.001 水平达到显著。

（4）区别效度评价

如表 4-12 所示，强度、资源、活跃程度的 AVE 平方根分别为 0.732、0.879、0.891，均大于其与其他因子的相关系数，说明具有较好的区别效度。

表 4-12　社交媒介环境下风险认知情境中关系的区别效度检验

	强度	资源	活跃程度
强度	0.732		
资源	0.477	0.879	
活跃程度	0.578	0.575	0.891

2. 风险认知结果的验证性因子分析与效度评价

（1）模型识别

风险认知结果的因子结构模型由 2 个潜变量可能与严重程度、熟悉与可控程度组成，2 个潜变量对应的观察指标分别有 8 个，合计 16 个观察指标。根据模型识别的 t 法则，$(m+n)(m+n+1)/2=136$，模型待估计参数 $t=33<136$，模型可以被识别。

（2）模型评价

运用 AMOS 24.0，采用极大似然估计法（MLE）检验风险认知结果的验证性因子模型。参照 MI 修正指标，并结合理论与现实分析，释放了部分残差共变关系。修正后的关系验证性因子分析模型如图 4-3 所示。

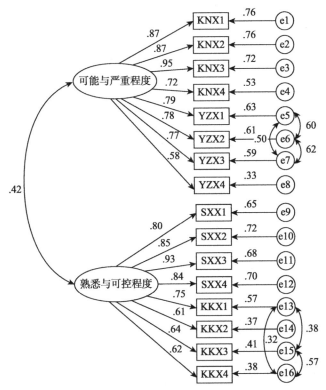

图 4-3　风险认知结果的测量模型

从表 4-13 中可以看出，修正后风险认知结果测量模型的拟合指标中，卡方自由度比值小于 5，GFI、NFI、IFI、CFI 适配指标均大于 0.9，RMSEA 小于 0.1，可以认为，模型的拟合度良好。

表 4-13　风险认知结果测量模型的拟合评价

CMIN/DF	GFI	NFI	IFI	CFI	RMSEA
3.038	0.929	0.950	0.966	0.965	0.066

（3）收敛效度评价

如表 4-14 所示，从因子载荷来看，16 个测量指标的标准化因素载荷值区间为 0.575~0.873，均大于 0.5；从组合信度来看，可能与严重程度、熟悉与可控程度的组合信度分别为 0.9270、0.9092，均大于 0.7；从平方差提取量来看，可能与严重程度、熟悉与可控程度的 AVE 分别为 0.6166、0.5906，均大于 0.5，表明各潜变量具有良好的收敛效度。

表 4-14　风险认知结果测量模型的系数估计结果

潜变量	测量指标	非标准化因素载荷	S. E.	C. R.	p	标准化因素载荷	组合信度	AVE
可能与严重程度	KNX1	1.000				0.871	0.9270	0.6166
	KNX2	0.995	0.039	25.568	***	0.873		
	KNX3	0.946	0.039	24.343	***	0.850		
	KNX4	0.875	0.047	18.722	***	0.725		
	YZX1	0.886	0.041	21.505	***	0.792		
	YZX2	0.917	0.044	21.040	***	0.782		
	YZX3	0.868	0.042	20.555	***	0.771		
	YZX4	0.701	0.052	13.618	***	0.575		
熟悉与可控程度	SXX1	1.000				0.803	0.9092	0.5906
	SXX2	1.046	0.050	21.087	***	0.850		
	SXX3	1.019	0.050	20.301	***	0.827		
	SXX4	1.030	0.050	20.685	***	0.838		
	KKX1	0.922	0.051	17.929	***	0.753		
	KKX2	0.807	0.058	13.822	***	0.609		
	KKX3	0.766	0.052	14.631	***	0.641		
	KKX4	0.706	0.051	13.928	***	0.615		

注：* 为 0.1 水平达到显著，** 为 0.05 水平达到显著，*** 为 0.001 水平达到显著。

（4）区别效度评价

如表 4-15 所示，可能与严重程度、熟悉与可控程度的 AVE 平方根分别为 0.785、0.769，均大于二者之间的相关系数，说明具有较好的区别效度。

表 4-15　风险认知结果的区别效度检验

	可能与严重程度	熟悉与可控程度
可能与严重程度	0.785	
熟悉与可控程度	0.424	0.769

3. 风险信息接收的验证性因子分析与效度检验

（1）模型识别

信息接收的因子结构模型由 4 个潜变量可信程度、有用程度、充分程度、热度组成，4 个潜变量对应的观察指标分别有 3 个、2 个、2 个、3 个，合计 10 个观察指标。根据模型识别的 t 法则，$(m+n)(m+n+1)/2 = 55$，模型待估计参数 $t = 26 < 55$，模型可以被识别。

（2）模型评价

运用 AMOS 24.0，采用极大似然估计法（MLE）检验信息接收的验证性因子模型。信息接收的验证性因子分析模型如图 4-4 所示。

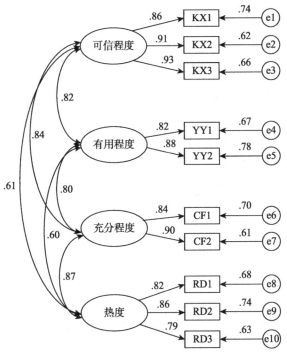

图 4-4 信息接收的测量模型

从表 4-16 中可以看出，信息接收的测量模型的拟合指标中，卡方自由度比值小于 5，GFI、NFI、IFI、CFI 适配指标均大于 0.9，RMSEA 小于 0.1，可以认为，模型的拟合度良好。

表 4-16　信息接收测量模型的拟合评价

CMIN/DF	GFI	NFI	IFI	CFI	RMSEA
3.427	0.961	0.973	0.981	0.981	0.072

（3）收敛效度评价

如表 4-17 所示，从因子载荷来看，10 个测量指标的标准化因素载荷值区间为 0.794~0.927，均大于 0.5；从组合信度来看，可信程度、有用程度、充分程度、热度的组合信度分别为 0.9262、0.8411、0.8598、0.8653，均大于 0.7；从平方差提取量来看，可信程度、有用程度、充分程度、热度的 AVE 分别为 0.8072、0.7260、0.7543、0.6819，均大于0.5，表明各潜变量具有良好的收敛效度。

表 4-17　信息接收测量模型的系数估计结果

潜变量	测量指标	非标准化因素载荷	S.E.	C.R.	p	标准化因素载荷	组合信度	AVE
可信程度	KX1	1.000				0.859	0.9262	0.8072
	KX2	1.020	0.037	27.335	***	0.908		
	KX3	1.021	0.036	28.130	***	0.927		
有用程度	YY1	1.000				0.821	0.8411	0.7260
	YY2	1.119	0.055	20.505	***	0.882		
充分程度	CF1	1.000				0.838	0.8598	0.7543
	CF2	1.077	0.047	22.714	***	0.898		
热度	RD1	1.000				0.823	0.8653	0.6819
	RD2	1.069	0.052	20.368	***	0.859		
	RD3	1.008	0.054	18.685	***	0.794		

注：* 为 0.1 水平达到显著，** 为 0.05 水平达到显著，*** 为 0.001 水平达到显著。

（4）区别效度评价

如表 4-18 所示，可信程度、有用程度、充分程度、热度的 AVE 平方根分别为 0.898、0.852、0.869、0.826，均大于二者之间的相关系数，说明具有较好的区别效度。

表 4-18　信息接收的区别效度检验

	可信程度	有用程度	充分程度	热度
可信程度	0.898			
有用程度	0.822	0.852		
充分程度	0.841	0.805	0.869	
热度	0.614	0.596	0.666	0.826

4. 风险信息加工的验证性因子分析与效度检验

（1）模型识别

信息加工的因子结构模型由 2 个潜变量"系统式加工""直觉式加工"组成，2 个潜变量对应的观察指标分别有 4 个和 3 个，合计 7 个观察指标。根据模型识别的 t 法则，$(m+n)(m+n+1)/2=28$，模型待估计参数 $t=15<28$，模型可以被识别。

（2）模型评价

运用 AMOS 24.0，采用极大似然估计法（MLE）检验信息加工的验证性因子模型。信息加工的验证性因子分析模型如图 4-5 所示。

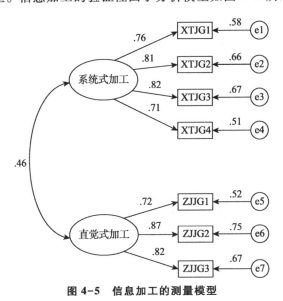

图 4-5　信息加工的测量模型

从表 4-19 中可以看出，信息加工的测量模型的拟合指标中，卡方自由度比值小于 5，GFI、NFI、IFI、CFI 适配指标均大于 0.9，RMSEA 小于

0.1，可以认为，模型的拟合度良好。

表 4-19　信息加工测量模型的拟合评价

CMIN/DF	GFI	NFI	IFI	CFI	RMSEA
4.358	0.967	0.964	0.972	0.972	0.084

（3）收敛效度评价

如表 4-20 所示，从因子载荷来看，7 个测量指标的标准化因素载荷值区间为 0.711~0.868，均大于 0.5；从组合信度来看，系统式加工、直觉式加工的组合信度分别为 0.8586、0.8442，均大于 0.7；从平方差提取量来看，系统式加工、直觉式加工的 AVE 分别为 0.6036、0.6449，均大于 0.5，表明各潜变量具有良好的收敛效度。

表 4-20　信息加工测量模型的系数估计结果

潜变量	测量指标	非标准化因素载荷	S.E.	C.R.	p	标准化因素载荷	组合信度	AVE
系统式加工	XTJG1	1.000				0.764	0.8586	0.6036
	XTJG2	1.123	0.064	17.452	***	0.811		
	XTJG3	1.090	0.063	17.254	***	0.817		
	XTJG4	1.035	0.070	14.774	***	0.711		
直觉式加工	ZJJG1	1.000				0.718	0.8442	0.6449
	ZJJG2	1.207	0.074	16.246	***	0.868		
	ZJJG3	1.165	0.073	15.851	***	0.816		

注：* 为 0.1 水平达到显著，** 为 0.05 水平达到显著，*** 为 0.001 水平达到显著。

（4）区别效度评价

如表 4-21 所示，系统式加工和直觉式加工的 AVE 平方根分别为 0.777、0.803，均大于二者之间的相关系数，说明具有较好的区别效度。

表 4-21　信息加工的区别效度检验

潜变量	系统式加工	直觉式加工
系统式加工	0.777	
直觉式加工	0.464	0.803

5. 风险信息接收的二阶验证性因子分析

如果一阶测量模型的潜在构念间共同反映一个更高阶的潜在因素，这个更高阶的潜在因素位于一阶因素潜在构念之上，那么此种测量模型称为二阶因素模型（second-order factor model）。在二阶因素模型中，高阶潜在因素指向多个一阶因素模型的潜在构念。[①] 在本研究中，二阶因子信息接收的一阶因子为可信程度、有用程度、充分程度、热度。信息接收二阶因子测量模型如图 4-6 所示。在此，运用 AMOS 24.0 进行信息接收二阶验证性因子分析。

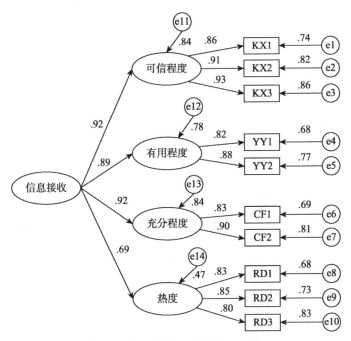

图 4-6 信息接收二阶因子测量模型

如表 4-22 所示，信息接收二阶验证性因子模型的拟合指标值均达到了标准。同时，各标准化因子载荷值均大于 0.5；信息接收二阶因子的组合信度为 0.9166，大于 0.7；信息接收二阶因子的 AVE 为 0.7355，大于 0.5。从整体上看，信息接收二阶验证性因子模型表现了良好的信度和效度。

---

① 吴明隆：《结构方程模型——Amos 实务进阶》，重庆大学出版社，2013，第 63 页。

表4-22 信息接收二阶验证性因子分析结果

二阶因子	一阶因子	标准化因子载荷	信度	AVE	其他拟合指标
信息接收	可信程度	0.916	0.9166	0.7355	CMIN/DF = 3.341，GFI = 0.960，NFI = 0.972，IFI = 0.980，CFI = 0.980，RMSEA = 0.070
	有用程度	0.886			
	充分程度	0.919			
	热度	0.688			

注：＊为0.1水平达到显著，＊＊为0.05水平达到显著，＊＊＊为0.001水平达到显著。

本节依托正式问卷数据，运用 AMOS 24.0 对社交媒介环境下风险认知情境中的关系、信息接收、信息加工、风险认知结果进行了验证性因子分析，并对信息接收二阶因子模型进行验证。分析结果表明，问卷数据具有良好的信度和效度，因子结构良好，这为之后基于结构方程模型的多重中介效应检验等奠定了很好的数据基础。

第三节 关系与公众风险认知的描述性统计分析

一 关系的描述性统计分析

通过合并与均值计算（见表4-23），将社交媒介环境下食品安全风险认知情境中关系各维度进行比较发现，受访者在风险认知情境中的关系强度（M = 3.07）普遍高于关系活跃程度（M = 2.82），关系活跃程度普遍高于关系资源（M = 2.19），关系资源处于最低水平。

表4-23 关系的描述性统计分析（n = 475）

测量维度	测量指标	测量题项	平均数	标准偏差	偏度	峰度
强度	QMCD1	我与他（或他们）很亲密	3.08	.851	.033	-.155
	QMCD2	当我发过一条朋友圈消息后，他（或他们）是最能理解我情绪的	3.17	.849	-.158	-.093
	XRCD1	我对他（或他们）很信任	3.23	.882	-.160	-.069

测量维度	测量指标	测量题项	平均数	标准偏差	偏度	峰度
强度	XRCD2	他（或他们）在朋友圈发布的消息我会无条件相信	2.77	.962	.035	-.475
	JLPL1	我和他（或他们）联系很频繁	3.00	.913	-.004	-.327
	JLPL2	我在朋友圈给他（或他们）点赞、评论很频繁	3.17	.957	-.222	-.439
资源	ZY1	就职于食品监管单位或部门的"关系人"数量	2.11	1.026	.612	-.372
	ZY2	就职于媒体单位的"关系人"数量	2.39	1.056	.422	-.496
	ZY3	医生、从事食品安全研究的科学工作者、学术研究者	2.11	1.019	.584	-.383
	ZY4	加入了食品安全相关的权益保护组织、群组的"关系人"数量	2.16	1.048	.512	-.626
活跃程度	HYCD1	他们经常在朋友圈、微信群，或"一对一"转发食品安全风险相关的信息	2.77	.964	-.019	-.488
	HYCD2	他们经常在朋友圈、微信群，或"一对一"发表关于食品安全风险相关的看法、观点、评论	2.77	.969	.008	-.557
	HYCD3	他们经常对食品安全风险相关信息点赞、点击"在看"	2.91	.969	-.217	-.492

二　风险认知的描述性统计分析

（一）风险信息接收的描述性统计分析

通过合并与均值计算（见表4-24），将社交媒介环境下食品安全风险认知情境中风险信息接收各维度进行比较发现，在社交媒介环境下食

表4-24　食品安全风险相关信息接收的描述性统计分析（n=475）

测量维度	测量指标	测量题项	平均数	标准偏差	偏度	峰度
可信程度	KX1	我接收到的信息很真实	3.08	.795	-.148	.519
	KX2	我接收到的信息很可靠	3.07	.767	-.055	.465
	KX3	我接收到的信息很准确	3.02	.753	-.008	.599

测量维度	测量指标	测量题项	平均数	标准偏差	偏度	峰度
有用程度	YY1	我接收到的信息很有价值	3.19	.773	−.207	.113
	YY2	我接收到的信息对我很有帮助	3.22	.806	−.276	−.040
充分程度	CF1	我接收到的信息很丰富	3.20	.809	−.265	.238
	CF2	我接收到的信息知识性很强	3.12	.813	−.125	.366
热度	RD1	我接收相关信息很频繁	3.17	.839	−.171	−.233
	RD2	我接收到相关信息的总量很大	3.16	.860	−.038	−.289
	RD3	微信上分享相关信息的"关系人"人数很多	3.11	.877	−.177	−.211

品安全风险情境中,受访者的食品安全风险相关信息接收有用程度（M=3.21）、充分程度（M=3.16）、热度（M=3.15）较为理想,相较而言,信息接收可信程度（M=3.06）相对较低。

（二）风险信息加工的描述性统计分析

通过合并与均值计算（见表4-25）,受访者的系统式加工水平（M=3.6125）高于直觉式加工水平（M=3.0767）。配对样本t检验结果显示,受访者在食品安全风险相关的系统式加工方面与直觉式加工方面存在显著差异（$t=15.520$, $df=474$, $p<0.001$）。这表明,在针对食品安全风险相关信息的加工上,公众个体倾向于采用系统式加工。

表4-25　食品安全风险相关信息加工的描述性统计分析（$n=475$）

测量维度	测量指标	测量题项	平均数	标准偏差	偏度	峰度
系统式加工	XTJG1	当信息中出现食品安全问题相关的信息时,我会留神关注	3.76	.752	−.893	1.681
	XTJG2	为了弄清楚食品安全问题,我支持提供更多观点和视角	3.61	.796	−.531	.330
	XTJG3	食品安全相关信息能帮助我形成对相关问题的看法	3.66	.767	−.650	.834
	XTJG4	我会努力弄懂食品安全相关信息中的专业术语（如三聚氰胺等）	3.42	.837	−.471	.073

测量维度	测量指标	测量题项	平均数	标准偏差	偏度	峰度
直觉式加工	ZJJG1	对我而言，凭借过去的经验，食品安全问题不会困扰我	3.08	.826	-.119	-.151
	ZJJG2	我的信息储备已经足以使我对食品安全问题作出判断	3.06	.824	.086	-.416
	ZJJG3	我感觉我已经很具备寻找和使用食品安全相关信息的能力	3.09	.846	-.186	-.127

（三）风险认知结果的描述性统计分析

本研究对于食品安全风险认知结果中认知内容的考察涵盖了健康损失、社会损失、性能损失、生活方式损失四个方面，对食品安全风险认知结果水平的考察涵盖了食品安全风险的可能性、严重性、熟悉性、可控性。如前文所述，食品安全风险认知结果可以分为可能与严重程度和熟悉与可控程度。

通过合并与均值计算（见表 4-26），可能与严重程度（M=3.8125）高于熟悉与可控程度（M=3.3518）。配对样本 t 检验结果显示，可能与严重程度和熟悉与可控程度存在显著差异（$t=13.733$，$df=474$，$p<0.001$）。这表明，在食品安全风险认知结果上，公众的可能与严重程度显著高于熟悉与可控程度。

从可能与严重程度的各方面内容来看，各方面内容"可能性"的排序从高到低依次是健康损失、性能损失、社会损失、生活方式损失，四者均值大小接近。各方面内容"严重性"的排序从高到低依次是性能损失、社会损失、健康损失、生活方式损失，前三者均值大小接近。对于性能损失食物的食用，往往导致后续诸多的严重后果（如严重的健康损失及其他），因此，受访者对其严重性认识和判断稍强于单独考察的社会损失、健康损失。

从熟悉与可控程度的各方面内容来看，各方面内容"熟悉性"的排序从高到低依次是生活方式损失、健康损失、社会损失、性能损失，四者均值大小接近。各方面内容"可控性"的排序从高到低依次是性能损失、生活方式损失、健康损失、社会损失，四者均值大小接近。受访者对食品安全风险社会损失和健康损失的可控性认识与判断相对较弱。

表 4-26　风险认知结果的描述性统计分析（ *n* = 475 ）

维度	内容	测量指标	测量题项	平均数	标准偏差	偏度	峰度
可能与严重程度	健康损失	KNX1	我觉得食品安全问题影响身体健康的情况随时都可能发生	3.82	.845	−.742	.761
	社会损失	KNX2	我觉得公共食品安全事故随时都可能发生	3.73	.838	−.658	.599
	性能损失	KNX3	我觉得食用到劣质食品的情况随时都可能发生	3.76	.819	−.588	.453
	生活方式损失	KNX4	我觉得人们可能随时都需要因为食品安全问题而限制饮食（如哪些东西不能吃、不能去外面吃等）	3.65	.888	−.659	.388
	健康损失	YZX1	我觉得因为食品安全问题影响身体健康的后果很严重	3.92	.823	−.649	.583
	社会损失	YZX2	我觉得公共食品安全事故导致的后果很严重	3.98	.863	−.688	.255
	性能损失	YZX3	我觉得劣质食品造成的危害很严重	4.01	.828	−.677	.416
	生活方式损失	YZX4	我觉得因为食品安全问题而限制饮食（如哪些东西不能吃、不能去外面吃等）的后果很严重	3.63	.897	−.494	.022
熟悉与可控程度	健康损失	SXX1	我对食品质量问题可能导致的疾病种类、疾病程度有很好的了解	3.27	.846	−.230	−.144
	社会损失	SXX2	我对已经发生的公共食品安全事故有很好的了解	3.25	.837	−.134	−.111
	性能损失	SXX3	我能很好地分析、辨识劣质食品	3.23	.838	−.117	−.254
	生活方式损失	SXX4	我对"因为食品安全问题而限制饮食"（如哪些东西不能吃、不能去外面吃等）有很好的了解	3.31	.836	−.258	.114
	健康损失	KKX1	我能采取多种措施确保自己和家人健康不受食品安全问题的危害	3.40	.832	−.360	−.009

维度	内容	测量指标	测量题项	平均数	标准偏差	偏度	峰度
熟悉与可控程度	社会损失	KKX2	我对政府控制公共食品安全事故的能力充满信心	3.39	.901	-.321	-.040
	性能损失	KKX3	我能采取措施确保自己不购买劣质食品	3.48	.812	-.317	.071
	生活方式损失	KKX4	我能采取措施确保自己不用因为食品安全问题而限制饮食	3.48	.780	-.314	.116

第四节　人口统计学变量对关系与风险认知的影响

一　不同性别组的差异分析

在此，采用独立样本 t 检验的方法来分析不同性别的受访者在关系强度、资源、活跃程度，风险认知结果中的可能与严重程度、熟悉与可能程度，风险认知过程中的信息接收、系统式加工、直觉式加工上的差异。

在性别分组中（见表4-27），关系资源、活跃程度，风险认知结果中的可能与严重程度、熟悉与可控程度，风险认知过程中的信息接收、系统式加工、直觉式加工的方差齐性的显著性概率 $p > 0.05$，F 检验不显著，接受方差齐性假设，采用"假设方差相等"情况下的"均值方程的 t 检验"结果；关系强度的方差齐性的显著性概率 $p < 0.05$，方差不齐，采

表4-27　受访者在性别上的独立样本 t 检验（$n = 475$）

变量		方差方程的 Levene 检验		均值方程的 t 检验		
		F	Sig.	t	df	Sig.（双侧）
强度	假设方差相等	7.035	.008	.521	473	.603
	假设方差不相等			.560	305.125	.576
资源	假设方差相等	.003	.959	1.462	473	.144
	假设方差不相等			1.490	268.511	.137

续表

变量		方差方程的Levene检验		均值方程的t检验		
		F	Sig.	t	df	Sig.（双侧）
活跃程度	假设方差相等	.064	.801	.254	473	.800
	假设方差不相等			.255	259.982	.799
可能与严重程度	假设方差相等	2.983	.085	−3.584	473	.010
	假设方差不相等			−2.500	240.197	.013
熟悉与可控程度	假设方差相等	.200	.655	−.043	473	.966
	假设方差不相等			−.043	258.051	.966
信息接收	假设方差相等	2.695	.101	.740	473	.459
	假设方差不相等			.712	237.130	.477
系统式加工	假设方差相等	1.460	.228	1.707	473	.088
	假设方差不相等			1.689	251.859	.092
直觉式加工	假设方差相等	.109	.741	−2.407	473	.016
	假设方差不相等			−2.534	289.591	.012

用"假设方差不相等"情况下的"均值方程的t检验"结果。进一步的均值方程的t检验结果表明，在以性别为标识的分组中，资源、活跃程度、熟悉与可控程度、信息接收、系统式加工均无显著差异；可能与严重程度（$p = 0.010 < 0.05$）、直觉式加工（$p = 0.016 < 0.05$）在两组之间存在显著差异。

结合不同性别组的差异性描述统计（见表4-28）可以发现：第一，在对食品安全风险的可能与严重程度的认知方面，女性对食品安全风险可能

表4-28 不同性别组的差异性描述统计分析（$n = 475$）

单位：人

变量	性别	人数	均值	标准偏差	标准误均值
强度	女	336	3.0585	.74550	.04067
	男	139	3.0959	.62425	.05295
资源	女	336	2.1510	.95127	.05190
	男	139	2.2896	.90952	.07714

续表

变量	性别	人数	均值	标准偏差	标准误均值
活跃程度	女	336	2.8115	.90118	.04916
	男	139	2.8345	.89224	.07568
可能与严重程度	女	336	3.8653	.67760	.03697
	男	139	3.6844	.73387	.06225
熟悉与可控程度	女	336	3.3527	.66556	.03631
	男	139	3.3498	.66437	.05635
信息接收	女	336	3.1479	.61367	.03348
	男	139	3.1007	.67486	.05724
系统式加工	女	336	3.6473	.65240	.03559
	男	139	3.5342	.66906	.05675
直觉式加工	女	336	3.0238	.74609	.04070
	男	139	3.1990	.65904	.05590

与严重程度的认知（M = 3.8653）显著高于男性（M = 3.6844）；第二，在针对食品安全风险信息的直觉式加工方面，男性的直觉式加工（M = 3.1990）显著高于女性（M = 3.0238），这在一定程度上说明，在食品安全风险问题的思考上，男性的直觉式加工比女性更为突出。

二 不同年龄段组的差异分析

在此，采用单因素方差分析法对不同年龄段组受访者的关系强度、资源、活跃程度，风险认知结果中的可能与严重程度、熟悉与可控程度，风险认知过程中的信息接收、系统式加工、直觉式加工的差异进行分析。

在以年龄段为标识的分组中（见表4-29），除了资源之外，其他变量的方差齐性检验的显著性概率p>0.05，接受方差齐性假设。进一步的方差检验结果表明，在以年龄段为标识的分组中，强度、活跃程度、可能与严重程度、熟悉与可控程度、信息接收、系统式加工、直觉式加工的显著性概率均小于0.05，这表明不同年龄段受访者的强度、活跃程度、可能与严重程度、熟悉与可控程度、信息接收、系统式加工、直觉式加工均具有显著性差异。为了进一步比较不同年龄段在以上各变量上的具体差异，采用"假定方差齐性"时的 LSD 法进行事后多重比较。同时，资源的方差齐性检验的显著性概率 $p<0.05$，方差不齐，违反方差同质假设，采用 Dunnett' T3 法进行事后多重比较。

表 4-29　不同年龄段组的方差分析（$n=475$）

变量		平方和	自由度	均方	方差齐性检验		方差检验	
					Levene	Sig.	F	Sig.
强度	群组之间	14.063	5	2.813	1.464	.200	5.836	.000
	在群组内	226.034	469	.482				
	总计	240.096	474					
资源	群组之间	10.037	5	2.007	2.674	.021	2.301	.044
	在群组内	409.154	469	.872				
	总计	419.191	474					
活跃程度	群组之间	17.542	5	3.508	.941	.454	4.515	.000
	在群组内	364.434	469	.777				
	总计	381.975	474					
可能与严重程度	群组之间	17.194	5	3.439	2.127	.061	7.531	.000
	在群组内	214.162	469	.457				
	总计	231.355	474					
熟悉与可控程度	群组之间	12.231	5	2.446	.067	.997	5.821	.000
	在群组内	197.077	469	.420				
	总计	209.308	474					
信息接收	群组之间	8.542	5	1.708	.929	.462	4.434	.001
	在群组内	180.686	469	.385				
	总计	189.227	474					
系统式加工	群组之间	15.42	5	3.084	.928	.462	7.605	.000
	在群组内	190.197	469	.406				
	总计	205.617	474					
直觉式加工	群组之间	11.831	5	2.366	.685	.635	4.671	.000
	在群组内	237.602	469	.507				
	总计	249.433	474					

如表 4-30 所示，可以得出以下结论。

第一，在关系强度上，31～35 岁组（M＝3.2560）、36～40 岁组（M＝3.2561）、41～50 岁组（M＝3.3246）、50 岁以上组（M＝3.3120）均显著高于 18～25 岁组（M＝2.9332）；31～35 岁组（M＝3.2560）、36～40 岁组（M＝3.2561）、41～50 岁组（M＝3.3246）、50 岁以上组（M＝3.3120）均显著高于 26～30 岁组（M＝2.9286）。

第二，在关系资源上，31～35 岁组（M＝2.3913）显著高于 50 岁以上组（M＝1.8205）。

第三，在关系活跃程度上，31～35 岁组（M＝3.1208）、41～50 岁组（M＝3.0263）、50 岁以上组（M＝3.1282）均显著高于 18～25 岁组（M＝2.7073）；31～35 岁组（M＝3.1208）、41～50 岁组（M＝3.0263）、50 岁以上组（M＝3.1282）均显著高于 26～30 岁组（M＝2.6264）。

第四，关于食品安全风险认知结果中的可能与严重程度，31～35 岁组（M＝4.0562）、36～40 岁组（M＝4.1738）、41～50 岁组（M＝3.9868）、50 岁以上组（M＝3.9103）均显著高于 18～25 岁组（M＝3.6758）；31～35 岁组（M＝4.0562）、36～40 岁组（M＝4.1738）、41～50 岁组（M＝3.9868）、50 岁以上组（M＝3.9103）均显著高于 26～30 岁组（M＝3.6456）。

第五，关于食品安全风险认知结果中的熟悉与可控程度，31～35 岁组（M＝3.4620）、41～50 岁组（M＝3.7533）、50 岁以上组（M＝3.5128）均显著高于 18～25 岁组（M＝3.2430）；31～35 岁组（M＝3.4620）、41～50 岁组（M＝3.7533）、50 岁以上组（M＝3.5128）均显著高于 26～30 岁组（M＝3.2225）；41～50 岁组（M＝3.7533）显著高于 31～35 岁组（M＝3.4620）；41～50 岁组（M＝3.7533）显著高于 36～40 岁组（M＝3.4512）。

第六，在食品安全风险信息接收上，31～35 岁组（M＝3.3913）、36～40 岁组（M＝3.2488）、41～50 岁组（M＝3.2895）均显著高于 18～25 岁组（M＝3.0376）；31～35 岁组（M＝3.3913）显著高于 26～30 岁组（M＝3.0692）；31～35 岁组（M＝3.3913）显著高于 50 岁以上组（M＝3.0462）。

第七，在针对食品安全风险信息的系统式加工上，31～35 岁组（M＝

3.8877）、36~40 岁组（M = 3.8354）、41~50 岁组（M = 3.8421）、50 岁以上组（M = 3.7244）均显著高于 18~25 岁组（M = 3.4708）；31~35 岁组（M = 3.8877）、36~40 岁组（M = 3.8354）、41~50 岁组（M = 3.8421）、50 岁以上组（M = 3.7244）均显著高于 26~30 岁组（M = 3.4753）。

第八，在针对食品安全风险信息的直觉式加工上，31~35 岁组（M = 3.2899）、41~50 岁组（M = 3.2719）、50 岁以上组（M = 3.3419）均显著高于 18~25 岁组（M = 2.9289）；31~35 岁组（M = 3.2899）显著高于 26~30 岁组（M = 3.0293）；50 岁以上组（M = 3.3419）显著高于 26~30 岁组（M = 3.0293）。

表 4-30　不同年龄段组的事后多重比较（n = 475）

变量	各组均值描述						事后多重比较	
	18~25 岁	26~30 岁	31~35 岁	36~40 岁	41~50 岁	50 岁以上		
强度	2.9332	2.9286	3.2560	3.2561	3.3246	3.3120	LSD	③>①，④>①，⑤>①，⑥>①，③>②，④>②，⑤>②，⑥>②
资源	2.1713	2.2665	2.3913	2.0427	2.2961	1.8205	Dunnett' T3	③>⑥
活跃程度	2.7073	2.6264	3.1208	2.7805	3.0263	3.1282	LSD	③>①，⑤>①，⑥>①，③>②，⑤>②，⑥>②
可能与严重程度	3.6758	3.6456	4.0562	4.1738	3.9868	3.9103	LSD	③>①，④>①，⑤>①，⑥>①，③>②，④>②，⑤>②，⑥>②
熟悉与可控程度	3.2430	3.2225	3.4620	3.4512	3.7533	3.5128	LSD	③>①，⑤>①，⑥>①，③>②，⑤>②，⑥>②，⑤>③，⑤>④
信息接收	3.0376	3.0692	3.3913	3.2488	3.2895	3.0462	LSD	③>①，④>①，⑤>①，⑥>①，③>②，③>⑥
系统式加工	3.4708	3.4753	3.8877	3.8354	3.8421	3.7244	LSD	③>①，④>①，⑤>①，⑥>①，③>②，④>②，⑤>②，⑥>②

变量	各组均值描述						事后多重比较	
	18~25 岁	26~30 岁	31~35 岁	36~40 岁	41~50 岁	50 岁以上		
直觉式加工	2.9289	3.0293	3.2899	3.0813	3.2719	3.3419	LSD	③＞①，⑤＞①，⑥＞①，③＞②，⑥＞②

注：显著性水平为 0.05；组别序号，即 18~25 岁为①、26~30 岁为②、31~35 岁为③、36~40 岁为④、41~50 岁为⑤、50 岁以上为⑥。

三 不同受教育程度组的差异分析

在此，采用单因素方差分析法对不同受教育程度组受访者的关系强度、资源、活跃程度，风险认知结果中的可能与严重程度、熟悉与可控程度，风险认知过程中的信息接收、系统式加工、直觉式加工的差异进行分析。

在以受教育程度为标识的分组中（见表 4-31），除了资源之外，其他变量的方差齐性检验的显著性概率 $p>0.05$，接受方差齐性假设。进一步的方差检验结果表明，在以受教育程度为标识的分组中，强度（$p=0.010$）、活跃程度（$p=0.001$）、熟悉与可控程度（$p=0.001$）、直觉式加工（$p=0.028$）显著性概率均小于 0.05，这表明不同受教育程度的受访者的强度、活跃程度、熟悉与可控程度、直觉式加工具有显著性差异。为了进一步了解其具体差异，采用"假定方差齐性"时的 LSD 法进行事后多重比较。同时，资源的方差齐性检验的显著性概率 $p<0.05$，方差不齐，违反方差同质假设，采用 Dunnett' T3 法进行事后多重比较。

表 4-31 不同受教育程度组的方差分析（$n=475$）

变量		平方和	自由度	均方	方差齐性检验		方差检验	
					Levene	Sig.	F	Sig.
强度	群组之间	5.700	3	1.900	1.649	.177	3.818	.010
	在群组内	234.396	471	.498				
	总计	240.096	474					

变量		平方和	自由度	均方	方差齐性检验		方差检验	
					Levene	Sig.	F	Sig.
资源	群组之间	8.283	3	2.761	3.853	.010	3.165	.024
	在群组内	410.908	471	.872				
	总计	419.191	474					
活跃程度	群组之间	12.531	3	4.177	.590	.622	5.325	.001
	在群组内	369.444	471	.784				
	总计	381.975	474					
可能与严重程度	群组之间	2.815	3	.938	.385	.764	1.934	.123
	在群组内	228.540	471	.485				
	总计	231.355	474					
熟悉与可控程度	群组之间	6.866	3	2.289	2.249	.082	5.324	.001
	在群组内	202.442	471	.430				
	总计	209.308	474					
信息接收	群组之间	2.253	3	.751	1.822	.142	1.892	.130
	在群组内	186.975	471	.397				
	总计	189.227	474					
系统式加工	群组之间	2.805	3	.935	.211	.889	2.171	.091
	在群组内	202.812	471	.431				
	总计	205.617	474					
直觉式加工	群组之间	4.780	3	1.593	1.935	.123	3.068	.028
	在群组内	244.653	471	.519				
	总计	249.433	474					

如表4-32所示，可以得出以下结论。

第一，在关系强度上，高中及以下组（M=3.2557）显著高于大学本科组（M=2.9959）、硕士研究生及以上组（M=3.0075）；大学专科组（M=3.2189）显著高于大学本科组（M=2.9959）。

第二，在关系活跃程度上，高中及以下组（M=3.1050）显著高于大学本科组（M=2.7222）、硕士研究生及以上组（M=2.6929）；大学专科组（M=3.0249）显著高于大学本科组（M=2.7222）、硕士研究生及以上组（M＝2.6929）。

第三，在食品安全风险认知结果中的熟悉与可控程度上，高中及以下组（M＝3.5719）显著高于大学本科组（M＝3.2840）、硕士研究生及以上组（M＝3.2528）；大学专科组（M＝3.4925）显著高于大学本科组（M＝3.2840）、硕士研究生及以上组（M＝3.2528）。

第四，在针对食品安全风险相关信息的直觉式加工上，高中及以下组（M＝3.2374）显著高于大学本科组（M＝2.9892）；大学专科组（M＝3.1990）显著高于大学本科组（M＝2.9892）。

表 4-32　不同受教育程度组差异的事后多重比较（n＝475）

变量	各组均值描述				事后多重比较	
	高中及以下	大学专科	大学本科	硕士研究生及以上		
强度	3.2557	3.2189	2.9959	3.0075	LSD	①＞③，①＞④，②＞③
资源	2.1507	2.4515	2.0915	2.3062	Dunnett' T3	—
活跃程度	3.1050	3.0249	2.7222	2.6929	LSD	①＞③，①＞④，②＞③，②＞④
可能与严重程度	3.9247	3.8750	3.8110	3.6770	—	—
熟悉与可控程度	3.5719	3.4925	3.2840	3.2528	LSD	①＞③，①＞④，②＞③，②＞④
信息接收	3.2288	3.2522	3.0870	3.0978		
系统式加工	3.7705	3.6567	3.5539	3.6208	—	—
直觉式加工	3.2374	3.1990	2.9892	3.0861	LSD	①＞③，②＞③

注：显著性水平为 0.05；组别序号，即高中及以下为①、大学专科为②、大学本科为③、硕士研究生及以上为④。

四　不同月收入水平组的差异分析

在此，采用单因素方差分析法对不同月收入水平组受访者的关系强度、资源、活跃程度，风险认知结果中的可能与严重程度、熟悉与可控程度，风险认知过程中的信息接收、系统式加工、直觉式加工的差异进行分析。

在以月收入水平为标识的分组中（见表 4-33），强度、资源、活跃程度、可能与严重程度、熟悉与可控程度、信息接收、系统式加工、直觉式加工的方差齐性检验的显著性概率 $p>0.05$，接受方差齐性假设。进一步的方差检验结果表明，在以月收入水平为标识的分组中，系统式加工的显著性概率（$p=0.024$）小于 0.05，这表明不同月收入水平的受访者的系统式加工具有显著性差异。为了进一步比较月收入水平在系统式加工上的具体差异，采用"假定方差齐性"时的 LSD 法进行事后多重比较。

表 4-33　不同月收入水平组的方差分析 （$n=475$）

变量		平方和	自由度	均方	方差齐性检验		方差检验	
					Levene	Sig.	F	Sig.
强度	群组之间	3.533	3	1.178	1.308	.271	2.345	.072
	在群组内	236.563	471	.502				
	总计	240.096	474					
资源	群组之间	1.269	3	.423	1.135	.334	.477	.699
	在群组内	417.922	471	.887				
	总计	419.191	474					
活跃程度	群组之间	3.287	3	1.096	.614	.606	1.363	.254
	在群组内	378.688	471	.804				
	总计	381.975	474					
可能与严重程度	群组之间	1.415	3	.472	.483	.694	.966	.408
	在群组内	229.940	471	.488				
	总计	231.355	474					
熟悉与可控程度	群组之间	2.133	3	.711	.855	.464	1.616	.185
	在群组内	207.175	471	.440				
	总计	209.308	474					
信息接收	群组之间	.860	3	.287	1.202	.308	.717	.542
	在群组内	188.368	471	.400				
	总计	189.227	474					
系统式加工	群组之间	4.087	3	1.362	.108	.955	3.184	.024
	在群组内	201.530	471	.428				
	总计	205.617	474					

变量		平方和	自由度	均方	方差齐性检验		方差检验	
					Levene	Sig.	F	Sig.
直觉式加工	群组之间	.805	3	.268	.330	.804	.509	.677
	在群组内	248.628	471	.528				
	总计	249.433	474					

如表 4-34 所示，可以得出：在针对食品安全风险相关信息的系统式加工上，月收入 3001～5000 元组（M = 3.7391）显著高于 3000 元及以下组（M = 3.5514），月收入 3001～5000 元组（M = 3.7391）显著高于 5001～8000元组（M = 3.4889）。

表 4-34　不同月收入水平组差异的事后多重比较（n = 475）

变量	各组均值描述				事后多重比较	
	3000 元及以下	3001～5000 元	5001～8000 元	8000 元以上		
强度	3.0151	3.1995	3.0778	2.9700	—	—
资源	2.2016	2.1916	2.2833	2.0600	—	—
活跃程度	2.8326	2.8686	2.8519	2.5800	—	—
可能与严重程度	3.7665	3.8841	3.7806	3.8675	—	—
熟悉与可控程度	3.3040	3.4553	3.3472	3.3050	—	—
信息接收	3.1309	3.1839	3.0311	3.1060	—	—
系统式加工	3.5514	3.7391	3.4889	3.6900	LSD	②>①，②>③
直觉式加工	3.0412	3.0876	3.1185	3.1667	—	—

注：显著性水平为 0.05；组别序号，即 3000 元及以下为①、3001～5000 元为②、5001～8000 元为③、8000 元以上为④。

五　不同生育状况组的差异分析

在此，采用独立样本 t 检验的方法来分析不同生育状况组的受访者在关系强度、资源、活跃程度，风险认知结果中的可能与严重程度、熟悉与可控程度，风险认知过程中的信息接收、系统式加工、直觉式加工上的差异。

在生育状况的分组中（见表4-35），强度、资源、活跃程度、可能与严重程度、系统式加工的方差齐性的显著性概率 $p>0.05$，F检验不显著，接受方差齐性假设，采用"假设方差相等"情况下的"均值方程的t检验"结果。熟悉与可控程度、信息接收、直觉式加工的显著性概率 $p<0.05$，表明两个差异组方差不齐，采用"假设方差不相等"情况下的"均值方程的t检验"结果。进一步的均值方程的t检验结果表明，在以生育状况为标识的分组中，强度、活跃程度、可能与严重程度、熟悉与可控程度、信息接收、系统式加工、直觉式加工均存在显著性差异。

表4-35　受访者在生育状况上的独立样本t检验（$n=475$）

变量		方差方程的 Levene 检验		均值方程的 t 检验		
		F	Sig.	t	df	Sig.（双侧）
强度	假设方差相等	3.059	.081	4.432	473	.000
	假设方差不相等			4.376	426.872	.000
资源	假设方差相等	2.985	.085	.313	473	.754
	假设方差不相等			.309	427.902	.757
活跃程度	假设方差相等	.801	.371	4.368	473	.000
	假设方差不相等			4.349	445.464	.000
可能与严重程度	假设方差相等	.003	.960	5.272	473	.000
	假设方差不相等			5.232	438.572	.000
熟悉与可控程度	假设方差相等	4.190	.041	4.876	473	.000
	假设方差不相等			4.808	423.469	.000
信息接收	假设方差相等	8.220	.004	-4.117	473	.000
	假设方差不相等			-4.039	410.511	.000
系统式加工	假设方差相等	1.694	.194	-5.510	473	.000
	假设方差不相等			-5.532	459.839	.000
直觉式加工	假设方差相等	8.559	.004	-3.607	473	.000
	假设方差不相等			-3.543	414.486	.000

结合不同生育状况组的差异性描述统计（见表4-36），可以得出以

下结论。

第一，在关系强度方面，有子女组（M=3.2269）显著高于无子女组（M=2.9415）。

第二，在关系活跃程度方面，有子女组（M=3.0141）显著高于无子女组（M=2.6590）。

第三，在食品安全风险认知结果中的可能与严重程度上，有子女组（M=3.9947）显著高于无子女组（M=3.6641）。

第四，在食品安全风险认知结果中的熟悉与可控程度上，有子女组（M=3.5129）显著高于无子女组（M=3.2209）。

第五，在食品安全风险相关信息接收方面，有子女组（M=3.2643）显著高于无子女组（M=3.0282）。

第六，在针对食品安全风险相关信息的系统式加工方面，有子女组（M=3.7934）显著高于无子女组（M=3.4685）。

第七，在针对食品安全风险相关信息的直觉式加工方面，有子女组（M=3.2066）显著高于无子女组（M=2.9682）。

这与前期访谈结果一致，有子女的受访者对于食品安全风险问题表现出了更为积极的关注，在食品安全风险相关信息接收、信息加工等方面均表现出更高水平。

表 4-36 不同生育状况组的差异性描述统计 （n=475）

单位：人

变量	生育状况	人数	均值	标准偏差	标准误均值
强度	无子女	262	2.9415	.65796	.04065
	有子女	213	3.2269	.74458	.05102
资源	无子女	262	2.1794	.8891	.05493
	有子女	213	2.2066	1.00185	.06865
活跃程度	无子女	262	2.6590	.86458	.05341
	有子女	213	3.0141	.90091	.06173
可能与严重程度	无子女	262	3.6641	.65682	.04058
	有子女	213	3.9947	.70683	.04843

续表

变量	生育状况	人数	均值	标准偏差	标准误均值
熟悉与可控程度	无子女	262	3.2209	.60741	.03753
	有子女	213	3.5129	.69701	.04776
信息接收	无子女	262	3.0282	.56593	.03496
	有子女	213	3.2643	.68367	.04684
系统式加工	无子女	262	3.4685	.65009	.04016
	有子女	213	3.7934	.62537	.04285
直觉式加工	无子女	262	2.9682	.65786	.04064
	有子女	213	3.2066	.78247	.05361

第五节　关系对公众风险认知过程与结果的影响

一　各主要变量的相关分析

从表4-37中各变量的相关分析检验结果可以看出：关系强度、资源、活跃程度与风险认知结果中的可能与严重程度、熟悉与可控程度均具有显著相关关系；关系强度、资源、活跃程度与风险认知过程中的信息接收具有显著相关关系；风险认知过程中的信息接收与风险认知结果中的可能与严重程度、熟悉与可控程度具有显著相关关系；风险认知过程中的信息接收与系统式加工具有显著性相关关系；系统式加工与风险认知结果中的可能与严重程度、熟悉与可控程度具有显著相关关系；关系强度、资源、活跃程度与直觉式加工具有显著性相关关系；直觉式加工与风险认知结果中的可能与严重程度、熟悉与可控程度具有显著性相关关系。可以认为，这初步验证了本部分研究的基本假设。但是，相关分析结果仅具有初步参考价值。接下来，将基于结构方程模型分析对相关研究假设进行具体考察。

表 4-37　变量均值与 Pearson 相关性检验

	强度	资源	活跃程度	可能与严重程度	熟悉与可控程度	信息接收	系统式加工	直觉式加工
强度	1							

续表

	强度	资源	活跃程度	可能与严重程度	熟悉与可控程度	信息接收	系统式加工	直觉式加工
资源	.428 **	1						
活跃程度	.529 **	.532 **	1					
可能与严重程度	.310 **	-.118 **	.157 **	1				
熟悉与可控程度	.547 **	.368 **	.464 **	.426 **	1			
信息接收	.643 **	.491 **	.614 **	.355 **	.549 **	1		
系统式加工	.379 **	.076 *	.283 **	.576 **	.521 **	.483 **	1	
直觉式加工	.512 **	.441 **	.430 **	.198 **	.614 **	.517 **	.405 **	1
均值	3.0695	2.1916	2.8182	3.8124	3.3518	3.1341	3.6142	3.0751
标准偏差	.71171	.94041	.89769	.69864	.66451	.63183	.65863	.72542

注：* 为 $p<0.05$，** 为 $p<0.01$。

本章第二节已经基于正式问卷数据对各主要变量进行了验证性因子分析、信效度检验，可以认为，数据情况达到了结构方程模型分析要求。

二　基于结构方程模型的分析

基于本章第一节所建构的理论模型，结合前文分析得到的验证性因子分析、二阶因子验证结果，运用 AMOS 24.0 绘制关系对风险认知结果影响机制的结构方程模型。完成模型识别评价与模型拟合评估后，基于可接受水平，进行路径分析与中介效应检验，对本部分研究假设进行检验。

（一）模型设定

在此，以关系强度、资源、活跃程度为自变量，以风险认知结果为因变量，以信息接收、系统式加工、直觉式加工为中介变量，运用 AOMS 24.0 绘制关系三因素对风险认知结果影响机制的结构方程模型。

（二）模型识别

如图 4-7 所示，该模型是一个同时带有测量模型和结构模型的统合模型。其中，包含 12 个独立的测量模型。在关系各维度对风险信息接收的影响中，有 3 条直接路径；在关系各维度对直觉式加工的影响中，有 3 条直接路径；在关系各维度对系统式加工的影响中，有 3 条间接路径；在关系各维度对风险认知结果的影响中，有 6 条直接路径和 18 条间接路径。

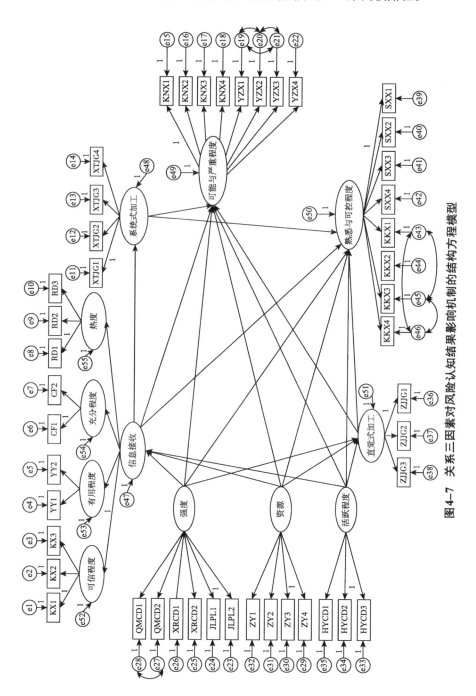

图 4-7 关系三因素对风险认知结果影响机制的结构方程模型

在该模型中，可观察指标共计 46 个，根据模型识别的 t 法则，$(m+n)(m+n+1)/2 = 1081$，模型待估计参数 $t = 122 < 1081$，因此，关系三因素对风险认知结果影响机制的结构方程模型可以被识别。

（三）模型的拟合

运用 AOMS 24.0 对模型进行运算，采用极大似然估计法（MLE）进行参数估计。如表 4-38 所示，拟合指数为 CMIN/DF = 2.540，GFI = 0.813，NFI = 0.866，IFI = 0.914，CFI = 0.914，RMSEA = 0.057。综合各项指数和因素载荷等各方面来看，模型拟合达到可接受范围。

表 4-38　模型拟合情况与系数估计

路径			标准化路径系数	CR	p
信息接收	<---	强度	0.563	9.475	***
信息接收	<---	资源	0.111	2.29	*
信息接收	<---	活跃程度	0.409	7.534	***
系统式加工	<---	信息接收	0.495	10.288	***
直觉式加工	<---	强度	0.453	7.125	***
直觉式加工	<---	资源	0.262	4.591	***
直觉式加工	<---	活跃程度	0.165	2.76	**
熟悉与可控程度	<---	直觉式加工	0.397	6.827	***
可能与严重程度	<---	系统式加工	0.556	9.996	***
熟悉与可控程度	<---	系统式加工	0.343	6.254	***
可能与严重程度	<---	强度	0.179	2.742	**
熟悉与可控程度	<---	强度	0.201	2.98	**
熟悉与可控程度	<---	资源	0.113	2.178	*
可能与严重程度	<---	资源	−0.298	−5.843	***
熟悉与可控程度	<---	活跃程度	0.094	1.66	0.097
熟悉与可控程度	<---	信息接收	−0.047	−0.662	0.508
可能与严重程度	<---	信息接收	0.053	0.754	0.451
可能与严重程度	<---	直觉式加工	−0.014	−0.269	0.788

续表

路径			标准化路径系数	CR	p
可能与严重程度	<---	活跃程度	0.025	0.463	0.643

模型的拟合优度指数: CMIN/DF = 2.540, GFI = 0.813, NFI = 0.866, IFI = 0.914, CFI = 0.914, RMSEA = 0.057

注: * 为 0.05 水平达到显著, ** 为 0.01 水平达到显著, *** 为 0.001 水平达到显著。

(四) 模型路径分析

基于 AMOS 24.0 的模型运算, 输出各条路径系数及其显著性结果检验, 绘制关系对风险认知结果影响的作用路径图。

如图 4-8 所示, 关系各维度对信息接收的影响方面, 路径 "强度→信息接收" (B = 0.563, p<0.001)、"资源→信息接收" (B = 0.111, p<0.05)、"活跃程度→信息接收" (B = 0.409, p<0.001) 均显著。在关系各维度对直觉式加工方面, "强度→直觉式加工" (B = 0.453, p<0.001)、"资源→直觉式加工" (B = 0.262, p<0.001)、"活跃程度→直觉式加工" (B = 0.165, p<0.01) 均显著。同时, 关系通过信息接收对系统式加工的影响方面, "强度→信息接收→系统式加工""资源→信息接收→系统式加工""活

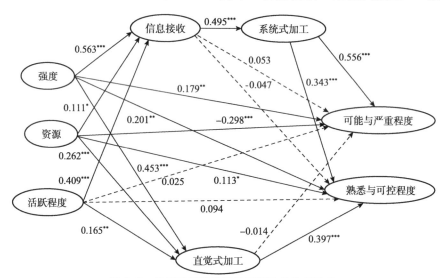

图 4-8　关系对风险认知结果影响的作用路径

注: * 为 0.05 水平达到显著, ** 为 0.01 水平达到显著, *** 为 0.001 水平达到显著。

跃程度→信息接收→系统式加工"各条路径均显著。

数据结果表明（见表 4-39），关系强度、资源、活跃程度均会对社交媒介环境下公众风险认知过程中的信息接收、直觉式加工、系统式加工产生显著影响，其效应量大小的比较情况如下：

在对信息接收的影响中，影响效应量从大到小排序依次是强度（0.563）、活跃程度（0.409）、资源（0.111）；

在对直觉式加工的影响中，影响效应量从大到小排序依次是强度（0.453）、资源（0.262）、活跃程度（0.165）；

在通过信息接收对系统式加工的影响中，影响效应量从大到小排序依次是强度（0.279）、活跃程度（0.202）、资源（0.055）。

表 4-39 强度、资源、活跃程度对风险认知过程环节的影响结果

	路径描述	效应量
对信息接收的影响	强度→信息接收	0.563
	资源→信息接收	0.111
	活跃程度→信息接收	0.409
对信息加工的影响	强度→直觉式加工	0.453
	资源→直觉式加工	0.262
	活跃程度→直觉式加工	0.165
	强度→信息接收→系统式加工	0.279
	资源→信息接收→系统式加工	0.055
	活跃程度→信息接收→系统式加工	0.202

（五）中介效应检验

在诸多社科研究领域，大量实证研究文章建立了中介效应模型，以分析自变量对因变量的影响过程和作用机制。[①] 如图 4-9 所示，如果自变量 X 通过中介变量 M 对因变量 Y 产生影响，则 M 是 X 与 Y 之间的中介变量。

---

① 温忠麟、叶宝娟：《中介效应分析：方法和模型发展》，《心理科学进展》2014 年第 5 期。

在中介效应模型中，中介变量可能是 1 个或多个。具有多个中介变量的中介效应模型被称为多重中介效应模型。根据多个中介变量之间是否存在相互影响，多重中介模型又可以被区分为并行多重中介模型和链式多重中介模型。前一类型模型中，多个中介变量之间不存在相互影响（如图 4-10，若去掉 M1→M2 的路径，则为并行多重中介模型）；后一类模型中，中介变量之间表现出顺序性，形成中介链，存在相互影响（如图 4-10 中的 X→M1→M2→Y 路径）。如果一个模型中既有并行多重中介路径，也有形成相互影响的中介链，则属于复合式多重中介模型。

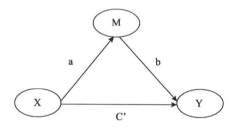

图 4-9　简单中介模型

资料来源：方杰等，《基于结构方程模型的多重中介效应分析》，《心理科学》2014 年第 3 期。

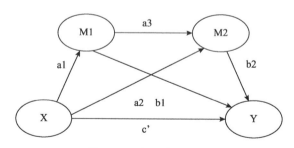

图 4-10　多重中介模型

资料来源：方杰等，《基于结构方程模型的多重中介效应分析》，《心理科学》2014 年第 3 期。

相较于简单中介模型，多重中介模型具有的主要优势有：可以得出总的中介效应；可以在控制其他中介变量（如控制 M1）的前提下，研究每个中介变量（M2）的特定中介效应；可以得到对比中介效应，使得研究者能判断多个中介变量的效应。① 多重中介模型涉及的变量数多、路径复杂，有时还涉及潜变量，因此，目前很多研究者开始基于结构方程模型对多重中介效应进行分析、检验。目前，中介效应的检验方法主要有逐步回归法、系数乘积的 Sobel 检验法、非参数百分位 Bootstrap 法。近年来，前两种方法均被普遍认为具有自身的局限性，很多研究者开始改用非参数百分位 Bootstrap 法。温忠麟、叶宝娟在梳理和对比几种检验方法时，对该方法及其原理进行了具体说明，即一种从样本中重复取样的方法，可以得到 n 个 Bootstrap 样本，进而得到 n 个系数乘积的估计值，将它们按数值从小到大的排序，其中第 2.5 百分位点和第 97.5 百分位点就构成一个 95% 的置信区间，如果置信区间不包含 0，则中介效应显著。②

　　基于结构方程模型的多重中介效应分析，主要遵循以下步骤。第一，构建多重中介理论模型。第二，对模型进行评估。如果模型的拟合程度可以接受，则进入第三步，如果模型的拟合程度不可接受，则停止分析。第三，进行偏差校正 Bootstrap 的 SEM 分析。基于结构方程模型，运用非参数百分位 Bootstrap 法，对多重中介效应进行检验。

　　本研究已经完成了模型建构、模型评估，并且模型拟合达到了可接受水平。因此，进入第三步，基于结构方程进行中介效应检验。在此，运用非参数百分位 Bootstrap 法，对多重中介效应进行检验，即通过 AMOS 24.0 输出的各条中介路径的置信区间对中介效应及其显著性进行检验。AMOS 24.0 中的非参数百分位 Bootstrap 法，默认输出总效应、总的中介效应及其显著性结果，但是无法输出特定单独中介路径的显著性结果。在此，本部分研究依据软件中的"用户自定义估计"功能编写程序，得到各个单独路径的中介效应显著性检验结果（见表 4-40）。

　　在关系对风险认知过程环节（系统式加工）的影响路径中，共有 3 条中介作用路径（ind19、ind20、ind21）。AMOS 24.0 计算和输出的 3 条特定中介路径的置信区间分别为 [0.199，0.369]［0.008，0.099］［0.143，

---

　　①　方杰等：《基于结构方程模型的多重中介效应分析》，《心理科学》2014 年第 3 期。

　　②　温忠麟、叶宝娟：《中介效应分析：方法和模型发展》，《心理科学进展》2014 年第 5 期。

0.273］，可以发现，输出的置信区间均不包括 0，这 3 条路径的中介效应显著。

在关系对风险认知结果的影响路径中，共有 18 条中介作用路径（ind1 至 ind18）。AMOS 24.0 计算和输出的 18 条特定中介路径的置信区间分别为 ［-0.057，0.125］［0.098，0.235］［-0.057，0.053］［-0.01，0.032］［0.006，0.059］［-0.034，0.031］［-0.042，0.094］［0.072，0.172］［-0.025，0.018］［-0.118，0.064］［0.061，0.154］［0.117，0.266］［-0.029，0.011］［0.004，0.037］［0.052，0.174］［-0.089，0.043］［0.044，0.110］［0.014，0.131］。可以发现，ind1、ind3、ind4、ind6、ind7、ind9、ind10、ind13、ind16 路径输出的置信区间包括 0，由此可以判断，这 9 条路径的中介效应不显著；ind2、ind5、ind8、ind11、ind12、ind14、ind15、ind17、ind18 路径输出的置信区间均不包括 0，这 9 条路径的中介效应显著。

关系强度、资源、活跃程度对风险"可能与严重程度"认知的影响机制中，通过信息接收、系统式加工搭建了 3 条影响路径，即"强度→信息接收→系统式加工→可能与严重程度"（ind2）、"资源→信息接收→系统式加工→可能与严重程度"（ind5）、"活跃程度→信息接收→系统式加工→可能与严重程度"（ind8），它们均发挥了正向影响效应，这 3 条路径的中介效应均显著，中介效应值分别为 0.155、0.031、0.113。从 3 条路径的中介效应值来看，"强度→信息接收→系统式加工→可能与严重程度"的中介效应值（0.155）最大，"活跃程度→信息接收→系统式加工→可能与严重程度"的中介效应值（0.113）次之，"资源→信息接收→系统式加工→可能与严重程度"的中介效应值（0.031）最小。

关系强度、资源、活跃程度对风险"熟悉与可控程度"认知的影响机制中，关系各维度通过信息接收、系统式加工搭建了 3 条影响路径，即"强度→信息接收→系统式加工→熟悉与可控程度"（ind11）、"资源→信息接收→系统式加工→熟悉与可控程度"（ind14）、"活跃程度→信息接收→系统式加工→熟悉与可控程度"（ind17），它们均发挥了正向影响效应，这 3 条路径的中介效应均显著，中介效应值分别为 0.096、0.019、0.070。从 3 条路径的中介效应值来看，"强度→信息接收→系统式加工→熟悉与可控程度"的中介效应值（0.096）最大，"活跃程度→信息接收→系统式加工→熟悉与可控程度"的中介效应值（0.070）次之，"资源→信息接收→系统式加工→熟悉与可控程度"的中介效应值（0.019）最小。

　　关系强度、资源、活跃程度对风险"熟悉与可控程度"认知的影响机制中，关系各维度通过直觉式加工搭建了3条影响路径，即"强度→直觉式加工→熟悉与可控程度"（ind12）、"资源→直觉式加工→熟悉与可控程度"（ind15）、"活跃程度→直觉式加工→熟悉与可控程度"（ind18），它们均发挥了正向影响效应，这3条路径的中介效应均显著，中介效应值分别为0.180、0.104、0.065。从这3条路径的中介效应值来看，"强度→直觉式加工→熟悉与可控程度"的中介效应值最大（0.180）、"资源→直觉式加工→熟悉与可控程度"的中介效应值（0.104）次之、"活跃程度→直觉式加工→熟悉与可控程度"的中介效应值（0.065）最小。

表 4-40　强度、资源、活跃程度对风险认知结果影响的中介效应检验

路径	具体描述	Estimate	Lower	Upper	结论
ind1	强度→信息接收→可能与严重程度	0.030	-0.057	0.125	不显著
ind2	强度→信息接收→系统式加工→可能与严重程度	0.155	0.098	0.235	显著
ind3	强度→直觉式加工→可能与严重程度	-0.006	-0.057	0.053	不显著
ind4	资源→信息接收→可能与严重程度	0.006	-0.01	0.032	不显著
ind5	资源→信息接收→系统式加工→可能与严重程度	0.031	0.006	0.059	显著
ind6	资源→直觉式加工→可能与严重程度	-0.004	-0.034	0.031	不显著
ind7	活跃程度→信息接收→可能与严重程度	0.022	-0.042	0.094	不显著
ind8	活跃程度→信息接收→系统式加工→可能与严重程度	0.113	0.072	0.172	显著
ind9	活跃程度→直觉式加工→可能与严重程度	-0.002	-0.025	0.018	不显著
ind10	强度→信息接收→熟悉与可控程度	-0.027	-0.118	0.064	不显著
ind11	强度→信息接收→系统式加工→熟悉与可控程度	0.096	0.061	0.154	显著
ind12	强度→直觉式加工→熟悉与可控程度	0.180	0.117	0.266	显著
ind13	资源→信息接收→熟悉与可控程度	-0.005	-0.029	0.011	不显著

路径	具体描述	Estimate	Lower	Upper	结论
ind14	资源→信息接收→系统式加工→熟悉与可控程度	0.019	0.004	0.037	显著
ind15	资源→直觉式加工→熟悉与可控程度	0.104	0.052	0.174	显著
ind16	活跃程度→信息接收→熟悉与可控程度	−0.019	−0.089	0.043	不显著
ind17	活跃程度→信息接收→系统式加工→熟悉与可控程度	0.070	0.044	0.110	显著
ind18	活跃程度→直觉式加工→熟悉与可控程度	0.065	0.014	0.131	显著
ind19	强度→信息接收→系统式加工	0.279	0.199	0.369	显著
ind20	资源→信息接收→系统式加工	0.055	0.008	0.099	显著
ind21	活跃程度→信息接收→系统式加工	0.202	0.143	0.273	显著

在此，围绕关系对风险认知结果的直接效应、间接效应、总效应进行分析，以此进一步对9条显著性中介路径的性质作出比较与区分。

如表4-41所示，关系三因素对食品安全风险认知结果因素一"可能与严重程度"认知的影响情况如下。"强度"对"可能与严重程度"具有正向影响。其中，标准化直接效应为0.179，直接效应显著；标准化总效应为0.357，总效应显著。"资源"对"可能与严重程度"具有负向影响。其中，标准化直接效应为−0.298，直接效应显著；标准化总效应为−0.265，总效应显著。"活跃程度"对"可能与严重程度"具有正向影响。其中，标准化直接效应是0.025，直接效应不显著；标准化总效应为0.158，总效应显著。

关系三因素对食品安全风险认知结果因素二"熟悉与可控程度"认知的影响情况如下。"强度"对"熟悉与可控程度"具有正向影响。其中，标准化直接效应为0.201，直接效应显著；标准化总效应为0.450，总效应显著。"资源"对"熟悉与可控程度"具有正向影响。其中，标准化直接效应为0.113，直接效应显著；标准化总效应为0.231，总效应显著。"活跃程度"对"熟悉与可控程度"具有正向影响。其中，标准化直接效应是0.094，直接效应不显著；标准化总效应为0.210，总效应显著。

表 4-41 强度、资源、活跃程度对风险认知结果影响的直接效应

描述	标准化直接效应	标准化总效应
强度→可能与严重程度	0.179 **	0.357 ***
资源→可能与严重程度	− 0.298 ***	− 0.265 ***
活跃程度→可能与严重程度	0.025	0.158 **
合计	− 0.094	0.250
强度→熟悉与可控程度	0.201 **	0.450 ***
资源→熟悉与可控程度	0.113 *	0.231 ***
活跃程度→熟悉与可控程度	0.094	0.210 **
合计	0.408	0.891

注：* 为 $p<0.05$，** 为 $p<0.01$，*** 为 $p<0.001$。

在此，结合关系三因素对风险认知结果直接影响效应的显著性判断和直接影响效应正负方向的判断，对 9 条显著性中介效应路径作进一步比较和分析（见表 4-42）。

在关系对风险认知结果的影响中，对 9 条显著性中介路径作出分析，可以发现，"资源→可能与严重程度"的直接影响为负向（B=−0.298，$p<$ 0.001），表明"资源"水平越高，所认知到的食品安全风险的"可能与严重程度"越低。但是，"资源→信息接收→系统式加工→可能与严重程度"路径的显著作用效应为正，与直接效应的方向相反。可以认为，"资源→信息接收→系统式加工→可能与严重程度"路径的作用效应为遮蔽效应，它使得关系"资源"对风险的"可能与严重程度"的总效应出现了一定程度的抵消，即表现为总效应的绝对值比预料的低。其他 8 条中介路径均为显著性中介路径，其中介效应方向与直接效应方向一致，均是发挥对风险认知结果的显著正向影响。

在强度对风险"可能与严重程度"认知的显著正向影响效应中，中介路径"强度→信息接收→系统式加工→可能与严重程度"所发挥的显著性中介效应占 46.4%；在资源对风险"可能与严重程度"的显著负向影响中，路径"资源→信息接收→系统式加工→可能与严重程度"所形成的遮蔽效应大小与直接效应的比值达到 10.4%。在活跃程度对风险"可能与严重程度"认知的显著正向影响中，路径"活跃程度→信息接收→系统式加工→

可能与严重程度"所发挥的显著性中介效应占81.8%。

在强度对风险"熟悉与可控程度"认知的显著正向影响中，中介路径"强度→信息接收→系统式加工→熟悉与可控程度"所发挥的显著性中介效应占20.1%，中介路径"强度→直觉式加工→熟悉与可控程度"所发挥的显著性中介效应占37.7%；在资源对风险"熟悉与可控程度"认知的显著正向影响中，中介路径"资源→信息接收→系统式加工→熟悉与可控程度"所发挥的显著性中介效应占8.1%，中介路径"资源→直觉式加工→熟悉与可控程度"所发挥的显著性中介效应占44.1%；在活跃程度对风险"熟悉与可控程度"认知的显著正向影响中，中介路径"活跃程度→信息接收→系统式加工→熟悉与可控程度"所发挥的显著性中介效应占30.6%，中介路径"活跃程度→直觉式加工→熟悉与可控程度"的显著性中介效应占28.4%。

表4-42　显著性中介路径的分析与比较

强度、资源、活跃程度对风险"可能与严重程度"认知的影响					
路径	具体描述	效应量	效应分析	占比	计算公式
ind2	强度→信息接收→系统式加工→可能与严重程度	0.155	中介效应	46.4%	中介效应/（中介效应+直接效应）
ind5	资源→信息接收→系统式加工→可能与严重程度	0.031	遮蔽效应	10.4%	遮蔽效应/直接效应
ind8	活跃程度→信息接收→系统式加工→可能与严重程度	0.113	中介效应	81.8%	中介效应/（中介效应+直接效应）
强度、资源、活跃程度对风险"熟悉与可控程度"认知的影响					
路径	具体描述	效应量	效应分析	占比	计算公式
ind11	强度→信息接收→系统式加工→熟悉与可控程度	0.096	中介效应	20.1%	中介效应/（中介效应+直接效应）
ind12	强度→直觉式加工→熟悉与可控程度	0.180	中介效应	37.7%	中介效应/（中介效应+直接效应）
合计		0.276		57.8%	
ind14	资源→信息接收→系统式加工→熟悉与可控程度	0.019	中介效应	8.1%	中介效应/（中介效应+直接效应）
ind15	资源→直觉式加工→熟悉与可控程度	0.104	中介效应	44.1%	中介效应/（中介效应+直接效应）
合计		0.123		52.2%	

路径	具体描述	效应量	效应分析	占比	计算公式
ind17	活跃程度→信息接收→系统式加工→熟悉与可控程度	0.070	中介效应	30.6%	中介效应／（中介效应+直接效应）
ind18	活跃程度→直觉式加工→熟悉与可控程度	0.065	中介效应	28.4%	中介效应／（中介效应+直接效应）
合计		0.135		59.0%	

三　假设检验结果

基于上述分析，对本部分研究假设的检验结果汇总如下（见表4-43）。

表4-43　假设检验结果汇总

假设	假设内容	检验结果
H1	关系三维度显著直接正向影响风险认知结果	部分成立
H1a	关系强度显著直接正向影响风险认知结果	成立
H1b	关系资源显著直接正向影响风险认知结果	部分成立
H1c	关系活跃程度显著直接正向影响风险认知结果	不成立
H2	关系三维度显著正向影响信息接收	成立
H2a	关系强度显著正向影响信息接收	成立
H2b	关系资源显著正向影响信息接收	成立
H2c	关系活跃程度显著正向影响信息接收	成立
H3	信息接收在关系与风险认知结果之间具有显著中介效应	不成立
H3a	信息接收在关系强度与风险认知结果之间具有显著中介效应	不成立
H3b	信息接收在关系资源与风险认知结果之间具有显著中介效应	不成立
H3c	信息接收在关系活跃程度与风险认知结果之间具有显著中介效应	不成立
H4	信息接收在关系与系统式加工中具有显著中介效应	成立
H4a	信息接收在关系强度与系统式加工中具有显著中介效应	成立
H4b	信息接收在关系资源与系统式加工中具有显著中介效应	成立
H4c	信息接收在关系活跃程度与系统式加工中具有显著中介效应	成立
H5	信息接收、系统式加工在关系与风险认知结果之间存在链式中介效应	成立
H5a	信息接收、系统式加工在关系强度与风险认知结果之间存在链式中介效应	成立

假设	假设内容	检验结果
H5b	信息接收、系统式加工在关系资源与风险认知结果之间存在链式中介效应	成立
H5c	信息接收、系统式加工在关系活跃程度与风险认知结果之间存在链式中介效应	成立
H6	关系三维度对直觉式加工具有显著正向影响	成立
H6a	关系强度对直觉式加工具有显著正向影响	成立
H6b	关系资源对直觉式加工具有显著正向影响	成立
H6c	关系活跃程度对直觉式加工具有显著正向影响	成立
H7	直觉式加工在关系与风险认知结果之间具有显著中介效应	部分成立
H7a	直觉式加工在关系强度与风险认知结果之间具有显著中介效应	部分成立
H7b	直觉式加工在关系资源与风险认知结果之间具有显著中介效应	部分成立
H7c	直觉式加工在关系活跃程度与风险认知结果之间具有显著中介效应	部分成立

本章小结

本章编制了"社交媒体环境下食品安全风险认知过程与结果"问卷，并基于"社交媒体环境下食品安全风险认知过程与结果"正式问卷数据，对社交媒介环境下风险认知情境中公众的关系、食品安全风险认知结果、信息接收、信息加工的总体情况及其群体差异性进行了分析；就人口统计学变量对关系、风险认知结果、风险相关信息接收、信息加工的影响进行了检验。此后，基于关系对风险认知结果影响机制的结构方程模型，检验了关系对风险认知过程环节中风险相关信息接收、信息加工的影响，并检验了关系对风险认知结果的影响及其中介作用路径。对应本章节开始提出的研究问题，对相关的研究结论进行总结与讨论。

1. 社交媒介环境下风险认知情境中公众的关系现状及其群体差异

关于社交媒介环境下食品安全风险认知情境中公众的关系，从强度、资源、活跃程度三者的比较来看，强度水平普遍高于活跃程度，活跃程度普遍高于资源水平；食品安全风险认知情境中的关系资源处于较低水平。可以认为，在食品安全风险认知情境中，进行食品安全风险信息分享、传递、交互的"关系人"与公众个体普遍具有较强的关系，并且"关系人"对于食品安全风险信息的传递与分享等往往具有一定的积极性、活跃性。但是，从公众个体来看，其依托社交媒介所建构与维系的关系及其网络中，所蕴藏、积累的可以用来切实防范、应对、解决食品安全风险的资源不多。

首先，社交媒介环境下风险认知情境中的关系强度在特定的年龄段、受教育程度、生育状况上表现出显著差异：31~35岁组、36~40岁组、41~50岁组、50岁以上组均显著高于18~25岁组；31~35岁组、36~40岁组、41~50岁组、50岁以上组均显著高于26~30岁组；高中及以下组显著高于大学本科组、硕士研究生及以上组；大学专科组显著高于大学本科组；有子女组显著高于无子女组。其次，社交媒介环境下风险认知情境中的关系资源在特定的年龄段表现出显著差异：31~35岁组显著高于50岁以上组。最后，社交媒介环境下风险认知情境中的关系活跃程度在特定的年龄段、受教育程度、生育状况上表现出显著差异：31~35岁组、41~50岁组、50岁以上组均显著高于18~25岁组；31~35岁组、41~50岁组、50岁以上组均显著高于26~30岁组；高中及以下组显著高于大学本科组、硕士研究生及以上组；大学专科组显著高于大学本科组、硕士研究生及以上组；有子女组显著高于无子女组。

2. 社交媒介环境下风险认知情境中公众风险认知现状及其群体差异

公众的食品安全风险认知结果方面，受访者的食品安全风险认知处于较高水平。在食品安全风险认知结果上，公众的可能与严重程度认知显著高于熟悉与可控程度认知。在本研究中，食品安全风险认知指公众对食品安全问题所导致的食品性能损失、健康损失、社会损失、生活方式损失的可能与严重程度和熟悉与可控程度的认识。根据相关风险研究结论，若对风险可能与严重程度具有适度认知，可以使公众保持适当水平的风险自觉意识，并及时作出风险规避与风险应对。[①] 若是认知过低，或将在毫无风险自觉意识、毫无风险防范准备的情况下受到风险侵害；

---

① Philipp Babcicky, and Sebastian Seebauer, "The Two Faces of Social Capital in Private Flood Mitigation: Opposing Effects on Risk Perception, Self-Efficacy and Coping Capacity," *Journal of Risk Research* 20 (2017): 1017-1037.

若是认知过高，或将引发焦虑、恐惧、担忧等各种极端负面情绪，甚至会因为感到无力等而放弃采取风险规避或应对措施。而熟悉与可控程度的提升，可以帮助公众自身对风险进行更好的了解、识别、控制、防范、规避，同时，或将提升公众对风险的容忍程度、接受程度，一定程度上有益于社交媒介环境下风险的有效沟通与治理。有研究指出，"当个体不熟悉风险，要比他们熟悉该风险，认为风险更难接受"[①]，同时，当个体将风险判断为不受控制时，要比将其判断为可控，认为风险更难接受。可以认为，若风险可能与严重程度认知保持在适度水平，且具有较高的风险熟悉与可控程度认知，则能呈现更为理性的风险沟通、风险防范、风险治理局面。但是，本研究的数据结果显示，在食品安全风险问题上，公众的风险可能与严重程度认知水平很高，且普遍高于风险熟悉与可控程度认知，这也印证了当下食品安全风险沟通与治理的艰难性。食品安全风险的可能与严重程度认识在性别、年龄段、生育状况上表现出显著差异：女性对食品安全风险可能与严重程度的认知显著高于男性；31~35岁组、36~40岁组、41~50岁组、50岁以上组均显著高于18~25岁组；31~35岁组、36~40岁组、41~50岁组、50岁以上组均显著高于26~30岁组；有子女组显著高于无子女组。食品安全风险的熟悉与可控程度认识在年龄段、受教育程度、生育状况上表现出显著差异：31~35岁组、41~50岁组、50岁以上组均显著高于18~25岁组；31~35岁组、41~50岁组、50岁以上组均显著高于26~30岁组；41~50岁组显著高于31~35岁组；41~50岁组显著高于36~40岁组；高中及以下组显著高于大学本科组、硕士研究生及以上组；大学专科组显著高于大学本科组、硕士研究生及以上组；有子女组显著高于无子女组。

在食品安全风险信息接收上，公众食品安全风险相关信息接收的有用程度、充分程度、热度处于较为理想的水平，相对而言，信息接收的可信程度较低。社交媒介关系通路作为信息的载体、渠道，促进了信息的高速运转与扩散。同时，在海量、过载信息的流通中，它充当着"把

---

① 李小敏、胡象明：《邻避现象原因新析：风险认知与公众信任的视角》，《中国行政管理》2015年第3期。

关人"与"过滤网"的角色，使得很多信息被剔除，进而使得信息的某些价值进一步提升。从本研究数据分析的食品安全风险相关信息接收现状可以看出，关系网络中的公众信息接收已然体现出较高水平的有用程度、充分程度、热度。食品安全风险信息接收在不同年龄段和生育状况上表现出了显著差异：31~35岁组、36~40岁组、41~50岁组均显著高于18~25岁组；31~35岁组显著高于26~30岁组；31~35岁组显著高于50岁以上组；有子女组显著高于无子女组。

在食品安全风险信息加工上，公众的启发式加工与系统式加工呈现了显著性差异，受访者更倾向于采用系统式加工。这与冯强的研究结论一致[①]，其研究也表明，在食品安全风险问题上，公众更倾向于采取系统式处理的信息加工策略。

食品安全风险相关信息的直觉式加工，在性别、年龄段、受教育程度、生育状况上具有显著差异：男性的直觉式加工显著高于女性；31~35岁组、41~50岁组、50岁以上组均显著高于18~25岁组；31~35岁组显著高于26~30岁组；50岁以上组显著高于26~30岁组；高中及以下组显著高于大学本科组；大学专科组显著高于大学本科组；有子女组显著高于无子女组。对于食品安全风险相关信息的系统式加工，在年龄段、月收入水平、生育状况上呈现显著差异：31~35岁组、36~40岁组、41~50岁组、50岁以上组均显著高于18~25岁组；31~35岁组、36~40岁组、41~50岁组、50岁以上组均显著高于26~30岁组；月收入3001~5000元组显著高于3000元及以下组，月收入3001~5000元组显著高于5001~8000元组；有子女组显著高于无子女组。

3. 关系强度、资源、活跃程度对信息接收的影响

关系强度、资源、活跃程度均会对风险相关信息的接收产生显著正向影响。从三者对风险相关信息接收的影响效应量来看，影响效应量从大到小排序依次是强度、活跃程度、资源。

数据分析的结论充分彰显了社交媒介环境下风险认知情境中关系的

---

① 冯强：《媒体传播对个体风险感知的影响研究——以食品安全议题为个案》，博士学位论文，武汉大学，2014。

信息渠道特征及其强大的渠道驱动效力、"把关人"效力。在风险情境中，社交媒介所建构并维系的关系通路作为风险相关信息流通的渠道与载体，其各维度特征驱动着风险相关信息高速且广泛地流通，这使得公众个人对风险相关信息的接收（包括可信程度、有用程度、充分程度、热度）得到了显著提升。佘硕、张聪丛基于社交媒介上的食品安全风险信息传播研究总结并提出了信息传播三大模式，其中之一便是"基于社会关系的社会网络模式"，在该模式下，"虚实结合的社会关系网络上附加了社会资本和社会信任等价值，增强了信息传播的可信度和影响度"①，如果信息来自可信赖的人，则信息往往被认为具有更高的价值。同时，附着于关系及其网络中的资源，意味着用于了解、辨识、防范、规避、解决风险问题信息支持的可流通性与可获取性。范红霞的研究指出，在微信平台上，"如果用户自身也处于活跃状态，并且有一定比例的相邻好友也处于活跃状态，他们的互相关注、支持、呼应和转发，会激活朋友圈的信息扩散"，从而加速信息的传播，并促使信息成为该网络中的热点信息。②

可以认为，社交媒介环境下风险认知情境中关系各维度全面提升了风险情境下公众信息接收可信程度、有用程度、充分程度与热度，提升了公众风险相关信息接收的整体水平。

4. 关系强度、资源、活跃程度对信息加工的影响

在系统式加工方面，关系强度、资源、活跃程度均可以通过信息接收对系统式加工产生显著正向影响。三者在通过信息接收对系统式加工的影响中，影响效应量从大到小排序依次是强度、活跃程度、资源。可以认为，社交媒介风险认知情境下的关系通过对公众信息接收的全面促进，进一步提升了公众对相关信息的系统式加工。

在直觉式加工方面，关系强度、资源、活跃程度均对直觉式加工具有显著正向影响作用，影响效应量从大到小排序依次是强度、资源、活跃程度。这表明，社交媒介环境下风险认知情境中的关系，不仅是风险

---

① 佘硕、张聪丛：《基于社会媒体的食品风险信息公众传播行为研究》，《情报杂志》2015年第9期。

② 范红霞：《微信中的信息流动与新型社会关系的生产》，《现代传播》（中国传媒大学学报）2016年第10期。

相关信息的渠道与载体，也是信息本身，即社交媒介环境下风险认知情境中的关系强度、资源、活跃程度可以成为一种"信息的表层线索"，来促进信息的直觉式加工，对公众之于风险相关信息的直觉式加工产生显著影响。相关风险认知研究指出，在开启了启发式/直觉式加工的时候，信息接收者所需要的额外信息就会很少，他们会认为自己已经具备了"信息充分性"，并且不会进一步寻求信息。[①]

由此可以得出，关系不仅对风险认知过程中公众的信息接收产生了显著影响，还显著影响了风险认知过程的一个环节，即信息加工（既包括系统式加工，也包括直觉式加工）。

5. 关系强度、资源、活跃程度对风险认知结果的影响

关于关系强度、资源、活跃程度对风险认知结果的直接影响效应。在对风险认知结果中的可能与严重程度的影响方面：关系强度具有显著直接正向影响、关系资源具有显著直接负向影响、关系活跃程度的直接影响效应不显著。在对风险认知结果中的熟悉与可控程度方面：关系强度具有显著直接正向影响、关系资源具有显著直接正向影响、关系活跃程度的直接影响效应不显著。可以发现，关系资源对风险认知结果中的可能与严重程度所发挥的显著直接负向影响，可以使风险认知结果中的可能与严重程度保持在适度水平，不至于过高，这将有助于极端负面情绪的缓释或纾解。但是，根据本研究受访者的资源现状分析，公众的关系资源处于较低水平，这将不利于公众更为理性地参与风险认知与风险沟通。

关于关系强度、资源、活跃程度对风险认知结果影响的总效应。从总效应的显著性来看，关系强度、资源、活跃程度对食品安全风险认知结果的两个维度均发挥了显著影响。从总效应量来看，强度、资源、活跃程度对食品安全风险的熟悉与可控程度认知的总效应大于可能与严重程度认知的总效应，这一定程度上得益于关系资源对食品安全风险可能与严重程度认知所发挥的显著直接负向影响，抵消了一部分关系对可能

---

① Arnout R. H. Fischer, and Lynn J. Frewer, "Consumer Familiarity with Foods and the Perception of Risks and Benefits," *Food Quality and Preference* 20（2009）：576-585.

与严重程度认知的正向影响效应。这一定程度上使得公众对风险的可能
与严重程度认知保持在一个适当水平，不至于过高，这样会使公众具有
适当水平的风险自觉意识与风险规避意识。这一结论代表着关系强度、
资源、活跃程度对食品安全风险认知的影响，可以朝着一个趋于良性的
方向发展。总体来看，在社交媒介环境下食品安全风险认知情境中，关
系正向提升了公众对食品安全风险的可能与严重程度认知，同时大幅提
升了公众对风险的熟悉与可控程度认知。因此，充分挖掘并运用关系的
这一辩证作用效应，或将更好地促进社交媒介环境下食品安全风险的有
效沟通与治理。

直觉式加工在关系强度、资源、活跃程度与风险认知结果之间具有
显著中介效应。但是，这一显著性仅仅表现在对风险认知结果中的熟悉
与可控程度，并没有表现在对风险认知结果中的可能与严重程度上。数
据结果同时表明，直觉式加工对风险认知结果中的可能与严重程度并不
具有显著影响，但是直觉式加工会对风险认知结果中的熟悉与可控程度
产生显著影响。在关系强度对熟悉与可控程度的显著正向影响中，有
37.7%的影响效应来自这一中介路径。在关系资源对熟悉与可控程度的显
著正向影响中，有44.1%的影响效应来自这一中介路径。在关系活跃程
度对熟悉与可控程度的显著正向影响中，有28.4%的影响效应来自这一
中介路径。可以认为，关系强度、资源、活跃程度自身作为一种信息
（即信息加工中所依据的"表层线索"），有效促进公众对食品安全风险
相关信息的直觉式加工，进而提升公众对食品安全风险的熟悉与可控程
度认知。

信息接收、系统式加工在关系强度、资源、活跃程度与风险认知结
果之间具有显著链式中介效应。在关系强度对风险认知结果的可能与严
重程度的影响中，有46.4%的影响效应来自这一链式中介路径；在关系
资源对风险认知结果的可能与严重程度的影响中，这一链式中介路径形
成了对直接效应的遮蔽，其遮蔽效应占直接效应的10.4%；在关系活跃
程度对风险认知结果的可能与严重程度的影响中，有81.8%的影响效应
来自这一链式中介路径。在关系强度对风险认知结果的熟悉与可控程度
的影响中，有20.1%的影响效应来自这一链式中介路径；在关系资源对

风险认知结果的熟悉与可控程度的影响中，有 8.1% 的影响效应来自这一链式中介路径；在关系活跃程度对风险认知结果的熟悉与可控程度的影响中，有 30.6% 的影响效应来自这一链式中介路径。可以认为，社交媒介环境下风险认知情境中，关系强度、资源、活跃程度通过全面促进公众对风险相关信息的接收，进而有效促进了公众的系统式加工，由此，同步提升了风险认知结果中的可能与严重程度认知和熟悉与可控程度认知。其中，公众对可能与严重程度的认知提升，在并未导致极度焦虑、恐惧、愤怒等负面情绪的情况下，或将使公众形成适度风险规避与风险应对意识，及时进行风险防范。但是，当它达到很高水平，将意味着公众极易陷入忧虑、恐惧、担忧等负面情绪中，且很可能使负面情绪大规模扩散。公众对风险熟悉与可控程度认知的提升，意味着公众对风险更为熟悉、容忍，并更懂得风险的应对与解决。可以认为，社交媒介环境下风险认知情境中的关系为秩序性的风险沟通与有效的风险治理埋下了隐患，也带来了希望。

第五章　关系视角下的风险认知过程
模式与公众群体

第一节　本章主要研究问题、研究方法与步骤

一　主要研究问题

如前文所述，本研究将风险认知过程划分为风险信息接收、信息加工、信息决策三个主要环节。但是，并非每个公众的每次风险认知过程都会经历完整的三个环节。本章节将基于本研究中的风险认知过程分析框架，对风险认知过程模式进行归纳。同时，对社交媒介环境下风险认知情境中的公众进行群体划分与分析。本章节主要研究问题如下。

第一，关系视角下的风险认知模式有哪些？

第二，依据社交媒介环境下风险认知情境中关系的不同情况，可以划分出哪几个主要公众群体？每个群体具有何种特征？

第三，不同类别关系群体会如何进行信息决策启动？

第四，依据社交媒介环境下风险认知情境中的信息决策行为表现，可以划分出哪几个主要公众群体？每个群体具有何种特征？

第五，不同类别的关系群体与不同类别的信息决策群体的对应关系是怎样的？

二　研究方法与步骤

在本部分研究中，一方面，运用 SPSS 22.0 软件对问卷数据进行统计与分析；另一方面，开展半结构化访谈，结合访谈材料，对本部分研究所得到的量化数据分析结果进行一定的揭示与讨论。本部分研究的问卷数据仍然来自"社交媒体环境下食品安全风险认知过程与结果"问卷，该问卷对信息加工启动与否、信息决策启动与否分别设置了相关测量题项。本部分研究将依托相关题项的调查数据，先对公众风险认知过程环节启动情况进行描述性统计分析，对风险认知过程模式进行归纳；然后进行基于关系水平的公众群体聚类分析及其信息决策启动情况分析；再基于信息决策表现进行聚类分析；最后运用对应分析探讨不同类别关系群体与不同类别决策群体的对应情况。

第二节　关系视角下的风险认知过程模式归纳与分析

一　受访者基本情况

如前文所述，在"社交媒体环境下食品安全风险认知过程与结果"的正式问卷调查中，合计有 693 名受访者填答了问卷，但是，其中有 134 人表示并没有从本研究列举的社交媒介关系通路（即 5 种微信平台上的途径）中接收到过食品安全风险相关的信息，在剩余 559 份问卷中删除未成年人填答问卷、无效问卷共 4 份，余下 555 份问卷。本章节将主要以这 555 份问卷数据为基础，对接收到过食品安全风险相关信息受访者的食品安全风险认知模式及其信息加工启动、信息决策启动情况进行考察。

如表 5-1 所示，受访者中，女性 395 人，占 71.2%；男性 160 人，占 28.8%。从年龄段来看，18～25 岁共 235 人，占 42.3%，占比最高；其他各个年龄段均有一定分布。从受教育程度来看，大学本科人数为 291 人，占 52.4%，占比最高；其他各个受教育程度均有一定分布。从月收入水平来看，3000 元及以下受访者 281 人，占比略超一半。从生育状况来看，无子女受访者人数稍高于有子女受访者人数。

表 5-1　风险认知过程模式分析受访者基本情况 （$n=555$）

单位：人，%

变量名称	具体描述	人数	占比
性别	女	395	71.2
	男	160	28.8
年龄段	18~25 岁	235	42.3
	26~30 岁	114	20.5
	31~35 岁	74	13.3
	36~40 岁	45	8.1
	41~50 岁	43	7.7
	50 岁以上	44	7.9
受教育程度	高中及以下	80	14.4
	大学专科	78	14.1
	大学本科	291	52.4
	硕士研究生及以上	106	19.1
月收入水平	3000 元及以下	281	50.6
	3001~5000 元	153	27.6
	5001~8000 元	57	10.3
	8000 元以上	64	11.5
生育状况	无子女	320	57.7
	有子女	235	42.3

二　风险认知过程中各环节启动情况的描述性统计分析

本研究基于风险认知过程分析框架，对公众个体的风险认知过程中信息接收、信息加工、信息决策启动总体情况进行描述性统计分析（见表5-2）。

信息接收方面，参与问卷填答的 689 名受访者 （总计 693 名问卷填答受访者，减去 4 名未成年人与无效问卷填答受访者） 从微信关系通路 ［题干中列举了 5 种主要途径：①微信朋友圈；②微信群；③微信中的"看一看"；④微信联系人的"一对一"发送；⑤微信评论 （如朋友圈"好友"信息的评论栏）］ 中看到过、接收到过食品安全风险相关信息的共计 555 人，占比达到 80.6%；没有从微信关系通路中接收到过食品安全相关信息的共计 134 人，占 19.4%。

信息加工方面，问卷要求受访者对当自己看到、接收到食品安全风险相关信息之时是否对这些信息进一步思考加工进行回忆与填答，填答为"思考过"的被视为信息加工"有启动"，答案为"从来都没有思考过"的被视为信息加工"未启动"。调查发现，参与有效持续问卷填答的555人中，有475人启动了信息加工，占85.6%；有80人未启动信息加工，占14.4%。

信息决策方面，问卷要求受访者对当自己接收到食品安全相关信息之时（或对它进行思考加工后）是否作出了进一步信息决策处理（题干中列举了本研究中信息决策所包括的信息转发、信息生产、信息搜索）进行回忆与作答，填答为"有，做过这样的处理"被视为信息决策"有启动"，填答为"没有，从没有做过这样的处理"被视为信息决策"未启动"。调查发现，参与有效持续问卷填答的555人中，有425人启动了信息决策，占76.6%；有130人未启动信息决策，占23.4%。

表5-2　信息接收、信息加工、信息决策启动总体情况描述性统计分析

单位：人，%

	描述	人数	占比
信息接收 （$n=689$）	未启动	134	19.4
	有启动	555	80.6
信息加工 （$n=555$）	未启动	80	14.4
	有启动	475	85.6
信息决策 （$n=555$）	未启动	130	23.4
	有启动	425	76.6

三　风险认知过程模式归纳

为了进一步对风险认知过程中各环节的连续启动情况、跨环节启动情况进行整体考察，本研究进一步对信息接收、信息加工、信息决策启动进行了交叉分析。

如表5-3所示，在555名进行了信息接收的受访者中，有80名受访者并没有对相关信息进行思考加工，这80人中，有52人没有作出信息决

策，有 28 人作出了信息决策；在 555 名进行了信息接收的受访者中，有 475 人对相关信息进行了思考加工，这 475 人中，有 78 人没有作出信息决策，有 397 人作出了信息决策。

表 5-3 信息接收、信息加工、信息决策启动交叉分析

单位：人

信息加工（n=555）			信息决策（n=555）		合计
			0 无信息决策	1 有信息决策	
信息接收（n=689）	0 无接收（n=134）	0 无加工	—	—	134
		1 有加工	—	—	
	1 有接收（n=555）	0 无加工	52	28	80
		1 有加工	78	397	475
合计			130	425	—

由此观之，不同的公众在风险认知过程中所启动的环节及其所形成的认知过程模式并不完全一致。接下来，结合文献分析与实际调查数据结果，对风险认知过程的模式进行归纳可以发现，基于本研究中信息接收、信息加工、信息决策的风险认知过程分析框架，主要存在四类风险认知过程模式（见表 5-4、图 5-1）。

第一类模式：如路径 a 所示，仅仅进行了风险相关信息接收，此后，不再进行信息加工，也不再进行信息决策。在 555 名有效问卷的填答者中，有 52 人属于此种情况，占 9.4%。

第二类模式：如路径 a、路径 b 所示，在风险相关信息接收的基础上，进行了信息加工，但是并没有作出信息决策。在 555 名有效问卷的填答者中，有 78 人属于此种情况，占 14.1%。

第三类模式：如路径 a、路径 b、路径 c 所示，在风险相关信息接收、风险相关信息加工的基础上，进行了信息决策。在 555 名有效问卷的填答者中，有 397 人属于此种情况，占 71.5%。

第四类模式：如路径 a、路径 d 所示，在风险信息接收的基础上，并未进行信息加工，但是却直接进行了信息决策。在 555 名有效问卷的填答者中，有 28 人属于此种情况，占 5.0%。

表 5-4　四类风险认知过程模式的描述性统计分析（$n = 555$）

单位：人，%

名称	对应路径	人数	占比
第一类模式（1 种基本模式）	a	52	9.4
第二类模式（含 3 种子模式）	a、b	78	14.1
第三类模式（含 21 种子模式）	a、b、c	397	71.5
第四类模式（含 7 种子模式）	a、d	28	5.0

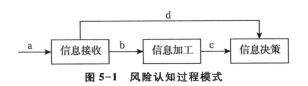

图 5-1　风险认知过程模式

当然，根据前面章节研究中的风险信息加工维度分析可知，风险信息加工可以分为系统式加工和直觉式加工两个维度，那么，当信息加工环节启动，则可以形成如下 3 种信息加工情况：直觉式加工、系统式加工、直觉式与系统式加工并行。根据前面章节对本研究中风险信息决策维度的规定与分析可知，风险认知过程分析框架下的信息决策分为信息转发、信息生产、信息搜索，那么，当信息决策环节启动，则可以形成如下 7 种信息决策情况：仅仅进行信息转发；仅仅进行信息生产；仅仅进行信息搜索；同时进行信息转发与信息生产；同时进行信息转发与信息搜索；同时进行信息生产与信息搜索；同时进行信息转发、信息生产与信息搜索。

因此，在第一类模式下，仅仅存在 1 种基本模式；在第二类模式下，可以出现 3 种不同的子模式；在第三类模式下，则可以出现 21（3 * 7 = 21）种子模式；在第四类模式下，则可以出现 7 种子模式。

第三节　基于关系情况的公众群体类别及风险信息决策启动分析

一　基于关系情况的群体类别分析

本节将依据社交媒介环境下风险认知情境中的关系（强度、资源、活跃程度）情况，进行公众群体类别的划分。依托 K-Means 算法进行聚

类，需要先确定类别数量。因此，首先进行探索性聚类分析。本研究为
了较好地确定群体类别数目，以 2~8 的群体类别数目进行了 8 次聚类，
在此过程中，基于群体类别划分的风险沟通与治理意义、价值考量，综
合考虑群体类别的可解读性，确立群体类别数量为 5。最终，本研究依据
关系情况，利用 K-Means 聚类算法将受访者聚类为 5 类（见表 5-5）。

表 5-5 基于不同关系情况的公众群体类别分析（*n* = 555）

单位：人，%

类别名称	人数	占比	关系得分		
			强度得分	资源得分	活跃程度得分
综合高水平族	48	8.6	4.2153	3.8646	4.1806
中等强度族	82	14.8	3.0061	1.2683	1.4146
综合中等水平族	154	27.7	3.0703	2.9562	3.0671
中等强度与活跃族	141	25.4	3.2778	1.5798	3.3239
综合低水平族	130	23.5	2.3769	1.6904	2.1487

基于 5 个类别群体各自在强度、资源、活跃程度上的得分均值，本
研究进一步浏览并分析 SPSS 22.0 数据库中各个类别群体中各受访者在这
三个方面（强度、资源、活跃程度）的具体得分，依据各个类别群体在
强度、资源、活跃程度各方面的情况，可以得出以下结论。

第一类群体在强度、资源、活跃程度三个方面的得分都很高，这类
群体在关系各维度上均具有很高的水平。这代表着在社交媒介环境下风
险认知情境中，这类群体与风险信息传递人的关系很密切，且自身拥有
丰富的用以识别、防范、应对、解决风险问题的资源，同时，基于风险
相关信息交互的关系网络很活跃，可以将这类群体命名为关系的"综合
高水平族"。在 555 名受访者中，有 48 人属于这一类型，占 8.6%。

第二类群体在强度方面的得分更高，在资源、活跃程度方面的得分
很低，这代表着在社交媒介环境下风险认知情境中，这类群体与风险信
息传递人的关系较密切，但是自身用以识别、防范、应对、解决风险问
题的资源极少，且基于风险相关信息交互的关系网络很不活跃，这类群
体可以被命名为"中等强度族"。在 555 名受访者中，有 82 人属于这一

类型，占 14.8%。

第三类群体在强度、资源、活跃程度三个方面的得分处于中等水平，且在这三个方面的得分较为均衡，这类群体可以被命名为"综合中等水平族"。在 555 名受访者中，有 154 人属于这一类型，占 27.7%。

第四类群体在强度、活跃程度上的得分相对更高，在资源上的得分非常低。这代表着在社交媒介环境下风险认知情境中，这类群体与风险信息传递人的关系较密切，且基于风险相关信息交互的关系网络较为活跃，但是自身用以识别、防范、应对、解决风险问题的资源极少，这类群体可以被命名为"中等强度与活跃族"。在 555 名受访者中，有 141 人属于这一类型，占 25.4%。

第五类群体在强度、资源、活跃程度三个方面的得分均很低。这代表着在社交媒介环境下风险认知情境中，这类群体与风险信息传递人的关系很不密切，且用以了解、辨识、防范、规避、解决风险问题的资源极少，基于风险相关信息交互的关系网络也很不活跃，这类群体可以被命名为"综合低水平族"。在 555 名受访者中，有 130 人属于这一类型，占 23.5%。

总体来看，5 个类别群体的人数占比从大到小依次是"综合中等水平族""中等强度与活跃族""综合低水平族""中等强度族""综合高水平族"。

二　不同关系群体信息决策启动的逻辑回归

基于前述不同关系水平情况的公众群体分类，进一步考察不同关系水平公众群体的信息决策启动情况。如前文所述，在 555 名受访者中，有 130 名受访者表示没有进行过信息决策，有 425 名受访者表示进行过信息决策启动。

采用二元 Logistic 回归分析，将信息决策启动作为因变量（二分类变量，0＝没有启动，1＝启动），将关系群体作为核心解释变量，分析不同关系群体的信息决策启动情况。以"综合高水平族"为参照，包括"中等强度族""综合中等水平族""中等强度与活跃族""综合低水平族"4 个虚拟变量。如表 5-6 所示，数据结果显示，"中等强度族""中等强度与活跃族""综合低水平族"系数显著，显著性水平分别达到 0.05、0.05、0.01，三者系数均为负，所对应的 Exp（B）分别为 0.298、0.352、0.252。这表

明与"综合高水平族"相比，"中等强度族"进行信息决策启动的发生比
低于70.2%，"中等强度与活跃族"进行信息决策启动的发生比低于
64.8%，"综合低水平族"进行信息决策的发生比低于74.8%。"综合中
等水平族"系数不显著。

表 5-6 不同关系群体与信息决策启动的逻辑回归分析（$n = 555$）

类别名称	B	S. E.	Wald	df	显著性	Exp（B）
中等强度族	-1.210	.533	5.159	1	.023	.298
综合中等水平族	-.558	.519	1.155	1	.283	.572
中等强度与活跃族	-1.044	.511	4.169	1	.041	.352
综合低水平族	-1.377	.509	7.321	1	.007	.252

-2Log likelihood = 589.334；Cox & Snell $R^2 = 0.026$；Nagelkerke $R^2 = 0.040$

第四节　基于信息决策行为的公众群体类别分析

前文第二章结合本研究对风险认知及其过程的定义，对风险认知过
程中的信息决策进行了界定与内容规定。风险认知过程中信息决策是公
众基于信息接收或信息加工后，实际作出的信息转发、信息生产、信息
搜索行为。

依据信息决策行为中信息转发、信息生产、信息搜索的具体情况，
可以对作出了信息决策的公众进行群体类别识别。本部分研究从555名受
访者中，筛选出425名信息决策启动者的问卷数据开展研究。在问卷填答
过程中，对于信息决策启动题项给予了肯定回答的受访者，会被要求继
续填答3个题项，分别用于考察其决策行为中的信息转发、信息生产、
信息搜索三种行为。

基于受访者在信息决策具体行为中信息转发、信息生产、信息搜索
的具体表现，依托 K-Means 算法对信息决策主体进行聚类。为了确定信息
决策主体的类别数量，先进行探索性聚类分析。为了较好地确定群体类别
数目，本研究以2~8的群体类别数目进行了8次聚类，在此过程中，基于
群体类别划分的风险沟通与治理意义、价值考量，综合考虑群体类别的可

解读性，确立信息决策的群体类别数量为 4。最终，本研究利用 K-Means 聚类算法将信息决策主体聚类为 4 类（见表 5-7）。

表 5-7 基于不同信息决策表现的公众群体类别分析（$n=425$）

单位：人，%

类别名称	人数	占比	信息转发得分	信息生产得分	信息搜索得分
冷漠型	49	11.5	1.86	2.08	2.12
积极搜验与自我表达型	89	21.0	2.63	3.27	3.93
追随分享型	154	36.2	3.38	3.05	3.07
积极型	133	31.3	4.09	4.1	4.22

基于各个类别群体在信息转发、信息生产、信息搜索方面的得分均值，本研究进一步浏览并分析 SPSS 22.0 数据库中各个类别群体在三个方面具体得分，依据各类别群体在信息转发、信息生产、信息搜索三个方面的具体表现，有如下发现。

第一类群体在信息转发、信息生产、信息搜索三个方面的得分都很低，即在信息决策的各种行为上均表现出了很低的水平，这代表着这类人群在接收到社交媒介关系通路中的相关风险信息时（或对其进行思考加工后），并不倾向于对信息进行转发，或围绕相关信息进一步搜索、查询、了解、学习、确证，也不会围绕该方面内容进行相关原创内容的发布等。这一群体可以被命名为信息决策的"冷漠型"。在 425 名受访者中，有 49 人属于这一类型，占 11.5%。

第二类群体在信息搜索、信息生产上的得分较高，相对而言，在信息转发方面的得分较低，这代表着这类人群在接收到社交媒介关系通路中的相关风险信息时（或对其进行思考加工后），更倾向于对相关内容展开进一步搜索、查询、了解、学习、确证，并围绕该方面内容进行相关原创内容的发布等，因此，该类群体可以被命名为"积极搜验与自我表达型"。在 425 名受访者中，有 89 人属于这一类型，占 21.0%。

第三类群体在信息转发方面的得分较高，在信息搜索、信息生产方面的得分相对低一些，这代表着这类人群在看到、接收到社交媒介关系通路中的相关风险信息时（或对其进行思考加工后），更倾向于对信息进行转发分享，这一类型群体可以被命名为"追随分享型"。在425名受访者中，有154人属于这一类型，占36.2%。

第四类群体在信息转发、信息生产、信息搜索三个方面的得分都很高，在信息决策的各种行为上均表现出了很高的水平，这代表着这类人群在看到、接收到社交媒介关系通路中的相关风险信息时（或对其进行思考加工后），倾向于积极地对信息进行转发，积极围绕相关信息进行进一步搜索、查询、了解、学习、确证，同时他们积极地围绕该方面内容进行相关原创内容的发布等。这一群体可以被命名为信息决策的"积极型"。在425名受访者中，有133人属于这一类型，占31.3%。

总体来看，各个类别决策群体人数占比从大到小依次是追随分享型、积极型、积极搜验与自我表达型、冷漠型。

第五节　不同关系群体与不同信息决策行为群体的对应分析

在此，利用对应分析的方法考察不同类别关系群体与不同类别决策群体的对应关系。对应分析（correspondence analysis）是一种寻求列联表的行列变量之间的低维图示法①，它是将一个列联表的行和列中各元素的比例结构以点的形式在较低维的空间中表示出来，使行、列因素的相互关系分析与直观呈现成为可能。它将不同样品或变量同时绘制于同一张图上，使较为复杂的变量关系能够直观、明晰地呈现。对应分析广泛应用于社会调查研究领域，在各类型群体（包括现实生活中的群体或网络线上群体）及其特质的识别、分析中常常被用到。②

一般认为，对应分析的前 n 个维度的累计贡献率达到一定水平（通常为70%以上），则显示出了原始材料的大部分信息。③ 如表5-8所示，

---

① 胡良平主编《现代统计学与SAS应用》，军事医学科学出版社，2000，第331~335页。
② 桂勇等：《网络极端情绪人群的类型及其政治与社会意涵 基于中国网络社会心态调查数据（2014）的实证研究》，《社会》2015年第5期。
③ Higgs, N. T., "Practical and Innovative Uses of Correspondence Analysis," *The Statistician* 40（1991）：183-194.

由累积惯量比例可知，第一维、第二维解释了关系群体与决策群体之间总变差的 99.2%，可以认为，两个维度很好地解释了两个变量间的总变差。其中，第一维解释了总变差的 65.0%，第二维解释了总变差的 34.2%。

表 5-8　关系群体与决策群体对应分析统计量汇总

	第一维			第二维			累积惯量比例
	奇异值	惯量	惯量比例	奇异值	惯量	惯量比例	
关系群体与决策群体	0.394	0.156	0.650	0.286	0.082	0.342	0.992

对应分析主要根据各个点在空间中的分布情况对其间的关联倾向作出判断，点与点之间的距离越近，则表明其间的关联倾向越为明显。由不同关系群体与不同信息决策群体的对应分析（见图 5-2）可以发现，

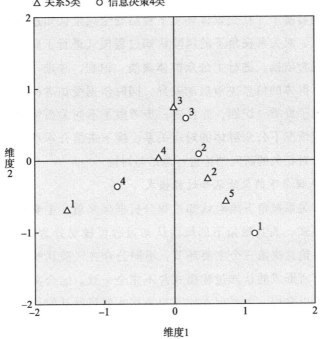

图 5-2　不同关系群体与不同信息决策群体的对应分析

注：不同关系群体包括 1＝综合高水平族、2＝中等强度族、3＝综合中等水平族、4＝中等强度与活跃族、5＝综合低水平族；不同信息决策群体包括 1＝冷漠型、2＝积极搜验与自我表达型、3＝追随分享型、4＝积极型。

信息决策中的"冷漠型"更可能是关系中的"综合低水平族";信息决策中的"积极搜验与自我表达型"更可能是关系中的"中等强度族"或"中等强度与活跃族";信息决策中的"追随分享型"更可能是关系中的"综合中等水平族";信息决策中的"积极型"可能由关系中的"综合高水平族"和"中等强度与活跃族"共同组成。

可以发现,不同关系群体与不同信息决策群体的对应分析较为直观地呈现了两种类型群体的关联倾向,也呈现了较为满意的探索性分析结果。当然,其间的精确关系或将需要在未来研究中展开进一步的挖掘与检验。

本章小结

本章内容基于"社交媒体环境下食品安全风险认知过程与结果"正式问卷数据,对关系视角下的风险认知过程模式进行了归纳,又以受访者关系情况为依据,进行了公众群体聚类、识别,并进一步分析了不同关系情况下群体的信息决策启动差异,同时依据受访者决策情况,对公众群体作出了聚类、识别,并且进一步考察了不同关系情况下公众群体与不同决策情况下公众群体的对应关系。接下来结合本章节开头提出的研究问题,对相关的研究结论进行总结与讨论。

1. 关系视角下的风险认知过程模式

从基于关系视角下风险认知过程分析框架来看,主要存在四类风险认知过程模式。关系视角下的风险认知过程可被划分为风险信息接收、信息加工、信息决策三个主要环节,不同公众在风险认知过程中所启动的环节及其所形成的认知过程模式并不完全一致。结合文献分析与实际调查数据可以发现,主要存在如下四类基本的风险认知过程模式:第一类,仅仅进行了风险相关信息接收,不再进行信息加工,也不再进行信息决策;第二类,在风险相关信息接收的基础上,进行了信息加工,但是并没有进行信息决策;第三类,在风险相关信息接收、风险相关信息加工的基础上,进行了信息决策;第四类,在风险相关信息接收的基础上,并未进行信息加工,却直接进行了信息决策。同时,在第一类模式下，仅仅存在 1 种基本模式；在第二类模式下，可以出现 3 种不同的子模式；在第三类模式下，则可以出现 21 种子模式；在第四类模式下，则可以出现 7 种子模式。

在 555 名于微信关系通路中接收到过食品安全风险相关信息的受访者中，四种基本模式对应的人数及其占比分别为：52 人，占 9.4%；78 人，占 14.1%；397 人，占 71.5%；28 人，占 5.0%。可以发现，在社交媒介环境下风险认知情境中，第三类风险认知过程模式的受访者是主流，即多数人在信息接收、信息加工基础上，进行了进一步的信息决策。可以认为，在食品安全风险问题上，公众表现出了信息决策（本研究中包括信息转发、信息生产、信息搜索三个方面）的普遍性。本研究的访谈也印证了这一结论，公众基于食品安全风险的信息决策较为积极、主动，也很普遍。这可能是因为食品安全风险往往与每一个人都息息相关，公众个体往往会基于推进自身和"关系人"对风险的了解、辨识、防范、规避、解决的动机，对自己所看到的、接收到的食品安全风险信息进行搜索、生产或转发。

2. 基于关系情况的公众群体类别

依据强度、资源、活跃程度情况，受访公众可以被分为 5 类群体："综合高水平族""中等强度族""综合中等水平族""中等强度与活跃族""综合低水平族"。在 555 名受访者中，不同关系情况群体的人数及其占比从大到小排序依次为："综合中等水平族"154 人，占 27.7%；"中等强度与活跃族"141 人，占 25.4%；"综合低水平族"130 人，占 23.5%；"中等强度族"82 人，占 14.8%；"综合高水平族"48 人，占 8.6%。可以发现，"综合中等水平族"占比最高，即超过四分之一的受访者的关系情况为：与分享相关信息的"关系人"具有一定的关系强度、自身占有一定的关系资源、基于相关信息交互的关系具有一定的活跃性。另外，在 5 类群体中，"综合高水平族"占比最低，仅占 8.6%，表明社交媒介环境下风险认知情境中关系强度、资源、活跃程度三者均处于高水平的公众占比很少。依据关系情况对公众进行群体类别识别与划分，有助于对公众在风险认知情境下的关系情况有更为直观、清晰、整体性的认识与把握，并为后续针对不同关系情况群体诸多方面差异化表现进行深入考察做好准备。

3. 不同关系公众群体的信息决策启动

不同关系情况的公众群体，在对风险相关信息的决策上有一定的差异。与"综合高水平族"相比，"中等强度族"进行信息决策启动的发生比低于70.2%，"中等强度与活跃族"进行信息决策启动的发生比低于64.8%，"综合低水平族"进行信息决策的发生比低于74.8%。如前文所述，信息决策是个体风险认知过程中的信息输出环节，是个体自身风险认知的一种反应性行为，更为重要的是，它的启动意味着公众个体获得了对其他更为广泛公众风险认知施以影响的巨大可能。不同关系情况群体在信息决策上的差异，一定程度上反映了关系各维度对信息决策启动的影响。在社交媒介环境下风险认知情境中，公众的关系情况及其所属的群体类别或可成为理解公众信息决策启动这一关键现象的重要窗口。

4. 基于信息决策行为的公众群体类别

依据信息决策行为（包括信息转发、信息生产、信息搜索）的具体表现情况，受访公众可以被划分为4类群体："冷漠型""积极搜验与自我表达型""追随分享型""积极型"。在425名启动了信息决策的受访者中，4个不同类别信息决策人数及其占比从大到小依次是："追随分享型"154人，占36.2%；"积极型"133人，占31.3%；"积极搜验与自我表达型"89人，占21.0%；"冷漠型"49人，占11.5%。可以发现，"追随分享型"占比最大，即多数人倾向将所看到、接收到的相关信息进行转发分享。

如前文所述，大多食品安全风险研究是基于消费者食品安全风险认知的研究来对消费者的消费行为、消费决策进行考察、预测的，可以认为，消费者的消费决策对消费市场稳定、经济秩序运行、社会稳定无疑具有重要意义。但是，当下社交媒介环境下风险认知情境存在的普遍性，已经使得公众信息决策对风险沟通、风险治理、社会稳定的重要意义全面凸显，可以认为，本研究基于风险认知过程分析框架对信息决策内容的规定、对食品安全风险相关的信息决策中的公众群体分析亦是对食品安全风险信息决策研究的有益探索。

5. 不同关系公众群体与不同信息决策行为公众群体的对应分析

基于"关系"的公众群体类别与基于"信息决策"的公众群体类别对应分析结果显示,信息决策中的"冷漠型"更可能是关系中的"综合低水平族",即在信息决策方面,信息转发、信息搜索、信息生产水平均很低的公众,往往与分享相关信息的"关系人"的关系不密切,自身资源水平也很低,就信息进行交互的关系活跃程度也很低。信息决策中的"积极搜验与自我表达型"更可能是关系中的"中等强度族"或"中等强度与活跃族",即在信息决策中勤于对所看到、接收到的信息进行进一步搜寻、了解、学习、查验、确证的,并惯于就相关信息内容作出表达或评价的公众,往往与分享信息的"关系人"具有一定的关系,或就相关信息进行交互的关系具有一定活跃性。信息决策中的"追随分享型"更可能是关系中的"综合中等水平族",即在信息决策中更勤于积极转发的公众,往往与分享信息的"关系人"具有一定的关系,并且自身拥有一定的关系资源,就相关信息进行交互的关系具有一定的活跃性。信息决策中的"积极型"可能由关系中的"综合高水平族"和"中等强度与活跃族"共同组成,即在信息决策中信息转发、信息搜索、信息生产均具有很高水平的公众,可能与分享相关信息的"关系人"的关系很密切,自身资源水平很高,基于相关信息进行交互的关系很活跃。可以说,不同关系群体与不同决策群体的对应分析结果在一定程度上反映出公众在社交媒介环境下风险认知情境中的关系与其信息决策行为具体表现的某种关联性。

第六章 现实启示：关系视角下的风险共治

第一节 借助关系的驱动力基础推进信息内容的优化

社交媒介具有强大的连接能力，它几乎网罗并承载着公众个体的所有显性或隐性的"关系人"。可以说，社交媒介技术的迅猛发展带来了人类关系的全面重构，当然，也革新了人类认知风险的方式。立于社交媒介平台，依托关系通路所承载并驱动的风险信息成为当下公众认知风险的最核心信息源。

既有研究表明，当人们感知自身利益可能会受到侵犯时，为了寻求认知的确定性和安全性，通常会对内群体传播的信息有更高的敏感性，排斥外群体信息。[①] 这意味着，公众在面对特定风险议题时，有可能会本能地排斥政府、专家等话语，反而对公众群体所发布的信息更为敏感，更愿意接受。如此，社交媒介所网罗并承载的"关系人"及其传递的信息便具有了成为公众信息最优选择的极大可能。本研究的调查数据分析结果显示，社交媒介环境下风险认知情境中关系对公众风险信息接收具有显著正向影响，能提升公众个体信息接收可信程度、有用程度、充分程度、热度，同时，关系对风险信息加工（包括系统式加工与直觉式加工）具有显著正向影响。可以认为，关系是对风险相关信息有效输入与

---

① 彭志红：《公众风险认知视阈下核电信息的沟通策略》，《中国应急管理科学》2023 年第 6 期。

解读消化的重要驱动力与助推器。基于此，可以从风险信息类别、风险信息内容、风险信息组合上进行优化，进一步提升风险相关的知识性、效用性信息的关系通路生产与导入，以借助关系这一重要驱动力与助推器，促进公众对知识性、效用性风险信息的接收与思考。从长期来看，这将全面优化公众对风险的"立体化"认知，既包括适度调试对风险的可能与严重程度的认知，也包括适度提升对风险的熟悉与可控程度的认知。一方面，它能使公众保持一定的风险意识，促进公众进行风险防范、风险规避和风险应对，避免在过低的风险意识水平下因毫无防范而产生风险侵害；另一方面，它能增强公众对相关风险的辨识、规避、防范能力，增强公众对相关风险的适度容忍，使公众更为正确且有效地参与风险规避与应对。从长远来看，这将助益于秩序性的风险沟通与有效的风险治理。

第二节　推进社交媒介环境中关系资源培育，提高资源可获得性支持

在社交媒介环境中，关系在变换了的时空背景下呈现了诸多新的改变，并以某些更为凸显的特性或更新的形式维度对公众的风险认知过程、风险认知结果产生影响。本研究认为，关系中的资源在社交媒介环境下被发掘、撬动、重组、盘活的可能性被彻底改变，并且社交媒介环境下的关系资源蕴藏了推动公众风险认知向好发展的巨大潜能，所以推动社交媒介环境中的关系资源培育，可以提高公众资源可获得性支持，进而改善公众风险认知。

我国公众对食品的需求结构等发生了很大变化，随着公众对食品的求知欲不断增长，对食品安全的期待不断提升，公众的食品安全风险意识也愈加增强。本研究调查数据分析结果显示，公众对食品安全风险的可能与严重程度认知显著高于对熟悉与可控程度认知。其实，这并不利于公众开展理性而有效的风险沟通、风险防范、风险规避等。调查数据显示，关系资源对食品安全风险的可能与严重性程度认知发挥了显著负向直接影响效应，可以使公众的可能与严重程度认知不至于过高；关系

资源对食品安全风险的熟悉与可控程度认知发挥了显著正向影响。既有研究表明，"权力、人力、物资、器械、技术、知识等各类资源，能够提高个体处理、避免或补偿风险的可能性和能力"，"个体自身对此类资源的占有或可调度程度会直接影响个体对风险严重程度、可控性等的理解与判断"。[①] 可以认为，本研究为此提供了数据支持。关系资源对风险的可能与严重程度认知具有显著负向直接影响，可以在一定程度上抵消相关风险信息接收加工后可能与严重程度认知水平的大幅提升，使公众不会因为对风险可能与严重程度过高水平的认知而陷入非理性极端情绪中，从而也不会表现为极端无力甚至完全放弃有效的风险规避与风险应对。

本研究对受访者关系资源现状的分析显示，公众的关系资源处于较低水平，这就需要加强社交媒介环境中的关系资源培育。可以发现，社交媒介平台具象化且显性化了关系中的资源，同时为这些资源的获得、调度、交换、聚集、积累带来了极大的便利。在社交媒介环境下，首先需要引导公众自身建立关系资源培育与积累意识，这是各类型风险中最基础的自助、自救的根本途径。基于个体发展的知识、经验、风险救助等需要，个体需要学会在网络社会中嵌入不同的圈子，如此搭建很多潜在性关系，通过网络的极高可达性，撬动更多资源[②]。其次，基于风险沟通的秩序开展与风险治理有效推进的目标，可以尝试增强社交媒介平台上相关资源的积极输入与培育。各大社交媒介平台已经成为风险沟通、风险治理的重要场域，从风险沟通与治理的视角来看，仅仅将其作为"自身的信息发布平台是远远不够的"，需要"将自身的风险沟通组织和资源配置的功能"深深"嵌入"风险沟通的网络之中。[③] 例如，加大相关资源单位、行业、部门、工作人员在社交媒介关系网络中的参与和支持力度，推动相关资源单位、行业、部门、工作人员在家族群、好友群、兴趣群等各类网络社群关系中的融入与互动，为更广泛的公众提供

① 刘丽群、刘又嘉：《"关系"视角下的风险认知重构——基于认知过程的考量》，《编辑之友》2019 年第 6 期。

② 刘凯：《部落化生存：新媒体对社会关系的影响》，上海三联书店，2016，第 88 页。

③ 仇玲：《微博环境下风险放大站的社会网络研究——以雾霾事件的风险沟通为例》，博士学位论文，武汉大学，2013，第 74 页。

心理上或现实中的资源可获得性支持，进而增强公众对风险的可控信心与应对能力。

第三节　基于信息决策公众群体划分推进并细化多元主体风险共治

近年来，风险治理研究与风险治理实践均倡导"风险共治"理念，提倡广泛凝聚全社会力量，形成风险共治共同体。在食品安全风险领域，食品安全风险社会共治是指调动包括政府监管部门、食品生产经营者、行业协会、消费者协会乃至公民个人在内的社会各方力量共同参与食品安全风险的预判、评估和化解，进而形成食品安全风险全社会共管共治的格局。[①] 既有研究指出，"公众的力量将会成为食品安全风险治理的重要组成部分，公众的有序参与将会有效弥补政府治理、企业治理的短板"。[②] 可以认为，公众在我国食品安全风险沟通及治理中扮演重要角色，并发展成为一股重要的风险沟通与治理力量。王建华、葛佳烨、朱湄指出，现有食品安全风险治理研究"转向食品安全风险社会共治的必要性，强调多方主体参与社会共治"，但是"并未对各主体的权责边界和职能分工进行具体划分，缺乏社会共治过程中问题呈现的具体分析，未能在已有研究基础上实现理念变革与实践创新"。[③]

本研究立于关系视角下的风险认知过程分析框架，以更为广泛、更为宏观的信息循环流动视角对公众的信息决策行为（包括信息转发、信息生产、信息搜索）进行审视，认为公众个体的风险信息决策或将对社交媒介平台上更广泛公众的又一轮风险信息接收、风险认知重塑产生巨大影响。从风险沟通及风险治理的角度来看，公众个体及其关系既可能成为社交媒介上巨大关系网络通路中助推风险急剧扩散、骤然升级、快

---

① 陈昊、顾平安、刘璐：《公众参与食品安全风险社会共治的有效性分析——基于北京西城区食品安全类诉求电话的实证研究》，《行政与法》2019 年第 7 期。
② 陈昊、顾平安、刘璐：《公众参与食品安全风险社会共治的有效性分析——基于北京西城区食品安全类诉求电话的实证研究》，《行政与法》2019 年第 7 期。
③ 王建华、葛佳烨、朱湄：《食品安全风险社会共治的现实困境及其治理逻辑》，《社会科学研究》2016 年第 6 期。

速放大的节点与连接，也可能成为助益风险削减、风险纾解的节点与连接。这也就意味着，公众具有充当理性风险认知结果的发声者与传递者的可能。也就是说，每一个公众其实都存在促进社交媒介环境下理性风险沟通与有效风险治理的自身价值。当然，不同公众具有风险信息决策行为的差异化惯性表现，其所发挥的价值或意义不尽相同。

本研究调查数据分析结果显示，继社交媒介关系通路上风险信息接收或信息加工之后，进一步的风险信息决策（包括信息转发、信息生产、信息搜索）成为大部分公众的惯常性、普遍化选择，从一定程度来讲，这也为公众群体积极参与风险共治奠定了实践基础。受访公众中的信息决策者具有四种突出类型："积极型""积极搜验与自我表达型""追随分享型""冷漠型"。基于风险共治理念与实践视角，"积极搜验与自我表达型"公众在风险信息搜索与风险信息生产方面表现更为突出，他们往往会对自己所看到、接收到的风险信息进行搜寻、了解、学习、确证，并勤于作出进一步表达，或可成为知识性、效用性信息的最佳学习者、大众化阐释者与积极传播者；"追随分享型"公众在风险信息转发上表现得更为突出，这意味着他们在看到、接收到社交媒介关系通路中的相关风险信息时（或对其进行思考加工后），更倾向于对信息进行转发分享，或可成为风险辨识、评估、防范、应对等知识性、效用性信息的快速传递者；"积极型"公众在风险相关信息的转发、生产、搜索上均具有较高积极性，集几种优势或价值于一身。本研究认为，可以深化培育普通公众的"风险共治"理念，增强普通公众"风险共治"的权责意识，并基于信息决策不同群体行为惯性的有效识别与划分，推动并细化不同公众群体的风险共治实践。

参考文献

专 著

丁未：《社会结构与媒介效果——"知沟"现象研究》，复旦大学出版社，2003。

丁学君：《在线社会网络中舆情话题传播机制研究》，东北财经大学出版社，2016。

杜强、贾丽艳、严先锋编著《SPSS 统计分析从入门到精通》（第 2 版），人民邮电出版社，2014。

费孝通：《乡土中国》，北京大学出版社，2012。

郭小平：《风险社会的媒体传播研究：社会建构论的视角》，学习出版社，2013。

胡百精主编《公共传播与社会治理》，中国人民大学出版社，2020。

黄光国等：《人情与面子：中国人的权力游戏》，中国人民大学出版社，2010。

黄清：《数字化风险传播与公众风险感知研究》，浙江大学出版社，2020。

贾林祥编著《心理的模拟——认知心理学》，山东教育出版社，2009。

刘金平：《理解·沟通·控制：公众的风险认知》，科学出版社，2011。

刘凯：《部落化生存：新媒体对社会关系的影响》，上海三联书店，2016。

刘少杰主编《中国网络社会研究报告（2019）》，中国人民大学出版社，2020。

罗昕、支庭荣主编《中国网络社会治理研究报告（2019）》，社会科学文献出版社，2019。

彭兰：《新媒体用户研究：节点化、媒介化、赛博格化的人》，中国人民大学出版社，2020。

邱皓政：《量化研究与统计分析——SPSS（PASW）数据分析范例解析》，重庆大学出版社，2018。

邱皓政、林碧芳：《结构方程模型的原理与应用》，中国轻工业出版社，2012。

世界卫生组织编《食品安全在卫生和发展中的作用》，牛胜田译，人民卫生出版社，1986。

童兵主编《媒介化社会与当代中国》，复旦大学出版社，2011。

王琛、刘楠：《线上中国：移动时代的微信社区研究》，中国大百科全书出版社，2020。

吴明隆：《结构方程模型——Amos 实务进阶》，重庆大学出版社，2013。

熊伟主编《存在主义哲学资料选辑》（上卷），商务印书馆，1997。

杨国枢主编《中国人的心理》，中国人民大学出版社，2012。

杨继红：《新媒体生存》，清华大学出版社，2008。

喻国明、李彪：《社交网络时代的舆情管理》，江苏人民出版社，2015。

翟学伟：《关系与中国社会》，中国社会科学出版社，2012。

翟学伟：《人情、面子与权力的再生产》（第二版），北京大学出版社，2013。

中共中央党史和文献研究院编《习近平关于国家粮食安全论述摘编》，中央文献出版社，2023。

周葆华：《效果研究：人类传受观念与行为的变迁》，复旦大学出版社，2008。

〔英〕安东尼·吉登斯、菲利普·萨顿：《社会学基本概念》，王修晓译，北京大学出版社，2019。

〔英〕安东尼·吉登斯：《社会的构成——结构化理论纲要》，李康、李猛译，中国人民大学出版社，2016。

〔英〕安东尼·吉登斯：《现代性与自我认同：晚期现代中的自我与社会》，夏璐译，中国人民大学出版社，2016。

〔美〕保罗·F.拉扎斯菲尔德、伯纳德·贝雷尔森、黑兹尔·高德特：《人民的选择——选民如何在总统选战中做决定》（第三版），唐茜译，中国人民大学出版社，2012。

〔美〕保罗·斯洛维奇编著《风险的感知》，赵延东、林垚、冯欣等译，北京出版社，2007。

〔美〕保罗·瓦兹拉维克、珍妮特·比温·贝勒斯、唐·杰克逊：《人类沟通的语用学———一项关于互动模式、病理学与悖论的研究》，王继堃等译，华东师范大学出版社，2016。

〔美〕C. 赖特·米尔斯：《社会学的想象力》，陈强、张永强译，生活·读书·新知三联书店，2016。

〔加〕菲利普·N. 霍华德：《卡斯特论媒介》，殷晓蓉译，中国传媒大学出版社，2019。

〔美〕弗兰克·H. 奈特：《风险、不确定性与利润》，安佳译，商务印书馆，2006。

〔德〕格尔德·吉仁泽：《风险认知：如何精准决策》，王晋译，中信出版社，2019。

〔美〕格兰·G. 斯帕克斯：《媒介效果研究概论》（第四版），何朝阳、王希华译，中国人民大学出版社，2013。

〔德〕哈贝马斯：《公共领域的结构转型》，曹卫东等译，学林出版社，1999。

〔德〕汉诺·哈特：《传播学批判研究：美国的传播、历史和理论》，何道宽译，北京大学出版社，2008。

〔荷〕简·梵·迪克：《网络社会：新媒体的社会层面》（第二版），蔡静译，清华大学出版社，2014。

〔丹麦〕克劳斯·布鲁恩·延森：《媒介融合：网络传播、大众传播和人际传播的三重维度》，刘君译，复旦大学出版社，2012。

〔美〕Lievrouw A，〔英〕Livingstone S：《新媒介科技手册》，黄守义、许诗娴译，韦伯文化国际出版有限公司，2008。

〔美〕雷吉娜·E. 朗格林、安德莉亚·H. 麦克马金：《风险沟通：环境、安全和健康风险沟通指南》（第五版），黄河等译，中国传媒大学出版社，2016。

〔美〕林南：《社会资本：关于社会结构与行动的理论》，张磊译，上海人民出版社，2005。

〔美〕罗伯特·L.索尔所、M.金伯利·麦克林、奥托·H.麦克林：《认知心理学》（第7版），邵志芳等译，上海人民出版社，2008。

〔加〕罗伯特·洛根：《理解新媒介——延伸麦克卢汉》，何道宽译，复旦大学出版社，2012。

〔美〕马克·格兰诺维特：《镶嵌：社会网与经济行动》，罗家德译，社会科学文献出版社，2007。

〔美〕曼纽尔·卡斯特：《网络社会的崛起》，夏铸九、王志弘等译，社会科学文献出版社，2001。

〔美〕曼纽尔·卡斯特、〔英〕马汀·殷斯：《对话卡斯特》，徐培喜译，社会科学文献出版社，2003。

〔美〕曼纽尔·卡斯特主编《网络社会：跨文化的视角》，周凯译，社会科学文献出版社，2009。

〔美〕尼古拉·尼葛洛庞帝：《数字化生存》，胡泳、范海燕译，海南出版社，1997。

〔德〕尼克拉斯·卢曼：《风险社会学》，孙一洲译，广西人民出版社，2020。

〔法〕帕特里斯·费里奇：《现代信息交流史：公共空间和私人生活》，刘大明译，中国人民大学出版社，2008。

〔法〕皮埃尔·布迪厄：《社会学的问题》，曹金羽译，上海文艺出版社，2022。

〔英〕齐格蒙特·鲍曼：《流动的生活》，徐朝友译，江苏人民出版社，2012。

〔日〕山崎正和：《社交的人》，周保雄译，上海译文出版社，2008。

单波主编《中国媒体发展研究报告——媒体与社会专辑》，社会科学文献出版社，2017。

〔德〕乌尔里希·贝克：《风险社会：新的现代性之路》，张文杰、何博闻译，译林出版社，2018。

〔德〕乌尔里希·贝克：《世界风险社会》，吴英姿、孙淑敏译，南京大学出版社，2004。

〔美〕希伦·A.洛厄里、梅尔文·L.德弗勒：《大众传播效果研究的里程碑》（第三版），刘海龙等译，中国人民大学出版社，2004。

〔美〕谢尔·以色列：《微博力》，任文科译，中国人民大学出版社，2010。

〔美〕伊莱休·卡茨、保罗·F. 拉扎斯菲尔德：《人际影响 个人在大众传播中的作用》，张宁译，中国人民大学出版社，2016。

〔美〕约书亚·梅罗维茨：《消失的地域：电子媒介对社会行为的影响》，肖志军译，清华大学出版社，2002。

〔美〕珍妮·X. 卡斯帕森、罗杰·E. 卡斯帕森编著《风险的社会视野（上）公众、风险沟通及风险的社会放大》，童蕴芝译，中国劳动社会保障出版社，2010。

行业报告

《艾媒报告 | 2019 年中国移动社交行业研究报告》，搜狐，http://www.sohu.com/a/298991546_533924，最后访问时间：2022 年 10 月 20 日。

《第 43 次〈中国互联网络发展状况统计报告〉》，国家互联网信息办公室网站，http://www.cac.gov.cn/2019-02/28/c_1124175677.htm，最后访问时间：2019 年 9 月 10 日。

《2016 年中国社交应用用户行为研究报告》，CNNIC，http://www.cnnic.net.cn/hlwfzyj/hlwxzbg/sqbg/201712/P020180103485975797840.pdf，最后访问时间：2019 年 9 月 10 日。

《2017 微信用户 & 生态研究报告》，搜狐，http://www.sohu.com/a/138987943_483389，最后访问时间：2019 年 9 月 5 日。

网站文章

《互联网的解构与重构》，新浪博客，http://blog.sina.com.cn/s/blog_513a2b800100nlwr.html，最后访问时间：2019 年 9 月 10 日。

《休梅克：社会化媒体时代的"把关"》，搜狐网，http://www.sohu.com/a/303360282_649502，最后访问时间：2023 年 5 月 21 日。

《中国食品安全发展报告（2018）在京发布》，人民网，http://health.people.com.cn/n1/2018/1226/c14739-30489386.html？from=groupmessage&isappinstalled=0，最后访问时间：2019 年 8 月 25 日。

《2018 微信数据报告》，微信，https://support.weixin.qq.com/cgi-bin/mm-support-bin/getopendays，最后访问时间：2022 年 10 月 15 日。

《〈2018 年食品舆情报告〉发布：自媒体平台成食品舆情的重要来源》，新华网，http://www.xinhuanet.com/food/2018-11/20/c_1123741869.htm，最后访问时间：2019 年 9 月 23 日。

论 文

边燕杰、郝明松：《二重社会网络及其分布的中英比较》，《社会学研究》2013 年第 2 期。

边燕杰、雷鸣：《虚实之间：社会资本从虚拟空间到实体空间的转换》，《吉林大学社会科学学报》2017 年第 3 期。

边燕杰：《论社会学本土知识的国际概念化》，《社会学研究》2017 年第 5 期。

宾宁、冼文峰、胡凤：《基于强弱关系的社交网络信息传播博弈模型》，《现代情报》2016 第 12 期。

卜玉梅：《风险的社会放大：框架与经验研究及启示》，《学习与实践》2009 年第 2 期。

蔡起华、朱玉春：《关系网络对农户参与村庄集体行动的影响——以农户参与小型农田水利建设投资为例》，《南京农业大学学报》（社会科学版）2017 年第 1 期。

曹锦丹、兰雪、邹男男：《健康风险认知与信息交互行为关联模型研究》，《图书情报工作》2019 年第 6 期。

曹正汉、周杰：《社会风险与地方分权——中国食品安全监管实行地方分级管理的原因》，《社会学研究》2013 年第 1 期。

陈昌凤、霍婕：《权力迁移与关系重构：新闻媒体与社交平台的合作转型》，《新闻与写作》2018 年第 4 期。

陈昌凤、马越然：《连接、联动、认同：公众生产新闻的传播路径研究》，《新闻与写作》2018 年第 2 期。

陈成文、王修晓：《人力资本、社会资本对城市农民工就业的影响——来自长沙市的一项实证研究》，《学海》2004 年第 6 期。

陈汉明：《信息特征及信任度对暴恐事件风险认知的影响研究》，硕士学位论文，华中师范大学，2015。

陈昊、顾平安、刘璐：《公众参与食品安全风险社会共治的有效性分析——基于北京西城区食品安全类诉求电话的实证研究》，《行政与法》2019年第7期。

陈力丹、费杨生：《关系：移动互联时代传统媒体转型的逻辑起点——读第20个玛丽·梅克尔的互联网报告》，《编辑之友》2016年第7期。

陈力丹：《试论人际关系与人际传播》，《国际新闻界》2005年第3期。

陈力丹：《新闻传播学学科建设若干问题的思考》，《新闻记者》2017年第9期。

陈先红：《论新媒介即关系》，《现代传播》（中国传媒大学学报）2006年第3期。

池上新：《社会网络、风险感知与当代大学生风险短信的传播》，《中国青年研究》2014年第2期。

仇玲：《微博环境下风险放大站的社会网络研究——以雾霾事件的风险沟通为例》，博士学位论文，武汉大学，2013。

崔波、马志浩：《人际传播对风险感知的影响：以转基因食品为个案》，《新闻与传播研究》2013年第9期。

范红霞：《微信中的信息流动与新型社会关系的生产》，《现代传播》（中国传媒大学学报）2016年第10期。

方杰等：《基于结构方程模型的多重中介效应分析》，《心理科学》2014年第3期。

冯娇、姚忠：《基于强弱关系理论的社会化商务购买意愿影响因素研究》，《管理评论》2015年第12期。

冯强：《媒体传播对个体风险感知的影响研究——以食品安全议题为个案》，博士学位论文，武汉大学，2014。

冯强、石义彬：《媒体传播对食品安全风险感知影响的定量研究》，《武汉大学学报》（人文科学版）2017年第2期。

桂勇等：《网络极端情绪人群的类型及其政治与社会意涵 基于中国网络社会心态调查数据（2014）的实证研究》，《社会》2015年第5期。

郭璐：《社交媒体对当代女大学生 HPV 相关健康行为的影响》，硕士学位论文，上海外国语大学，2019。

郭雪松、陶方易、黄杰：《城市居民的食品风险感知研究：以西安市大米消费为例》，《北京社会科学》2014 年第 11 期。

韩大平：《食品安全危机信息在社交媒体中的传播研究》，博士学位论文，北京邮电大学，2015。

胡百精：《互联网、公共危机与社会认同》，《社会科学文摘》2016 年第 5 期。

胡卫中等：《城市消费者食品安全风险认知与规避——关于猪肉安全风险认知与规避的调研》，《现代城市》2008 年第 1 期。

胡卫中、齐羽、华淑芳：《国外食品安全风险认知研究与进展》，《安徽农业大学学报》（社会科学版）2008 年第 2 期。

胡卫中：《消费者食品安全风险认知的实证研究》，博士学位论文，浙江大学，2010。

黄旦：《美国早期的传播思想及其流变——从芝加哥学派到大众传播研究的确立》，《新闻与传播研究》2005 年第 1 期。

黄荣贵、骆天珏、桂勇：《互联网对社会资本的影响：一项基于上网活动的实证研究》，《江海学刊》2013 年第 1 期。

蒋英杰等：《典型认知模型及其在人因可靠性分析中的应用评述》，《安全与环境学报》2011 年第 1 期。

金玮、杜诗卿：《近年来国内社会网络理论的应用成果综述》，《科技传播》2014 年第 7 期。

赖胜强：《影响用户微博信息转发的因素研究》，《图书馆工作与研究》2015 年第 8 期。

赖炜：《格兰诺维特的"嵌入性"理论及其在社交媒体研究中的应用》，《新媒体研究》2018 年第 14 期。

赖泽栋：《社交媒体环境下消费者食品风险认知与风险传播行为研究》，博士学位论文，福建农林大学，2014。

乐国安：《评现代认知心理学中的计算机类比》，《哲学研究》1984 年第 11 期。

李春雷、申占科：《媒介化治理：概念、逻辑与"共识"取向》，《新闻
　　与写作》2023 年第 6 期。

李继宏：《强弱之外——关系概念的再思考》，《社会学研究》2003 年第
　　3 期。

李佳洁、李楠、罗浪：《风险认知维度下对我国食品安全系统性风险的再
　　认识》，《食品科学》2016 年第 9 期。

李路路、李睿婕、赵延东：《自然灾害与农村社会关系结构的变革——对
　　汶川地震灾区一个村庄的个案研究》，《社会科学战线》2015 年第
　　1 期。

李小敏、胡象明：《邻避现象原因新析：风险认知与公众信任的视角》，
　　《中国行政管理》2015 年第 3 期。

李晓娥：《社会化媒体中关系强度对信息扩散的影响——基于新浪微博社
　　会网络的实证研究》，硕士学位论文，华中科技大学，2012。

李燕、徐富明、孔诗晓：《判断与决策中的易得性启发式》，《心理研究》
　　2015 年第 5 期。

李一川：《风险认知与信任视角下的消费者食品安全风险行为研究》，博
　　士学位论文，武汉大学，2012。

刘传江、覃艳丽、李雪：《网络社交媒体使用、社会资本积累与新时代农
　　业转移人口的城市融合——基于六市 1409 个样本的调查》，《杭州师
　　范大学学报》（社会科学版）2018 年第 6 期。

刘东亮等：《基于社交网络的信息传播机制研究》，《情报科学》2015 年
　　第 8 期。

刘海龙、于瀛：《概念的政治与概念的连接：谣言、传言、误导信息、虚
　　假信息与假新闻的概念的重构》，《新闻界》2021 年第 12 期。

刘济群：《国外社交媒体影响力研究述评——进展与启示》，《现代情报》
　　2016 年第 3 期。

刘静、杨伯溆：《校内网使用与大学生的互联网社会资本——以北京大学
　　在校生的抽样调查为例》，《青年研究》2010 年第 4 期。

刘军：《关系：一种新的分析单位》，《社会》2005 年第 5 期。

刘丽群、刘又嘉：《"关系"视角下的风险认知重构——基于认知过程的

考量》，《编辑之友》2019 年第 6 期。

刘蒙之：《格雷格里·贝特森对传播学研究的奠基性贡献》，《国际新闻界》2010 年第 1 期。

刘瑞新：《消费者对食品安全的风险认知及防范研究》，博士学位论文，江南大学，2016。

刘燕、纪成君：《食品消费者风险认知的研究》，《中国食物与营养》2010 年第 11 期。

刘智勇、陈立、郭彦宏：《重构公众风险认知：邻避冲突治理的一种途径》，《领导科学》2016 年第 32 期。

陆哲静：《社会网络、创业者特质对创业风险识别的影响研究——基于信息加工视角》，硕士学位论文，浙江理工大学，2013。

吕行佳：《社交网络中的强弱关系转化》，《新闻研究导刊》2017 年第 5 期。

罗茜、沈阳：《媒介使用、社会网络与环境风险感知——基于 CGSS2010 数据的实证研究》，《新媒体与社会》2017 年第 3 期。

马倩：《研究生社会网络、信息获取与求职结果间关系的实证研究》，硕士学位论文，电子科技大学，2013。

马向阳等：《说服效应的理论模型、影响因素与应对策略》，《心理科学进展》2012 年第 5 期。

孟健、姜燕：《社会化商务环境下用户生成内容的动机研究——以"大众点评网"为例》，《现代情报》2015 年第 11 期。

孟盈：《论媒介与社会关系在发展中的交互促进》，《复旦学报》（社会科学版）2010 年第 4 期。

潘松挺、蔡宁：《企业创新网络中关系强度的测量研究》，《中国软科学》2010 年第 5 期。

彭兰：《从社区到社会网络——一种互联网研究视野与方法的拓展》，《国际新闻界》2009 年第 5 期。

彭兰：《"连接"的演进——互联网进化的基本逻辑》，《国际新闻界》2013 年第 12 期。

彭兰：《社会化媒体：媒介融合的深层影响力量》，《江淮论坛》2015 年第 1 期。

彭志红：《公众风险认知视阈下核电信息的沟通策略》，《中国应急管理科学》2023 年第 6 期。

乔秀宏：《基于社交媒体平台的健康风险信息搜寻行为研究——以疫苗议题为例》，硕士学位论文，东北师范大学，2019。

乔志宏等：《人力资本和社会资本与中国大学生就业的相关研究》，《中国青年研究》2011 年第 4 期。

邱鸿峰：《环境风险的社会放大与政府传播：再认识厦门 PX 事件》，《新闻与传播研究》2013 年第 8 期。

单春玲、赵含宇：《社交媒体中商务信息转发行为研究——基于强弱关系理论》，《现代情报》2017 年第 10 期。

尚伟：《基于认知心理视角的古文字信息处理研究》，《情报科学》2013 年第 7 期。

佘硕、张聪丛：《基于社会媒体的食品风险信息公众传播行为研究》，《情报杂志》2015 年第 9 期。

石发勇：《关系网络与当代中国基层社会运动——以一个街区环保运动个案为例》，《学海》2005 年第 3 期。

宋娴、金莺莲：《风险信息寻求和加工模型在科学传播领域的应用——以转基因食品安全问题为例》，《科普研究》2018 年第 2 期。

隋岩、李丹：《论互联网群体传播的关系偏向》，《编辑之友》2022 年第 2 期。

隋岩：《群体传播时代：信息生产方式的变革与影响》，《中国社会科学》2018 年第 11 期。

孙立平：《“关系”、社会关系与社会结构》，《社会学研究》1996 年第 5 期。

孙秀鑫：《微信对大学生人际交往的影响研究——基于强弱关系的视角》，硕士学位论文，大连理工大学，2017。

谭翀、张亦慧：《突发事件中的风险认知偏差与应对》，《人民论坛》2011 年第 17 期。

谭天、苏一洲：《论社交媒体的关系转换》，《现代传播》（中国传媒大学学报）2013 年第 11 期 。

汤景泰、巫惠娟：《风险表征与放大路径：论社交媒体语境中健康风险的社会放大》，《现代传播》（中国传媒大学学报）2016 年第 12 期。

童庆蒙、张俊飚、张露：《社会资本、政治效能与农村环境维权——基于 CGSS2010 的实证研究》，《华中农业大学学报》（社会科学版）2016 年第 5 期。

王佳：《认同与忠诚：在线品牌社群社会资本对品牌的作用机制研究》，博士学位论文，武汉大学，2016。

王建华、葛佳烨、朱湄：《食品安全风险社会共治的现实困境及其治理逻辑》，《社会科学研究》2016 年第 6 期。

王磊：《环境风险的社会放大的心理机制研究——社会表征结构对风险感知和应对的影响》，博士学位论文，吉林大学，2014。

王玲宁：《微信使用行为对个体社会资本的影响》，《新闻大学》2015 年第 6 期。

王倩：《社会网络对创业机会识别的影响：信息获取的中介作用》，博士学位论文，吉林大学，2011。

王文彬：《网络社会中城市居民风险感知影响因素研究——基于体制、信任与社会网络交往的混合效应分析》，《社会科学战线》2017 年第 1 期。

温忠麟、叶宝娟：《中介效应分析：方法和模型发展》，《心理科学进展》2014 年第 5 期。

吴兵、吴一夫：《从社交平台上的四类人际关系结构看舆论的生成与扩散》，《传媒观察》2015 年第 6 期。

吴世文、郑子聪：《人员构成的转换与意见的可见性：中国网络意见中介者的历史演变》，《中国网络传播研究》2021 年第 1 期。

肖斌：《微信朋友圈对大学生人际交往的影响研究——基于强弱关系理论的视角》，《教育学术月刊》2015 年第 10 期。

肖冬平、梁臣：《社会网络研究的理论模式综述》，《广西社会科学》2003 年第 12 期。

熊继、刘一波、谢晓非：《食品安全事件心理表征初探》，《北京大学学报》（自然科学版）2011 年第 1 期。

胥琳佳、屈启兴：《突发公共卫生事件中社交媒体内容与社会网络结构对转发行为的影响》，《现代传播》（中国传媒大学学报）2018 年第 11 期。

徐翔：《社交媒体传播中的"影响力圈层"效应——基于媒体样本的实证挖掘与分析》，《同济大学学报》（社会科学版）2017 年第 3 期。

杨波：《公众核电风险的认知过程及对公众核电宣传的启示》，《核安全》2013 年第 1 期。

于清源、谢晓非：《环境中的风险认知特征》，《心理科学》2006 年第 2 期。

于铁山：《食品安全风险认知影响因素的实证研究——基于对武汉市食品安全风险认知调查》，《华中农业大学学报》（社会科学版）2015 年第 6 期。

喻国明等：《"个人被激活"的时代：互联网逻辑下传播生态的重构——关于"互联网是一种高维媒介"观点的延伸探讨》，《现代传播》（中国传媒大学学报）2015 年第 5 期。

喻国明：《"关系革命"背景下的媒体角色与功能》，《新闻与写作》2012 年第 3 期。

曾群等：《基于双路径模型的网络舆情在社交网络上的传播机制研究》，《情报科学》2017 年第 6 期。

翟学伟：《中国人际关系的特质——本土的概念及其模式》，《社会学研究》1993 年第 4 期。

张聪丛：《基于社交媒体使用的公众食品安全风险感知及反馈行为研究》，硕士学位论文，华中科技大学，2016。

张辉刚、朱亚希：《社会嵌入理论视角下媒体融合的行动框架构建》，《当代传播》2018 年第 1 期。

张辉、徐晓林：《博客评论行为动机因素实证研究》，《情报杂志》2013 年第 11 期。

张慧等：《基于气候变化的风险认知》，《心理科学进展》2013 年第 9 期。

张金荣、刘岩、张文霞：《公众对食品安全风险的感知与建构：基于三城市公众食品安全风险感知状况调查的分析》，《吉林大学社会科学学报》2013 年第 2 期。

张进宝：《"关系社会学"何以可能?》，《国外社会科学》2011 年第 2 期。

张坤、李力：《社交媒体用户从众信息分享行为影响机理研究：三度归因理论视角》，《情报资料工作》2022 年第 6 期。

张明新、方飞：《媒介、关系与互动：理解互联网"公众"》，《现代传播》（中国传媒大学学报）2021 年第 12 期。

张明新、刘于思：《社会交互式传播技术与青少年的同辈关系网——基于社会网络分析的经验研究》，《国际新闻界》2013 年第 7 期。

张明新：《社会关系网络中的信息消费与生产：微博用户行为研究》，《新闻与传播研究》2012 年第 6 期。

赵延东、罗家德：《如何测量社会资本：一个经验研究综述》，《国外社会科学》2005 年第 2 期。

赵延东：《社会资本与灾后恢复——一项自然灾害的社会学研究》，《社会学研究》2007 年第 5 期。

赵英：《社交媒体对企业内信息传播的影响研究——基于社会网络视角》，《传媒》2014 年第 22 期。

周筱麟：《对"认知"的几种看法》，《心理科学通讯》1984 年第 2 期。

周懿瑾、魏佳纯：《"点赞"还是"评论"? 社交媒体使用行为对个人社会资本的影响——基于微信朋友圈使用行为的探索性研究》，《新闻大学》2016 年第 1 期。

朱仁崎：《组织公平对部队军官工作行为影响机制研究》，博士学位论文，湖南大学，2013。

邹宇春、赵延东：《社会网络如何影响信任? ——资源机制与交往机制》，《社会科学战线》2017 年第 5 期。

Adam M. Rainear, and John L. Christensen, "Protection Motivation Theory as an Explanatory Framework for Proenvironmental Behavioral Intentions," *Communication Research Reports* 34 (2017).

Alexandra E. Lobb, Mario Mazzocchi, and W. B. Traill, "Modelling Risk Perception and Trust in Food Safety Information within the Theory of Planned Behaviour," *Food Quality and Preference* 18 (2007).

Andrew R. Binder, Dietram A. Scheufele, Dominique Brossard et al., "Interpersonal Amplification of Risk? Citizen Discussions and Their Impact on Perceptions of Risks and Benefits of a Biological Research Facility," *Risk Analysis* 31 (2011).

Arnout R. H. Fischer, and Lynn J. Frewer, "Consumer Familiarity with Foods and the Perception of Risks and Benefits," *Food Quality and Preference* 20 (2009).

Artemio Ramirez, Erin M. Sumner, and John Spinda, "The Relational Reconnection Function of Social Network Sites," *New Media & Society* 19 (2017).

Carol Smidts, Song-Hua Shen, and Ali Mosle, "The IDA Cognitive Model for the Analysis of Nuclear Power Plant Operator Response under Accident Conditions. Part I: Problem Solving and Decision Making Model," *Reliability Engineering & System Safety* 55 (1997).

Centola Damon, and Michael Macy, "Complex Contagions and the Weakness of Long Ties," *American Journal of Sociology* 113 (2007).

Craig W. Trumbo, and Katherine A. McComas, "The Function of Credibility in Information Processing for Risk Perception," *Risk Analysis* 23 (2003).

Daniel Z. Levin, and Rob Cross, "The Strength of Weak Ties You Can Trust: The Mediating Role of Trust in Effective Knowledge Transfer," *Management Science* 50 (2004).

Denise Mahon, and Cathal Cowan, "Irish Consumers' Perception of Food Safety Risk in Minced Beef," *British Food Journal* 106 (2004).

Geoffrey D. Gooch, "Environmental Concern and the Swedish Press: A Case Study of the Effects of Newspaper Reporting, Personal Experience and Social Interaction on the Public's Perception of Environmental Risks," *European Journal of Communication* 11 (1996).

Gilbert Eric, and Karrie Karahalios, Predicting Tie Strength with Social Media (paper represented at the proceedings of the SIGCHI conference on human factors in computing systems, Boston, MA, USA, April 2009).

Gisela Wachinger, Ortwin Renn, Chloe Begg et al., "The Risk Perception Paradox—Implications for Governance and Communication of Natural Hazards," *Risk Analysis* 33 (2013).

Harmonie Farrow, and Y. Connie Yuan, "Building Stronger Ties with Alumni through Facebook to Increase Volunteerism and Charitable Giving," *Journal of Computer-Mediated Communication* 16 (2011).

Haythornthwaite Caroline, "Strong, Weak, and Latent Ties and the Impact of New Media," *The Information Society* 18 (2002).

Helen W. Sullivan, Amie C. O' Donoghue, Douglas J. Rupert et al., "Placement and Format of Risk Information on Direct-to-consumer Prescription Drug Websites," *Journal of Health Communication* 22 (2017).

Higgs, N. T., "Practical and Innovative Uses of Correspondence Analysis," *The Statistician* 40 (1991).

Jamie Herring, Matthew S. VanDyke, R. Glenn Cummins et al., "Communicating Local Climate Risks Online through an Interactive Data Visualization," *Environmental Communication* 11 (2017).

Jason P. Rose, Yumi Endo, Paul D. Windschitl, "Cultural Differences in Unrealistic Optimism and Pessimism: The Role of Egocentrism and Direct Versus Indirect Comparison Measures," *Personality and Social Psychology Bulletin* 34 (2008).

Jay D. Hmielowski, Lauren Feldman, Teresa A. Myers et al., "An Attack on Science? Media Use, Trust in Scientists, and Perceptions of Global Warming," *Public Understanding of Science* 23 (2014).

Jean Brenot, Sylviane Bonnefous, and Claire Marris, "Testing the Cultural Theory of Risk in France," *Risk Analysis* 18 (1998).

John P. Roche, and Marc A. T. Muskavitch, "Limited Precision in Print Media Communication of West Nile Virus Risks," *Science Communication* 24 (2003).

Jyun-Cheng Wang, and Ching-Hui Chang, "How Online Social Ties and Product-Related Risks Influence Purchase Intentions: A Facebook Experiment," *Electronic Commerce Research and Applications* 12 （2013）.

Kahlor L. Ann, "PRISM: A Planned Risk Information Seeking Model," *Health Communication* 25 （2010）.

Kim Soojung, and Wooyeol Shin, "Understanding American and Korean Students' Support for Pro-environmental Tax Policy: The Application of the Value-Belief-Norm Theory of Environmentalism," *Environmental Communication* 11 （2017）.

Leung Louis, "User-Generated Content on the Internet: An Examination of Gratifications, Civic Engagement and Psychological Empowerment," *New media & society* 11 （2009）.

Lianshan Zhang, Xiaodong Yang, Eun Hwa Jung et al., "When Does Wechat Usage Decrease Loneliness? A Panel Study Examining the Moderating Roles of Age and Perceived Network Supportiveness," *Social Science Computer Review* 41 （2023）.

Linhai Wu, Yingqi Zhong, Lijie Shan et al., "Public Risk Perception of Food Additives and Food Scares. The Case in Suzhou, China," *Appetite* 70, （2013）.

Lynn J. Frewer, Chaya Howard, and Richard Shepherd, "Public Concerns in the United Kingdom about General and Specific Applications of Genetic Engineering: Risk, Benefit, and Ethics," *Science, Technology, & Human Values* 22 （1997）.

Mathew D. Marques, Christine R. Critchley, and Jarrod Walshe, "Attitudes to Genetically Modified Food Over Time: How Trust in Organizations and the Media Cycle Predict Support," *Public Understanding of Science* 24 （2015）.

Michael A. Stanko, Joseph M. Bonner, and Roger J. Calantone, "Building Commitment in Buyer-Seller Relationships: A Tie Strength Perspective," *Industrial Marketing Management* 36 （2007）.

Nicole B. Ellison, Charles Steinfield, and Cliff Lampe, "The Benefits of Facebook 'Friends': Social Capital and College Students' Use of Online Social Network Sites," *Journal of Computer-Mediated Communication* 12

（2007）.

Nikoleta Jones, Julian Clark, and Georgia Tripidaki, "Social Risk Assessment and Social Capital: A Significant Parameter for the Formation of Climate Change Policies," *The Social Science Journal* 49 （2012）.

Pachur Thorsten, Ralph Hertwig, and Florian Steinmann, "How do People Judge Risks: Availability Heuristic, Affect Heuristic, or Both?" *Journal of Experimental Psychology: Applied* 18 （2012）.

Paul Slovic, Baruch Fischhoff, and Sarah Lichtenstein, "Rating the Risks," *Environment* 21 （1979）.

Philipp Babcicky, and Sebastian Seebauer, "The Two Faces of Social Capital in Private Flood Mitigation: Opposing Effects on Risk Perception, Self-Efficacy and Coping Capacity," *Journal of Risk Research* 20 （2017）.

Qing Huang, "Public Trust in Local Governments and Environmental Risks in China: The Effects of Media Use, Perceived Dread, and Perceived Inequality," *Chinese Journal of Communication* 11 （2018）.

Rebecca A. Ferrer, David B. Portnoy, and William M. P. Klein, "Worry and Risk Perceptions as Independent and Interacting Predictors of Health Protective Behaviors," *Journal of Health Communication* 18 （2013）.

Rebekah H. Nagler, "Adverse Outcomes Associated with Media Exposure to Ccontradictory Nutrition Messages," *Journal of Health Communication* 19 （2014）.

Richard J. Bord, Robert E. O'connor, and Ann Fisher, "In What Sense does the Public Need to Understand Global Climate Change?" *Public Understanding of Science* 9 （2000）.

Robert J. Griffin, Kurt Neuwirth, James Giese et al., "Linking the Heuristic-Systematic Model and Depth of Processing," *Communication Research* 29 （2002）.

Robert J. Griffin, Sharon Dunwoody, and Kurt Neuwirth, "Proposed Model of the Relationship of Risk Information Seeking and Processing to the Development of Preventive Behaviors," *Environmental Research* 80 （1999）.

Ruth M. W. Yeung, and Joe Morris, "Consumer Perception of Food Risk in Chicken Meat," *Nutrition & Food Science* 31 (2001).

Sabine M. Marx, Elke U. Weber, Benjamin S. Orlove et al. , "Communication and Mental Processes: Experiential and Analytic Processing of Uncertain Climate Information, " *Global Environmental Change* 17 (2007).

Sandi W. Smith, Rose Hitt, Jessica Russell et al. , "Risk Belief and Attitude Formation from Translated Scientific Messages about PFOA, an Environmental Risk Associated with Breast Cancer," *Health Communication* 32 (2017).

Shim Minsun, and Myoungsoon You, "Cognitive and Affective Risk Perceptions toward Food Safety Outbreaks: Mediating the Relation between News Use and Food Consumption Intention," *Asian Journal of Communication* 25 (2015).

Shirley S. Ho, Dietram A. Scheufele, and Elizabeth A. Corley, "Factors Influencing Public Risk-Benefit Considerations of Nanotechnology: Assessing the Effects of Mass Media, Interpersonal Communication, and Elaborative Processing," *Public Understanding of Science* 22 (2013).

Shirley S. Ho, Dietram A. Scheufele, and Elizabeth A. Corley, "Value Predispositions, Mass Media, and Attitudes toward Nanotechnology: The Interplay of Public and Experts," *Science Communication* 33 (2011).

Shi Zhan, Rui Huaxia, and Andrew B. Whinston, "Content Sharing in a Social Broadcasting Environment: Evidence from Twitter, " *MIS quarterly* 38 (2014).

Sim B. Sitkin, and Laurie R. Weingart, "Determinants of Risky Decision-making Behavior: A Test of the Mediating Role of Risk Perceptions and Propensity," *Academy of Management Journal* 38 (1995).

Soontae An, "Antidepressant Direct-To-Consumer Advertising and Social Perception of the Prevalence of Depression: Application of the Availability Heuristic," *Health Communication* 23 (2008).

Stephanie W. Sussman, and Wendy S. Siegal, "Informational Influence in Organizations: An Integrated Approach to Knowledge Adoption," *Information Systems Research* 14 (2003).

Susan A. Hornibrook, Mary McCarthy, and Andrew Fearne, "Consumers' Perception of Risk: The Case of Beef Purchases in Irish Supermarkets," *International Journal of Retail & Distribution Management* 33 (2005).

Thomas A. Morton, and Julie M. Duck, "Communication and Health Beliefs: Mass and Interpersonal Influences on Perceptions of Risk to Self and Others," *Communication Research* 28 (2001).

Ting-Peng Liang, Yi-Ting Ho, Yu-Wen Li et al., "What Drives Social Commerce: The Role of Social Support and Relationship Quality," *International Journal of Electronic Commerce* 16 (2011).

Trisha T. C. Lin, Li Li, and John R. Bautista, "Examining How Communication and Knowledge Relate to Singaporean Youths' Perceived Risk of Haze and Intentions to Take Preventive Behaviors," *Health Communication* 32 (2017).

Vicki McKinney, Kanghyun Yoon, and Fatemeh M. Zahedi, "The Measurement of Web-Customer Satisfaction: An Expectation and Disconfirmation Approach," *Information Systems Research* 13 (2002).

Vincent-Wayne Mitchell, and Michael Greatorex, "Risk Reducing Strategies Used in the Purchase of Wine in the UK," *European Journal of Marketing* 23 (1989).

Westerman David, Patric R. Spence, and Brandon V. D. Heide, "Social Media as Information Source: Recency of Updates and Credibility of Information," *Journal of Computer-Mediated Communication* 19 (2014).

Xiaoli Nan, Linda Verrill, and Jarim Kim, "Mapping Sources of Food Safety Information for U. S. Consumers: Findings From a National Survey," *Health Communication* 32 (2017).

Yang Xiaodong, Agnes Chuah, Edmund W. J. Lee et al., "Extending the Cognitive Mediation Model: Examining Factors Associated with Perceived Familiarity and Factual Knowledge of Nanotechnology," *Mass Communica-*

tion and Society 20 （2017）.

Yang Xiaodong, Chen Liang and Feng Qiang, "Risk Perception of Food Safety Issue on Social Media," *Chinese Journal of Communication* 9 （2016）.

Yang Z. Janet, Ariel M. Aloe, and Thomas H. Feeley, "Risk Information Seeking and Processing Model: A Meta-Analysis," *Journal of Communication* 64 （2014）.

Yi Mou, and Carolyn A. Li, "The Impact of Online Social Capital on Social Trust and Risk Perception," *Asian Journal of Communication* 27 （2017）.

Zhu Dongqing, Xie Xiaofei, Gan Yiqun, "Information Source and Valence: How Information Credibility Influences Earthquake Risk Perception," *Journal of Environmental Psychology* 31 （2011）.

附录一 "社交媒体环境下风险认知情境中的关系及其结构维度"正式问卷

尊敬的朋友:

您好!非常感谢您抽出宝贵的时间完成此次问卷调查。此次调查是为了更好地了解公众的微信使用情况、微信平台上的关系情况,以及公众的食品安全风险认知情况。问卷中的问题作答无所谓对或错,您只需按照您的实际情况和真实想法回答。在此向您郑重承诺,您所填写的信息将被严格保密,调查结果仅用于学术研究。请您放心填写,非常感谢您的支持!

1. 社交媒体(如微信)上有一些途径可以看到、接收到一些信息,如①微信朋友圈 ②微信群 ③微信中的"看一看" ④微信联系人的"一对一"发送 ⑤微信评论(如朋友圈"好友"信息的评论栏),您曾经通过以上途径看到过、接收到过食品安全风险相关的信息吗?[跳转题项][单选题]

□看到过、接收到过　　□从没看到过、从没接收到过

2. 您曾经通过以下哪些途径看到过、接收到过食品安全风险相关的信息?[多选题]

□微信朋友圈　　□微信群　　□微信中的"看一看"

□微信联系人的"一对一"发送　　□微信评论(如朋友圈"好友"信息的评论栏)

3. 最近一周,您平均每天使用微信的时长

□非常短(0~1小时)　　□比较短(1~2小时)

□一般（2~3小时） □比较长（3~4小时）

□非常长（4小时以上）

4. 一天中，您点开微信的次数

□非常少（0~2次） □比较少（3~5次） □一般（6~8次）

□比较多（9~11次） □非常多（12次及以上）

5. 关于微信的使用，以下各题，请您根据您的实际情况作答。选项
1至5依次表示"非常不同意""比较不同意""不确定""比较同意"
"非常同意"。

（1）使用微信是我每天都会做的事情

□非常不同意 □比较不同意 □不确定

□比较同意 □非常同意

（2）我乐于与别人谈论微信

□非常不同意 □比较不同意 □不确定

□比较同意 □非常同意

（3）微信成为我日常生活的一部分

□非常不同意 □比较不同意 □不确定

□比较同意 □非常同意

（4）如果我一段时间不使用微信我会觉得好像和外界失去了联系

□非常不同意 □比较不同意 □不确定

□比较同意 □非常同意

（5）如果微信被取消，我会为此感到难过

□非常不同意 □比较不同意 □不确定

□比较同意 □非常同意

6. 过去一个月内，您使用微信的主要用途是什么？请您根据自己的
实际情况作答。选项1至5依次表示"非常不同意""比较不同意""不
确定""比较同意""非常同意"。

（1）关注、获取感兴趣的内容

□非常不同意 □比较不同意 □不确定

□比较同意 □非常同意

（2）及时了解新闻热点

□非常不同意　　　□比较不同意　　　□不确定

□比较同意　　　　□非常同意

（3）关注、获取生活或工作中有用的知识

□非常不同意　　　□比较不同意　　　□不确定

□比较同意　　　　□非常同意

（4）和朋友互动

□非常不同意　　　□比较不同意　　　□不确定

□比较同意　　　　□非常同意

（5）增进和朋友之间的感情

□非常不同意　　　□比较不同意　　　□不确定

□比较同意　　　　□非常同意

（6）认识更多新朋友

□非常不同意　　　□比较不同意　　　□不确定

□比较同意　　　　□非常同意

（7）分享生活/工作中有用的知识

□非常不同意　　　□比较不同意　　　□不确定

□比较同意　　　　□非常同意

（8）发表对新闻热点事件的评论

□非常不同意　　　□比较不同意　　　□不确定

□比较同意　　　　□非常同意

（9）放松自我

□非常不同意　　　□比较不同意　　　□不确定

□比较同意　　　　□非常同意

（10）获得娱乐

□非常不同意　　　□比较不同意　　　□不确定

□比较同意　　　　□非常同意

7. 以下各题，请您根据实际作答。选项 1 至 5 依次表示"非常少""比较少""一般""比较多""非常多"。

（1）微信通讯录中联系人数量

□非常少　　□比较少　　□一般　　□比较多　　□非常多

（2）微信朋友圈中好友的数量

□非常少　　□比较少　　□一般　　□比较多　　□非常多

（3）加入微信群的数量

□非常少　　□比较少　　□一般　　□比较多　　□非常多

（4）所加入的微信群群成员总数量

□非常少　　□比较少　　□一般　　□比较多　　□非常多

8. 在这里，将您微信通讯录里的"联系人"、微信朋友圈里的"好友"、您所在的微信群里的群成员都归为您微信上的"关系人"。您微信的"关系人"中，从事以下职业的"关系人"数量如何？请您根据实际情况作答，选项1至5依次表示"非常少""比较少""一般""比较多""非常多"。

（1）就职于食品监管单位或部门的"关系人"数量

□非常少　　□比较少　　□一般　　□比较多　　□非常多

（2）就职于媒体单位的"关系人"数量

□非常少　　□比较少　　□一般　　□比较多　　□非常多

（3）医生、从事食品安全研究的科学工作者、学术研究者

□非常少　　□比较少　　□一般　　□比较多　　□非常多

（4）加入了食品安全相关的权益保护组织、群组的"关系人"数量

□非常少　　□比较少　　□一般　　□比较多　　□非常多

9. 在问卷最前面的题目中列举了微信上可以看到、接收到食品安全风险相关信息的5种途径，从这些途径中所看到的、接收到的食品安全风险相关的信息往往是微信上的"关系人"所分享的。

您与分享这些信息、知识的"关系人"之间的关系如何？请您根据自己的实际情况作答。选项1至5依次表示"非常不同意""比较不同意""不确定""比较同意""非常同意"。

（1）我与他（或他们）很亲密

□非常不同意　　□比较不同意　　□不确定

□比较同意　　□非常同意

（2）当我发过一条朋友圈消息后，他（或他们）是最能理解我情绪的

□非常不同意　　　　□比较不同意　　　　□不确定

□比较同意　　　　□非常同意

（3）我对他（或他们）很信任

□非常不同意　　　　□比较不同意　　　　□不确定

□比较同意　　　　□非常同意

（4）他（或他们）在朋友圈发布的消息我会无条件相信

□非常不同意　　　　□比较不同意　　　　□不确定

□比较同意　　　　□非常同意

（5）我和他（或他们）联系得很频繁

□非常不同意　　　　□比较不同意　　　　□不确定

□比较同意　　　　□非常同意

（6）我在朋友圈给他（或他们）点赞、评论很频繁

□非常不同意　　　　□比较不同意　　　　□不确定

□比较同意　　　　□非常同意

10. 关于微信上的"关系人"情况，请您根据自己的实际情况作答，选项 1 至 5 依次表示"非常不同意""比较不同意""不确定""比较同意""非常同意"。

（1）他们经常在朋友圈、微信群，或"一对一"转发食品安全风险相关的信息

□非常不同意　　　　□比较不同意　　　　□不确定

□比较同意　　　　□非常同意

（2）他们经常在朋友圈、微信群，或"一对一"发表关于食品安全风险相关的看法、观点、评论

□非常不同意　　　　□比较不同意　　　　□不确定

□比较同意　　　　□非常同意

（3）他们经常对食品安全风险相关的信息点赞、点击"在看"

□非常不同意　　　　□比较不同意　　　　□不确定

□比较同意　　　　□非常同意

11. 您觉得您对食品安全风险的认识程度如何？

□非常低　　　　□比较低　　　　□一般

□比较高　　　　　　□非常高

个人基本情况

1. 您的性别

□男　　　　□女

2. 您的年龄段

□18 岁以下　　　□18~25 岁　　　□26~30 岁　　　□31~35 岁

□36~40 岁　　　□41~50 岁　　　□50 岁以上

3. 您的受教育程度

□高中及以下　　　□大学专科　　　□大学本科

□硕士研究生及以上

4. 您的个人月收入

□3000 元及以下　　□3001~5000 元　　□5001~8000 元

□8000 元以上

5. 您是否育有子女

□无子女　　　　　□有子女

附录二 "社交媒体环境下食品安全风险认知过程与结果"正式问卷

尊敬的朋友：

您好！非常感谢您抽出宝贵的时间完成此次问卷调查。此次调查是为了更好地了解公众的食品安全风险认知情况。问卷中的问题作答无所谓对或错，您只需按照您的实际情况和真实想法回答。在此向您郑重承诺，您所填写的信息将被严格保密，调查结果仅用于学术研究。请您放心填写，非常感谢您的支持！

1. 社交媒体（如微信）上有一些途径可以看到、接收到一些信息，如①微信朋友圈 ②微信群 ③微信中的"看一看"④微信联系人的"一对一"发送 ⑤微信评论（如朋友圈"好友"信息的评论栏），您曾经通过以上途径看到过、接收到过食品安全风险相关的信息吗？［跳转题项］［单选题］

□看到过、接收到过　　　　□从没看到过、从没接收到过

2. 在这里，将您微信通讯录里的"联系人"、微信朋友圈里的"好友"、您所在的微信群里的群成员都归为您微信上的"关系人"。您微信的"关系人"中，从事以下职业的"关系人"数量如何？请您根据实际情况作答，选项1至5依次表示"非常少""比较少""一般""比较多""非常多"。

（1）就职于食品监管单位或部门的"关系人"数量

□非常少　　□比较少　　□一般　　□比较多　　□非常多

（2）就职于媒体单位的"关系人"数量

□非常少　　□比较少　　□一般　　□比较多　　□非常多

（3）医生、从事食品安全研究的科学工作者、学术研究者

□非常少　　□比较少　　□一般　　□比较多　　□非常多

（4）加入了食品安全相关的权益保护组织、群组的"关系人"数量

□非常少　　□比较少　　□一般　　□比较多　　□非常多

3. 在问卷最前面的题目中列举了微信上可以看到、接收到食品安全风险相关信息的 5 种途径，从这些途径中所看到的、接收到的食品安全风险相关的信息往往是微信上的"关系人"所分享的。

您与分享这些信息的"关系人"之间的关系如何？请您根据自己的实际情况作答。选项 1 至 5 依次表示"非常不同意""比较不同意""不确定""比较同意""非常同意"。

（1）我与他（或他们）很亲密

□非常不同意　　　□比较不同意　　　□不确定

□比较同意　　　　□非常同意

（2）当我发过一条朋友圈消息后，他（或他们）是最能理解我情绪的

□非常不同意　　　□比较不同意　　　□不确定

□比较同意　　　　□非常同意

（3）我对他（或他们）很信任

□非常不同意　　　□比较不同意　　　□不确定

□比较同意　　　　□非常同意

（4）他（或他们）在朋友圈发布的消息我会无条件相信

□非常不同意　　　□比较不同意　　　□不确定

□比较同意　　　　□非常同意

（5）我和他（或他们）联系得很频繁

□非常不同意　　　□比较不同意　　　□不确定

□比较同意　　　　□非常同意

（6）我在朋友圈给他（或他们）点赞、评论很频繁

□非常不同意　　　□比较不同意　　　□不确定

□比较同意　　　　□非常同意

4. 关于微信上的"关系人"情况，请您根据自己的实际情况作答，选项 1 至 5 依次表示"非常不同意""比较不同意""不确定""比较同意""非常同意"。

（1）他们经常在朋友圈、微信群，或"一对一"转发食品安全风险相关的信息

□非常不同意　　　□比较不同意　　　□不确定
□比较同意　　　　□非常同意

（2）他们经常在朋友圈、微信群，或"一对一"发表关于食品安全风险相关的看法、观点、评论

□非常不同意　　　□比较不同意　　　□不确定
□比较同意　　　　□非常同意

（3）他们经常对食品安全风险相关的信息点赞、点击"在看"

□非常不同意　　　□比较不同意　　　□不确定
□比较同意　　　　□非常同意

5. 如第 1 题所述，以下 5 种途径可以看到、接收到食品安全风险相关的信息：①微信朋友圈 ②微信群 ③微信中的"看一看" ④微信联系人的"一对一"发送 ⑤微信评论（如朋友圈"好友"信息的评论栏）。总的来看，这 5 种途径接收食品安全风险相关信息的情况如何？以下各题，请您根据实际情况作答。选项 1 至 5 依次表示"非常不同意""比较不同意""不确定""比较同意""非常同意"。

（1）我接收到的信息很有价值

□非常不同意　　　□比较不同意　　　□不确定
□比较同意　　　　□非常同意

（2）我接收到的信息对我很有帮助

□非常不同意　　　□比较不同意　　　□不确定
□比较同意　　　　□非常同意

（3）我接收到的信息很真实

□非常不同意　　　□比较不同意　　　□不确定
□比较同意　　　　□非常同意

（4）我接收到的信息很可靠

☐非常不同意　　　☐比较不同意　　　☐不确定

☐比较同意　　　☐非常同意

（5）我接收到的信息很准确

☐非常不同意　　　☐比较不同意　　　☐不确定

☐比较同意　　　☐非常同意

（6）我接收到的信息很丰富

☐非常不同意　　　☐比较不同意　　　☐不确定

☐比较同意　　　☐非常同意

（7）我接收到的信息知识性很强

☐非常不同意　　　☐比较不同意　　　☐不确定

☐比较同意　　　☐非常同意

（8）我接收相关信息很频繁

☐非常不同意　　　☐比较不同意　　　☐不确定

☐比较同意　　　☐非常同意

（9）我接收到相关信息的总量很大

☐非常不同意　　　☐比较不同意　　　☐不确定

☐比较同意　　　☐非常同意

（10）微信上分享相关信息的"关系人"人数很多

☐非常不同意　　　☐比较不同意　　　☐不确定

☐比较同意　　　☐非常同意

6. 请您回忆一下，当您通过前文所说的 5 种微信途径看到食品安全风险相关的信息时，您是否对它进行过思考（简单思考或者深度思考）？［跳转题项］

☐思考过　　　☐从来都没有思考过

7. 对于食品安全风险相关的信息思考，以下各题，请您根据自身的实际情况作答。选项 1 至 5 依次表示"非常不同意""比较不同意""不确定""比较同意""非常同意"。

（1）当信息中出现食品安全问题相关的信息时，我会留神关注

☐非常不同意　　　☐比较不同意　　　☐不确定

□比较同意　　　　□非常同意

（2）为了弄清楚食品安全问题，我支持提供更多观点和视角

□非常不同意　　　□比较不同意　　　□不确定

□比较同意　　　　□非常同意

（3）食品安全相关信息能帮助我形成对相关问题的看法

□非常不同意　　　□比较不同意　　　□不确定

□比较同意　　　　□非常同意

（4）我会努力弄懂食品安全相关信息中的专业术语（如三聚氰胺等）

□非常不同意　　　□比较不同意　　　□不确定

□比较同意　　　　□非常同意

（5）对我而言，凭借过去的经验，食品安全问题不会困扰我

□非常不同意　　　□比较不同意　　　□不确定

□比较同意　　　　□非常同意

（6）我的信息储备已经足以使我对食品安全问题作出判断

□非常不同意　　　□比较不同意　　　□不确定

□比较同意　　　　□非常同意

（7）我感觉我已经很具备寻找和使用食品安全相关信息的能力

□非常不同意　　　□比较不同意　　　□不确定

□比较同意　　　　□非常同意

8. 当人们通过第1题所说的5种途径看到、接收到食品安全风险相关的信息时（或对它进行思考后），往往会对这些信息作出如下处理：①对相关信息进行进一步搜索、查询；②转发；③发表相关原创信息、观点、评论，点赞、点击"在看"等。请您回忆一下，当您看到、接收到食品安全风险相关的信息时（或对它进行思考后），有没有作出这些处理（特指本题中所说的3种中的一种或几种）？［跳转题项］

□有，做过这样的处理　　　□没有，从没有做过这样的处理

9. 当您看到、接收到食品安全风险相关的信息时（或者对它进行思考后），您对它的处理是怎样的？以下各题，请您根据自身实际情况作答。选项1至5依次表示"非常不同意""比较不同意""不确定""比较同意""非常同意"。

（1）我会对它进行转发（如"一对一"转发给某个或某些人，转发到微信朋友圈、微信群，或跨平台转发）

□非常不同意　　　□比较不同意　　　□不确定

□比较同意　　　　□非常同意

（2）我会围绕它发表原创的信息、观点、评论、回复，点赞或点击"在看"

□非常不同意　　　□比较不同意　　　□不确定

□比较同意　　　　□非常同意

（3）我会围绕它对相关信息进行进一步搜索、查询

□非常不同意　　　□比较不同意　　　□不确定

□比较同意　　　　□非常同意

10. 关于食品安全问题，以下说法，请您根据自己的实际想法作答，选项 1 至 5 依次表示"非常不同意""比较不同意""不确定""比较同意""非常同意"。

（1）我觉得食品安全问题影响身体健康的情况随时都可能发生

□非常不同意　　　□比较不同意　　　□不确定

□比较同意　　　　□非常同意

（2）我觉得公共食品安全事故随时都可能发生

□非常不同意　　　□比较不同意　　　□不确定

□比较同意　　　　□非常同意

（3）我觉得食用到劣质食品的情况随时都可能发生

□非常不同意　　　□比较不同意　　　□不确定

□比较同意　　　　□非常同意

（4）我觉得人们可能随时都需要因为食品安全问题而限制饮食（如哪些东西不能吃、不能去外面吃等）

□非常不同意　　　□比较不同意　　　□不确定

□比较同意　　　　□非常同意

（5）我觉得因为食品安全问题影响身体健康的后果很严重

□非常不同意　　　□比较不同意　　　□不确定

□比较同意　　　　□非常同意

（6）我觉得公共食品安全事故导致的后果很严重

□非常不同意　　　□比较不同意　　　□不确定

□比较同意　　　　□非常同意

（7）我觉得劣质食品造成的危害很严重

□非常不同意　　　□比较不同意　　　□不确定

□比较同意　　　　□非常同意

（8）我觉得因为食品安全问题而限制饮食（如哪些东西不能吃、不能去外面吃等）的后果很严重

□非常不同意　　　□比较不同意　　　□不确定

□比较同意　　　　□非常同意

（9）我对食品质量问题可能导致的疾病种类、疾病程度有很好的了解

□非常不同意　　　□比较不同意　　　□不确定

□比较同意　　　　□非常同意

（10）我对已经发生的公共食品安全事故有很好的了解

□非常不同意　　　□比较不同意　　　□不确定

□比较同意　　　　□非常同意

（11）我能很好地分析、辨识劣质食品

□非常不同意　　　□比较不同意　　　□不确定

□比较同意　　　　□非常同意

（12）我对"因为食品安全问题而限制饮食"（如哪些东西不能吃、不能去外面吃等）有很好的了解

□非常不同意　　　□比较不同意　　　□不确定

□比较同意　　　　□非常同意

（13）我能采取多种措施确保自己和家人健康不受食品安全问题的危害

□非常不同意　　　□比较不同意　　　□不确定

□比较同意　　　　□非常同意

（14）我对政府控制公共食品安全事故的能力充满信心

□非常不同意　　　□比较不同意　　　□不确定

□比较同意　　　　□非常同意

（15）我能采取措施确保自己不购买劣质食品

□非常不同意　　　□比较不同意　　　□不确定

□比较同意　　　□非常同意

（16）我能采取措施确保自己不用因为食品安全问题而限制饮食

□非常不同意　　　□比较不同意　　　□不确定

□比较同意　　　□非常同意

个人基本情况

1. 您的性别

□男　　　　□女

2. 您的年龄段

□18 岁以下　　□18~25 岁　　□26~30 岁　　□31~35 岁

□36~40 岁　　□41~50 岁　　□50 岁以上

3. 您的受教育程度

□高中及以下　　　□大学专科　　　□大学本科

□硕士研究生及以上

4. 您的个人月收入

□3000 元及以下　　□3001~5000 元　　□5001~8000 元

□8000 元以上

5. 您是否育有子女

□无子女　　　　□有子女

附录三　访谈提纲

第一部分

1. 您平时使用社交媒体（如微信）吗？

2. 最近一周，您平均每天使用微信的时长是多久？

3. 一天中，您大概点开微信多少次？

4. 您使用微信的动机有哪些？

5. 您主要使用微信上的哪些功能或应用？

6. 您使用微信主要关注和交流哪些方面的信息？

7. 社交媒体（如微信）的使用有没有使您与他人的关系发生变化？发生了哪些变化？

8. 您是否通过社交媒体（如微信）看到过、接收到过风险相关的信息（如食品安全风险相关的信息）？

9. 您通过社交媒体（如微信）上的哪些具体途径看到、接收到风险相关的信息（如食品安全风险相关的信息）？

10. 社交媒体的使用（如微信）使您与很多人建立和维系了关系，关系的哪些因素会影响您对风险的认识（如食品安全风险的可能性、严重性、熟悉性、可控性）？如何影响？

11. 社交媒体（如微信）上的关系的因素（如强度、资源、活跃程度等）如何影响您对风险的认识（如食品安全风险的可能性、严重性、熟悉性、可控性）？

第二部分

1. 您是否通过微信上的关系通路（比如微信朋友圈、微信群、看一看、"一对一"、微信评论）看到、接收到过风险相关的信息（如食品安全风险相关的信息）？

2. 您在微信关系通路中接收风险相关信息的总体情况如何（如食品安全风险相关的信息）？

3. 请您回忆一下，您是怎样对待您所接收到的风险相关的信息的（如食品安全风险相关的信息）？完全忽略，简单浏览、思考还是仔细阅读、认真思考？或者，对相关信息进行了进一步的搜索、转发或发表自己的看法、观点？

4. 社交媒体的使用（如微信）使您与很多人建立和维系了关系，关系的因素（强度、资源、活跃程度）是否会影响您接收风险相关的信息（如食品安全风险相关的信息）？如何影响？

5. 社交媒体的使用（如微信）使您与很多人建立和维系了关系，关系的因素（强度、资源、活跃程度）是否会影响您对所接收到的风险相关信息的思考加工（如食品安全风险相关信息的加工思考）？如何影响？

6. 社交媒体的使用（如微信）使您与很多人建立和维系了关系，关系的因素（强度、资源、活跃程度）是否会影响您对所接收到的风险相关信息的决策（如食品安全风险相关信息的转发、生产、搜索）？如何影响？

图书在版编目（CIP）数据

社交媒介与风险认知：基于"关系"的视角／刘又
嘉著. --北京：社会科学文献出版社，2024.11（2025.9重印）.
ISBN 978-7-5228-4303-2

Ⅰ.G206.2

中国国家版本馆 CIP 数据核字第 2024VD6053 号

社交媒介与风险认知
　　——基于"关系"的视角

著　　者／刘又嘉

出 版 人／冀祥德
责任编辑／张建中
文稿编辑／孙玉铖
责任印制／岳　阳

出　　版／社会科学文献出版社·文化传媒分社（010）59367156
　　　　　地址：北京市北三环中路甲 29 号院华龙大厦　邮编：100029
　　　　　网址：www.ssap.com.cn
发　　行／社会科学文献出版社（010）59367028
印　　装／北京盛通印刷股份有限公司

规　　格／开　本：787mm×1092mm　1/16
　　　　　印　张：15.5　字　数：240 千字
版　　次／2024 年 11 月第 1 版　2025 年 9 月第 2 次印刷
书　　号／ISBN 978-7-5228-4303-2
定　　价／98.00 元

读者服务电话：4008918866